镜湖文库
JINGHU LIBRARY
广西财经学院经济与贸易学院

镜湖文库

JINGHU LIBRARY

# 顾客满意视角的电子商务服务质量研究

李海英 著

中国经济出版社
CHINA ECONOMIC PUBLISHING HOUSE
·北京·

**图书在版编目（CIP）数据**

顾客满意视角的电子商务服务质量研究 / 李海英著. -- 北京：中国经济出版社，2023. 1

ISBN 978 - 7 - 5136 - 7209 - 2

Ⅰ. ①顾… Ⅱ. ①李… Ⅲ. ①电子商务 - 服务质量 - 研究 - 中国 Ⅳ. ①F724. 6

**中国国家版本馆 CIP 数据核字（2023）第 014223 号**

责任编辑　赵嘉敏
责任印制　马小宾
封面设计　赵　飞

**出版发行**　中国经济出版社
**印 刷 者**　河北宝昌佳彩印刷有限公司
**经 销 者**　各地新华书店
**开　　本**　710mm × 1000mm　1/16
**印　　张**　15. 25
**字　　数**　218 千字
**版　　次**　2023 年 1 月第 1 版
**印　　次**　2023 年 1 月第 1 次
**定　　价**　88. 00 元
**广告经营许可证**　京西工商广字第 8179 号

**中国经济出版社** **网址** www. economyph. com **社址** 北京市东城区安定门外大街 58 号 **邮编** 100011

本版图书如存在印装质量问题，请与本社销售中心联系调换（联系电话：010 - 57512564）

# 前言

服务质量是网络零售商能否取得长久发展的重要决定因素。良好的服务能有效减少企业顾客的流失，使其获取更多新顾客，从而促进利润的增加。网络零售在发展初期凭借线上便捷和低价的优势获得了巨大成功，但随着新进入者增加，竞争加剧，提升服务质量成为网络零售商保持竞争优势的重要策略。客观、全面地测评电子商务服务质量能够为网络零售商合理分配服务资源、提升服务质量提供参考依据。

首先，本书运用关键事件法，从456名受访者对于特别满意和特别不满意的网购经历的描述中提炼关键词并进行归类，得出电子商务服务质量的16项决定因素。其次，本书以电子商务服务质量的决定因素为初始维度，按照量表开发流程，经过概念化、形成初始量表、量表纯化、验证性因子分析等步骤，形成包含商品质量、服务水平、产品价格、退换货处理、网站便利性、灵活性6个维度29个题项的电子商务服务质量量表。再次，本书收集数据对形成的电子商务服务质量量表进行信度检验、内容效度检验、验证性因子分析、预测效度检验、因子结构分析以及理论效度检验，结果表明量表具有良好的心理测量特性。数据分析结果也表明，本量表的6个维度对整体服务质量、顾客满意度以及忠诚意愿的影响程度不一：商品质量和灵活性对整体服务质量的影响较大，服务水平、退换货处理和网站便利性对其有一定影响，产品价格的影响不显著；网站便利性是顾客满意度的重要影响因素，商品质量、服务水平、退换货处理也对顾客满意度有一定影响，产品价格和灵活性的影响较小；忠诚意愿受网站便利性的影响最大，商品质量、服务水平、退换货处理、灵活性对其有一定影响，产品价格的影响较小。最后，结论和展望部分讨论本书的学术贡献和应用价值，分析研究局限，并提出未来研究方向。

# 目　录

# 图表目录

# 第1章 绪 论

## 1.1 研究背景和意义

### 1.1.1 研究背景

随着信息技术的快速发展，互联网成为众多商品和服务的重要销售渠道。2018年，全球28个主要国家①（以下简称28国）的电子商务交易规模达24.7万亿美元；网络零售交易额为2.97万亿美元，年增长率高达29.1%。28国的网络零售交易规模占同期全球零售总额的比重达到11.9%，较上年提升1.7个百分点。②同年，中国的电子商务交易规模达到31.63万亿元。其中，网络零售总额为9.01万亿元，年增长率达23.9%。③ 网络零售交易规模占社会消费品零售总额的比重达到18.4%，比2016年提升了3.4个百分点。截至2018年底，中国互联网用户达8.29亿人，互联网普及率达到59.6%；网络购

---

① 亚洲7国：中国、印度、泰国、土耳其、日本、新加坡、韩国；欧洲15国：法国、德国、俄罗斯、西班牙、意大利、瑞典、英国、荷兰、比利时、爱尔兰、卢森堡、丹麦、瑞士、奥地利、乌克兰；北美洲3国：美国、加拿大、墨西哥；南美洲1国：巴西；非洲1国：南非；大洋洲1国：澳大利亚。

② 相关数据根据网经社《2019年全球电子商务数据报告》（http://www.100ec.cn/zt/2019sjbg_world/）和艾媒网《零售行业数据分析：2019年全球零售销售额预计将达26.29万亿美元》（https://www.iimedia.cn/c1061/67005.html）列示及计算。

③ 商务部电子商务和信息化司．中国电子商务报告（2018）[R/OL].（2019-05-30）[2019-06-25]. http://images.mofcom.gov.cn/dzsws/201905/20190530100539785.pdf.

物用户达 6.1 亿人，网购渗透率约为 73.6%。[①]

在网络环境下，由于智能搜索技术已被广泛应用，消费者能够方便、快捷地寻找商品、比较价格，极大地提高了购买效率。与此同时，转换成本也大大降低，消费者更容易转而选择别的商家。对商家而言，网络降低了新进入者的门槛，使得市场竞争加剧，获取和挽留客户变得更加困难。要想在激烈的市场竞争中脱颖而出，商家需要从产品价格竞争转向服务质量竞争，因为在持续增长且竞争激烈的市场环境中，良好的服务质量能够帮助企业获得竞争优势（Radomir et al.，2012）。

网络零售与传统零售最大的区别是人机交互取代了人员接触，虚拟空间中的商业交互不同于实体环境下的消费者与员工的互动，与商家在空间上的分离会给消费者带来不一样的购物体验。因此，传统实体环境下的服务质量测量工具不适用于网络环境，需要开发新的测量工具来评价消费者体验到的电子商务服务质量（Wolfinbarger et al.，2003；Parasuraman et al.，2005）。高水平的服务质量能够提高企业的顾客忠诚度和市场份额，并且改善企业的盈利能力（Brady et al.，2001）。而要提升顾客忠诚度和自身盈利能力，企业首先要使顾客满意，这是获得良好声誉并留住顾客的必要一步。服务质量影响顾客满意度，顾客满意度进而影响企业绩效。Bandyopadhyay（2016）提出，服务质量对顾客满意度的影响程度取决于服务质量给消费者带来的各方面效价[②]，也就是服务质量的各个属性对于满足消费者个人需求的价值。他建议按照满足消费者需要的价值对服务质量的属性进行归类，以提升服务资源配置效率。Feinberg 等（1995）的研究表明，消费者对零售服务质量的感知存在国籍和文化上的巨大差异，定义服务质量应因地制宜。Wolfinbarger 等（2003）在阐述网络零售服务质量的局限性时表示："国际民众对质量的看法是否与美国消费者相同，还有待观察。"这表明电子商务服务质量的测量有可

---

① 中国互联网信息中心．第 43 次中国互联网络发展状况统计报告[R/OL].（2019－02－28）[2019－06－25]. http://www.cac.gov.cn/wxb_pdf/0228043.pdf.

② 管理学中的效价是指行为目标对于满足个体需要的价值，即个体对行为结果的重视程度。

能存在文化差异问题。

本研究运用关键事件法，从消费者的视角对网络购物过程中令其满意和不满意的因素进行归类，开发了基于中国网络购物环境的电子商务服务质量量表。

### 1.1.2 研究意义

本书从消费者感知的视角探索电子商务服务质量的本质内涵和内在结构，基于完整的购物体验开发符合中国电子商务发展特征的服务质量测量工具，构建消费者服务质量感知与购后行为的关系模型，并对其进行验证。这不仅可以进一步丰富现有研究成果，也为相关从业者合理分配服务资源提供了依据和参考，有助于提升服务质量并改善客户关系，促进电子商务行业健康、快速发展。

## 1.2 研究目的和范围

### 1.2.1 研究目的

伴随电子商务产业的兴起和快速发展，理论界和业界对电子商务服务质量进行了广泛而深入的研究和实践，开发了一系列测量工具，形成了丰富的成果，但对于测量工具的通用性尚未达成共识。本书基于我国网络零售市场环境开发电子商务服务质量测量工具，研究目的如下：

第一，探究网络购物过程中令消费者感到满意或不满意的服务质量因素，比较分析国内外电子商务服务质量决定因素的异同。

第二，开发电子商务服务质量量表，评估心理测量特质，探讨应用前景。

第三，就电子商务服务质量各维度的相对重要性展开评估，为购物网站合理分配服务资源、改善服务质量提供参考。

### 1.2.2 研究范围

电子商务是指通过互联网购买或销售产品的活动，主要包括以下七种形式：第一，通过网站和移动应用程序直接面向消费者的网络零售，以及通过实时聊天、聊天机器人和语音助手进行的对话式商务；第二，提供或参与企业对企业（B2B）、企业对消费者（B2C）或消费者对消费者（C2C）销售业务的第三方网络市场；第三，通过网络和社交媒体收集和使用人口数据；第四，B2B 的电子数据交换；第五，通过电子邮件或传真向潜在客户和现有客户进行营销；第六，对新产品和新服务进行网络预售；第七，网络金融交易。

本书所指电子商务仅限于网络零售，即上述电子商务的第一种形式，以及第二种形式中 B2C 和 C2C 的第三方网络市场。需要强调的是，网络零售属于自助服务技术（Meuter et al.，2000），也就是客户通过技术接口就能自行进行相关交易，不需要直接接触服务人员。因此，本书的研究范围不包含在线旅游、网络银行等既有技术接口也有直接人员接触的混合服务。

## 1.3 研究思路和方法

### 1.3.1 研究思路

本书按照提出问题—分析问题—解决问题的思路分析、探讨电子商务服务质量的测量问题。首先，通过文献综述，本书系统梳理电子商务服务质量研究的历史和现状，总结成果，归纳不足，提出拟解决的关键问题；其次，针对问题进行研究设计，运用行为研究方法论，开发电子商务服务质量量表；最后，对学术贡献和应用价值进行总结，分析研究局限并提出未来研究方向。

### 1.3.2　研究方法

本书的主要研究方法包括：第一，文献研究法，对相关文献进行梳理，了解电子商务服务质量研究的发展脉络和演进过程；第二，调查法，围绕研究主题，利用互联网对网购人群进行问卷调查，收集基础数据；第三，定性分析法，采用关键事件法，通过内容分析对关键事件进行分析、归类，形成量表维度并产生量表题项；第四，定量分析法，综合运用克朗巴哈系数、题项—总体相关系数、探索性因子分析、验证性因子分析等统计量和方法，提炼量表题项，检验量表的心理测量特质；第五，实证研究法，利用观察数据检验电子商务的服务质量维度对顾客满意度及忠诚意愿的影响，评估其相对重要性。

## 1.4　结构安排

本书的结构安排如下：

第 1 章，绪论。阐述研究背景和研究意义，确定研究目的和研究范围，介绍研究思路和研究方法。

第 2 章，文献综述。梳理服务质量和电子商务服务质量的相关文献，回顾关键事件法的发展历程及其在服务研究中的应用情况。

第 3 章，电子商务服务质量的决定因素。运用关键事件法分析电子商务服务质量的决定因素。

第 4 章，电子商务服务质量测量。按照量表开发准则开发电子商务服务质量测量工具。

第 5 章，结论和展望。讨论研究成果，提出管理建议，分析研究局限，展望未来研究方向。

# 第2章　文献综述

文献综述主要涵盖与研究主题相关的三部分内容：传统服务质量、电子服务质量和关键事件法。2.1节重点介绍传统服务质量的定义、研究学派、测量方法、模型及维度；2.2节介绍评估电子服务质量的量表和工具，讨论方法论问题；2.3节对关键事件法进行回顾，介绍它在服务研究领域的应用情况；2.4节是对本章内容的总结。

## 2.1　传统服务质量

按照 Parasuraman 等（2005）的定义，传统服务质量是指所有不基于互联网的客户与公司互动和体验的质量。

### 2.1.1　服务

根据美国营销协会（AMA）1960年的定义，服务是指“用于出售或者是与产品连带出售的活动、利益或满足感”（Shanker, 2002）。服务有三大特性：无形性、异质性和不可分割性（Parasuraman et al., 1988）。无形性是指在销售之前无法对服务进行计算、测量、分类、检验以确保其质量，这使得企业很难了解消费者如何感知服务以及如何评价服务质量。异质性是指服务的性能常常随服务提供者、顾客、时间而变化。由于很难保证服务人员的行为一致性，企业想要提供的服务和顾客实际获得的服务有可能完全不同。不可分割性是指服务的产生和消费是同时进行的，二者不可分割。服务质量评价通常发生在服务交付的过程中，即客户和企业服务人员的互动过程。

服务不同于实物产品的特性使得服务质量这一概念难以被定义。服务的生产过程和消费过程不可分割，因此消费者对服务质量的评价来自服务过程中的体验和感受。服务的体验和感知因人而异，因此，有必要从消费者的视角，基于他们的需求和愿望来定义服务质量。

## 2.1.2 服务质量

随着20世纪70年代服务营销概念的兴起，学术界开始关注服务质量。许多学者试图解释服务质量并从不同角度定义服务质量，形成了丰富的成果（见表2－1）。

**表2－1 服务质量的定义**

| 作者及年份 | 服务质量相关定义 |
|---|---|
| Crosby（1979） | 符合要求 |
| Holbrook 等（1981） | 一种相对全面的价值判断 |
| Lewis 等（1983） | 一种对服务水平与顾客期望值的匹配程度的测量 |
| Grönroos（1984） | 消费者将期望值和实际获得的服务进行比较的结果 |
| Wyckoff（1984） | 在满足客户要求方面打算达到的卓越程度，以及对实现卓越的可变性的控制 |
| Holbrook 等（1985） | 一种相对全面的判断，与产品整体的优越性相关 |
| Olshavsky（1985） | 对产品整体评价的一种形式 |
| Parasuraman 等（1985） | 消费者对期望服务和感知服务进行比较的结果 |
| Buzzell 等（1987） | 顾客说什么就是什么，是顾客认为的质量 |
| Eiglier 等（1987） | 让顾客满意 |
| Zeithaml（1987） | 消费者对一个实体整体卓越性或优越性的判断 |
| Juran（1988） | 适合使用 |
| Parasuraman 等（1988） | 消费者感知和期望之间差异的程度和方向 |
| Zeithaml（1988） | 消费者对产品整体卓越性或优越性的判断 |
| Lewis（1989） | 消费者对服务的期望和对实际服务表现的感知进行比较的结果 |
| Zeithaml 等（1990） | 顾客的期望或愿望与其认知之间的差异程度 |

续表

| 作者及年份 | 服务质量相关定义 |
|---|---|
| Bojanic (1991) | 消费者期望服务与感知服务的比较结果 |
| Lewis (1991) | 一种与服务相关的消费者的判断或态度，是消费者对服务的期望与对实际服务表现的感知相比较的结果 |
| Mangold 等 (1991) | 消费者对服务的期望与对实际交付服务的感知进行比较的结果 |
| Cronin 等 (1992) | 作为一种态度被概念化和度量 |
| Zeithaml 等 (1993) | 顾客感知和期望之间差异的程度和方向 |
| Bitner 等 (1994) | 与某组织及其产品的整体质量相关的高阶构念 |
| Steenkamp 等 (1994) | 基于对组成服务的质量属性感知的更高层次的抽象概念 |
| Rust 等 (1995) | 对公司质量水平的总体感知（累积性观点）或对公司最近交易质量水平的感知（交易性观点） |
| Asubonteng 等 (1996) | 顾客在接受服务之前对服务的期望与所获得的服务感知之间的差异 |
| Zeithaml 等 (1996) | 顾客对产品或服务的整体优越性的判断 |
| Chandon 等 (1997) | 企业的整体属性 |
| Oliver (1997) | 消费者的一种比较性判断 |
| Rowley (1998) | 一种与满意度相关但不等同于满意度的长期态度形式，是期望与感知比较的结果 |
| Grönroos (2001) | 是消费过程质量、结果质量与服务提供者形象三者结合的结果 |
| Gefen (2002) | 顾客对希望得到的服务质量和实际得到的服务质量之间的主观比较 |
| Schembri 等 (2002) | 消费者的一种多维度的态度，每个维度都包含若干属性或服务内容 |

资料来源：作者依据相关文献整理而得。

服务质量的定义始于 1979 年。Crosby（1979）将服务质量简单地定义为“符合要求”。Lewis 等（1983）则发展了 Crosby 对服务质量的定义，认为服务质量是“一种对服务水平与顾客期望的匹配程度的测量”。Lewis 等学者对服务质量的概念做出的重大贡献在于用“期望”替换了“要求”，这一观点现在仍然主导着服务质量领域的研究。Grönroos（1984）与 Parasuraman 等（1985）都认为，服务质量是期望和实际表现的比较。

此外，服务质量还被概念化为一个高阶构念。Olshavsky（1985）认为，服务质量是一种总体性的判断，并进一步指出服务质量类似于态度，这与 Holbrook 等（1981）的观点不谋而合。Parasuraman 等（1988）的研究支持了这一观点，他们认为，顾客感知的质量是一种总体性的判断或者态度，和服务的优越性相关。感知服务质量被认为与态度相似，因为它是对产品或服务的全面评估（Bitner et al.，1994）。Bitner 等（1994）还认为服务质量是消费者对某组织及其服务的相对优势或劣势的整体印象。他们将服务质量划分为三个层面：与服务提供者的互动质量、核心服务的质量、组织的整体质量，强调顾客的服务质量感知可能与服务接触的层面相关，同时指出整体质量是一个高阶因变量，通常用一个题项来测量。

从服务质量定义的相关文献可知，大多数文献把服务质量视为一种全面、整体的判断，并没有考虑顾客对具体服务质量维度的评价。这种定义方法与实际操作中用属性来测量服务质量并不一致，因此是有局限性的。部分学者认为，顾客对服务质量的整体评价实际上取决于他们对不同质量属性的判断，比如 Zeithaml 等（1990）认为感知服务质量是不同维度的函数；Steenkamp 等（1994）认为服务质量是对构成服务质量的属性的抽象感知；Schembri 等（2002）认为服务质量是消费者持有的一种多维态度，每个维度都包含若干属性或服务内容。

关于服务质量的定义与测量之间的差异，Rust 等（1995）建议：当企业打算预测特定行为时，服务质量的测量适用整体性方法；如果企业的目的是监测质量水平的变化，则适用交易性方法（对属性进行测量）；并进一步指出，交易性方法反映了消费者的最新体验，能更准确地反映公司服务的现实表现。综上，服务质量的定义和测量要根据研究目的来确定。

### 2.1.3 服务质量学派

服务质量的相关研究可以被划分为两个彼此关联的学术流派：北欧学派和美国学派（Johnston，1993）。

北欧学派的代表人物是 Gummesson、Grönroos 以及 Lehtinen。Gummesson（1987）分析了顾客的感知和信任在服务过程中的重要性。Grönroos（1984，1996）认为顾客感知的服务质量是顾客的服务期望、服务体验、对服务提供者表现的感知的函数。在 Grönroos 看来，顾客的感知服务质量取决于服务的结果（技术质量）和顾客感知到的服务产生、交付的过程（功能质量），二者在定义服务组织“形象”的过程中发挥了重要作用。Lehtinen（1983）探讨了服务产生和交付的过程，并将生产和消费同步的服务划分为“连接”“强化”“分离”三个不同的阶段，这被认为是“服务质量研究中的一个重大贡献”（Grönroos, 1996）。北欧学派为服务质量的研究做出了巨大贡献，为 20 世纪 80 年代美国学者对服务质量的拓展研究打下了基础，充实了服务质量的学术研究，具有划时代意义。

美国学派为服务质量概念化做出的贡献相当大。Parasuraman 等（1985, 1988, 1991）的研究具有开创性意义，他们在研究服务质量方面做了大量工作。这些工作分为三个阶段：第一阶段，他们对服务质量的决定因素进行了定性研究，提出了广为人知的服务质量“差距模型”（Parasuraman et al.，1988）。第二阶段，为了开发测量服务质量的工具，他们进行了大量的实证调查，提出了著名的测量工具 SERVQUAL（Parasuraman et al.，1988）。第三阶段，他们主要研究顾客服务期望的本质和决定因素（Zeithaml et al.，1993）。尽管 Parasuraman 等于 1988 年提出的服务质量测量方法受到质疑（Cronin et al.，1992），但他们的工作仍然为后续关于服务质量的研究奠定了坚实的基础。

总而言之，北欧学派注重顾客与服务提供者互动的结果，强调服务提供者是服务质量感知的主要驱动方；美国学派则更关注服务交付的方法论问题。此外，北欧学派强调服务提供的结果和功能，而美国学派只关注服务交付机制的重要性。

### 2.1.4 服务质量测量

服务质量的许多定义强调了顾客的服务期望与实际获得的服务感知之间的比较，其中，Parasuraman 等（1985）的观点最具代表性。他们认为，顾客评价服务质量的过程是对期望与服务表现的比较，从而建议根据期望和表现之间的差异来测量服务质量。其他许多学者（如 Asubonteng et al. , 1996；Chau et al. , 2010；Zeithaml et al. , 1993）也认同这一观点，将服务质量定义为顾客先前的消费期望与实际的服务表现之间的差异。

一些学者对把期望和感知作为两个不同主体进行分析的方法提出了质疑，他们更倾向于采用统一的方法来研究消费者的感知。他们认为期望是对服务的偏见，这些偏见不但难以理解，并且可能会随着顾客对服务的实际体验和熟悉程度的变化而变化（Carman，1990；Babakus et al. , 1992；Webb，2000）。Cronin 等（1992）重复进行了 Parasuraman 等（1985，1988）的研究，目的是确定服务质量定义和测量的最佳方式。Cronin 等把服务质量视为消费者的态度，并且认为只有在属性层面才能恰当地测量感知服务质量，因此他们对服务质量的测评没有加入与期望相关的题项，只是简化为对感知的调查。他们认为这样能更好地解释服务质量的变化。同时他们认为属性测量比期望测量更合理，理由有三：第一，在提供服务之前，并非所有客户对服务的期望都能被测量；第二，在提供服务之前，测量客户期望是有意义的，但如果在服务交付之后才测量期望，则可能存在响应偏差；第三，这样设计问卷更为简短，减小了响应疲劳的可能性。

两种不同测量方法的存在意味着学术界对服务质量的测量尚未达成广泛共识，因此有必要对多样化的服务环境进行进一步研究，以确定测量方法的通用性。

### 2. 1. 5　服务质量模型

学者们建立了一系列模型来识别不同服务环境下的服务属性，并介绍了服务的质量维度及其在服务行业中的适用性，促进了服务质量研究的快速发展。

#### 2. 1. 5. 1　Grönroos 模型

服务质量模型最早是 Grönroos（1992，1984）提出的（见图 2 – 1）。他认为，企业想要成功，经营者必须了解顾客对企业所提供服务的感受。服务质量管理意味着将感知的质量与预期的质量相匹配，并尽可能缩小差距，以使顾客感到满意。他提出服务质量的三个维度。第一个维度是技术（结果）质量，即顾客在与服务公司的互动中所得到的结果。第二个维度是功能（过程）质量，即顾客如何获取技术质量。服务过程是顾客评价服务质量的重要环节，顾客得到的服务结果取决于他们的期望，接受服务的过程会影响他们对服务的评价和看法。通过比较顾客期望的服务质量和实际获得的服务质量，就可以得到感知服务质量。第三个维度是企业形象，即顾客对企业或品牌的看法。顾客的期望会被他们对企业的看法所影响。企业的形象主要建立在技术质量和功能质量之上，传统营销活动（广告、定价及公关）、口碑等是相对来说不太重要的形象影响因素。

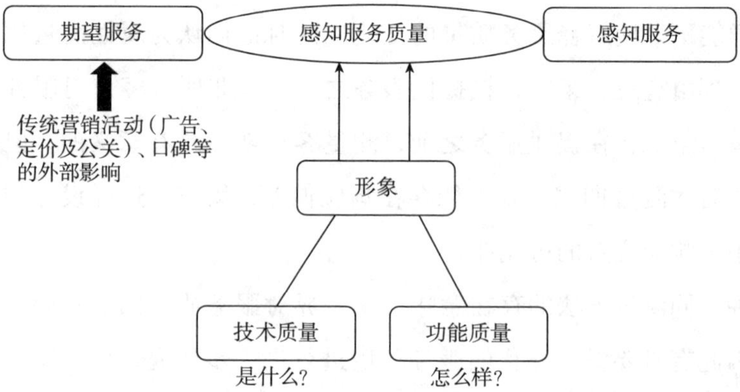


图 2－1　Grönroos 模型

这是学术界首次尝试引入一个真实模型来测量感知服务质量。此模型的主要问题是没有对如何测量技术质量和功能质量进行解释。后来，Rust 等（1994）在 Grönroos 模型的基础上添加了服务环境维度，进一步拓展了模型。他们将 Grönroos 模型中的技术质量维度称为服务产品，功能质量维度称为服务交付，但也未能对模型进行检验。

### 2.1.5.2　差距模型

Grönroos 模型是基于差异建立的模型。差异是指感知服务与期望服务的比较。Parasuraman 等（1985）在差异模型的基础上，通过对消费者进行焦点小组访谈和对服务性企业高管进行深度访谈来了解他们对服务质量关键属性的看法，建立了服务质量的差距模型（见图 2－2）。在这个模型中，上半部分是消费者对服务质量的看法，下半部分是高管访谈所揭示的服务差距。模型有 5 个差距要测量。

差距 1：消费者期望与管理层对消费者期望的认知的差异；

差距 2：管理层对消费者期望的认知与服务质量规范的差异；

差距 3：服务质量规范与提供的服务之间的差异；

差距 4：提供的服务与对消费者的外部宣传之间的差异；

差距 5：消费者期望的服务与感知的服务之间的差异。

差距 5 取决于与营销方提供的服务质量相关的 4 个差距，即差距 5 是前 4 个差距的函数。

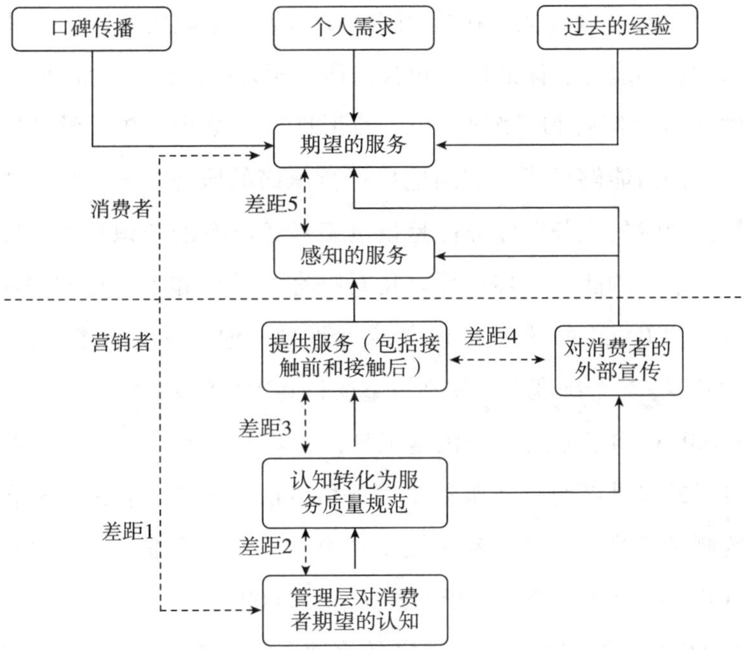


**图 2－2　差距模型**

Parasuraman 等（1985）在对消费者进行的焦点小组访谈中发现，无论哪种服务类型，消费者评估服务质量时使用的标准基本相似。这些标准被称为服务质量的决定因素，并被划分为10个类别，分别是：可靠性、响应性、能力、接触、礼貌、沟通、信誉、安全性、了解客户、有形性。可靠性是指服务性能和服务承诺的一致性，包含两层含义：第一，公司在第一次就能提供正确的服务；第二，公司兑现承诺。响应性是指员工提供服务的意愿，涉及服务的及时性。能力是指员工拥有履行服务所需的技能和知识。接触与服务的可接入、易接触程度有关。礼貌涉及服务人员的礼貌、尊重、体谅和友善程度。沟通意味着用客户能够理解的语言向他们提供信息，并倾听他们的意见。信誉涉及可信度、诚实度，包括是否将顾客的最大利益放在心上。安全性是指服务中有没有产生风险。了解客户是指努力了解客户需求。有形性是指服务的物质环境（物理设施、人员形象、服务的工具或设备等）。

Parasuraman 等于 1988 年对该模型进行了提炼和改进，模型的理论结构保持不变，但维度（服务质量决定因素）从 10 个缩减为 5 个，分别是：有形性、可靠性、响应性、保证性（包含沟通、能力、信誉、礼貌和安全性），以及移情性（包含接触和了解客户）。有形性是指物理设施、设备以及人员形象。可靠性是指能够可靠、准确地执行所承诺的服务。响应性是指愿意帮助客户并提供及时的服务。保证性是指员工具备应有的知识和礼貌以及他们促使客户产生信任的能力。移情性是指对顾客的关怀和个性化的关注。这 5 个维度构成了 SERVQUAL 量表，包含 22 个题项。他们发现从整体服务质量的相对重要性来看，5 个维度中可靠性最重要，其次是保证性。

SERVQUAL 作为服务质量测量工具，有如下优点：第一，它是一种标准、有效、可靠的多维度跨行业服务质量评估方法；第二，它是一种包含有限题项的简约测量工具，受访者易于接受；第三，它的标准化分析过程有助于解释结果（Rohini et al.，2006；Padma et al.，2009）。

SERVQUAL 被应用于多个国家的多个行业。Natalisa 等（1998）将 SERVQUAL 框架应用于对印度尼西亚航空服务的评估，发现对顾客满意度影响最大的维度是保证性。Tamimi 等（2003）使用 SERVQUAL 框架测评阿联酋银行的服务质量，发现所有维度都对整体服务质量有显著影响。Alexandris 等（2002）将 SERVQUAL 应用于评价希腊酒店的服务，发现影响最大的维度是有形性，其次是保证性。Lau 等（2005）使用 SERVQUAL 来评估马来西亚豪华酒店的服务质量，发现有形性是酒店服务中最重要的影响因素。这些发现与 Parasuraman 等（1988）的观点并不一致。

尽管 SERVQUAL 模型被广泛应用于许多行业，但还是有学者提出该模型并未提供清晰的测量不同层次差距的方法（Brady et al.，2001；Seth et al.，2005）。Cronin 等（1992）提出改进 SERVQUAL 模型，将服务表现（感知服务）作为衡量服务质量的标准。他们认为服务质量表现为消费者的态度，而服务表现是衡量服务质量的唯一标准；研究了服务质量与消费者满意度、购买意愿的关系，提出服务质量是消费者满意度的前因。对于服务质量的定义及测量，他们在 SERVQUAL 的基础上提出了新模型 SERVPERF，该模型将服务表现作为服务质量的唯一度量。在新模型中，Cronin 等（1992）选用可靠性、响应性、保证性、有形性和移情性测量服务质量，而并未选用“期望感知的差异”。研究发现，与 SERVQUAL 相比，SERVPERF 能更准确地测量服务质量（Cronin et al.，1994；Seth et al.，2005）。

Jain 等（2004）用印度德里 8 家快餐店的消费者调查数据对 SERVQUAL 和 SERVPERF 进行了比较，结果发现 SERVPERF 的收敛性和区分性比 SERVQUAL 更好，并且 SERVPERF 在解释整体服务质量的变化以及数据收集的便利性等方面具有优势。方宇通（2012）对公交公司服务质量的实证研究表明，SERVPERF 在问卷答题效率、稳定性、解释能力、信度和效度等方面优于 SERVQUAL。龚奇峰（2011）研究了教育服务行业服务品质、学员满意度和学员忠诚度的关系，发现 SERVPERF 在预测学员满意度与学员忠诚度方面的表现比 SERVQUAL 更为可靠。

#### 2.1.5.3　层次模型

Dabholkar 等（1996）认为，虽然 SERVQUAL 的有效性在不同的服务部门（银行、电信、信用卡公司等）都得到了验证，但对某些部门（如零售店）并不适用。他们在 SERVQUAL 和 SERVPERF 两个模型的维度和结构的基础上提出了一个新的服务质量模型——层次模型（见图 2－3），并对其进行了测试。层次模型分为三个层次：第一层次为服务质量（零售服务质量）；第二层次为主要维度（物理形态、解决问题、人际互动、政策和可靠性）；物理形态、人际互动以及可靠性这三个主要维度又进一步细化了第三层次的子维度，即外观和便利性对应物理形态，激发自信和礼貌/乐于助人对应人际互动，承诺和正确操作对应可靠性。为了检验模型以及模型的建构效度，他们仅测量和分析了顾客的感知，从而避免了分值不同导致的测量问题。尽管该模型表现出了更好的结构和更精确的因子，有效性得到了认可，但是需要更多的实证支持以及进一步发展才能将其推广应用到其他服务行业。

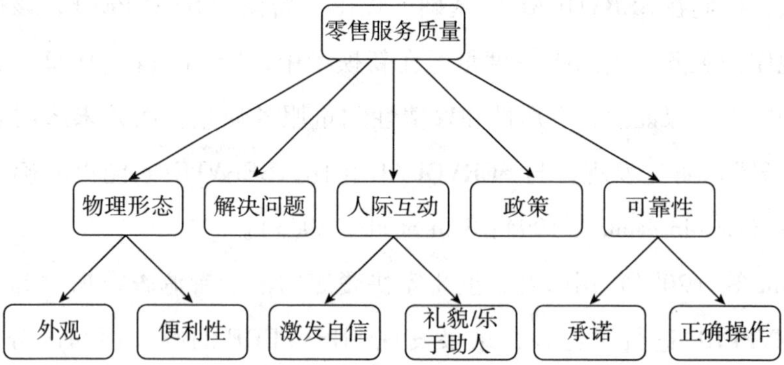


**图 2－3　层次模型 1**

Brady 等（2001）在之前模型的基础上，提出了一个新的层次模型（见图 2－4）。他们采纳了 Dabholkar 等（1996）的“服务质量感知是多层次、多维度的”这一观点，使用 Grönroos（1984）模型的两个维度——消费者与员工之间的互动质量（功能质量）和结果质量（技术质量），并且参考了 Rust 等（1994）的研究，选取了实体环境质量（服务环境）作为第三个维度。模型的每个维度分别有三个子维度：态度、行为、专业知识对应互动质量维度，环境条件、设计和社会因素对应实体环境质量维度，等候时间、有形性和效价则对应结果质量维度。

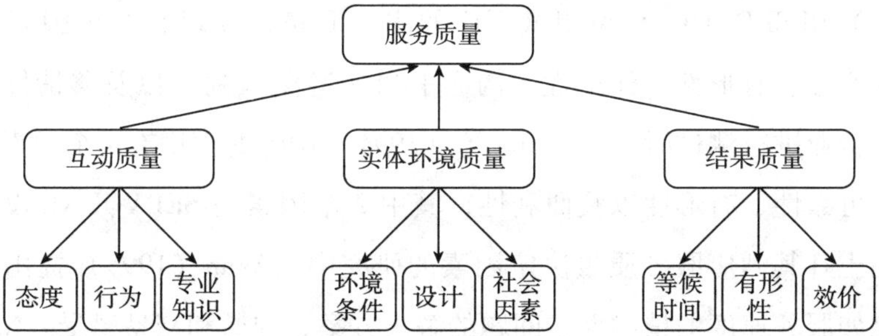


**图 2－4　层次模型 2**

此模型整合了其他模型，提供了一种测量服务质量的新方法。这个层次模型通用性强，适用于各种服务行业。一些研究人员用此模型测量服务质量，并根据特定服务行业如医疗（Chaha et al.，2010）、移动医疗（Akter et al.，2010）、电话服务和美发（Pollack，2009）等的不同情况，对主维度和子维度进行了调整。

## 2.1.6　服务质量维度

Parasuraman 等（1988）测试了 SERVQUAL 在家电维修和保养、银行、长途电话、证券经纪、信用卡公司等服务部门的通用性，但在实际应用中，SERVQUAL 的维度以及维度的数量取决于服务场景。例如在零售环境中，Finn 等（1991）就没能为模型找到合适的 5 个维度。Bouman 等（1992）的研究则形成了拥有 3 个维度的模型结构：友善性、有形性和信任，其中信任这一维度与 Parasuraman 等（1988）提出的 5 个维度中的任何一个都不一致。Levesque 等（1996）在研究银行服务质量时提出了一个 3 维度方案，包含核心维度、关系维度和服务特征维度。Chowdhuri（2007）在研究印度的银行服务质量时，提出了一个 4 维度方案，揭示了服务质量决定因素的“情境本质”。

Carman（1990）的研究表明，SERVQUAL 被应用于医院服务环境时，有 9 个因素能够解释 71% 的服务质量差异，即入院服务、住宿、饮食、隐私、护理、治疗解释、来访者接待和礼貌性、出院计划、患者账户（账单）。Saleh等（1991）用SERVQUAL来测试酒店的服务质量，发现有5个因素影响较大，即友好性、有形性、保证性、沟通平和（避免讽刺）以及移情性。在对服装零售行业进行测试时，Gagliano等（1994）调整的模型有4个因素：个体关注度、可靠性、有形性以及便利性，其中2个因素与SERVQUAL没有对应关系。在土耳其酒店服务质量决定因素的研究中，Akan（1995）提出了新的维度，比如服务速度的精确性、问题的解决方案、沟通和交易感受。Nadiri等（2005）在使用SERVQUAL框架进行的研究中未能发现服务质量的5个维度，而是得出了一个双因素结构，即有形性和无形性。Tsoukatos等（2006）尝试将SERVQUAL应用于希腊的保险业服务质量测量，他们只确定了两个维度：有形性和无形性。Khare（2013）研究了小型零售业的服务质量，并提出了一个3维结构：氛围、布局以及服务关系。马鹏等（2007）提出应根据旅游、餐饮等行业的具体特点对SERVQUAL进行改编。施国洪等（2011）在讨论SERVQUAL是否适用于非营利组织的服务质量评价时，对量表题项进行了改编，并增加了社会责任维度。于良芝等（2005）发现在高校图书馆的服务质量评价中，SERVQUAL的因子结构发生了变化。张新安等（2005）则发现SERVQUAL在供电服务质量的测量中需要增加稳定性维度。张妍妍（2016）在将SERVQUAL应用于高职院校教学质量评价时增加了实践性维度。

这些研究印证了服务质量测量的特定“情境本质”，意味着服务质量的维度和使用环境相关，并非普遍通用。

## 2.2 电子服务质量

Ruyter等（2001）认为，电子服务是一项以内容为中心，以互联网为基础，整合了相关组织的客户支持流程以及技术，以加强客户和服务提供者关系为目标的、客户驱动型的交互式客户服务。Tsoukatos等（2001）将电子服务质量描述为“在信息交互性流动方面为消费者提供优越的体验”。

互联网用户，尤其是移动互联网用户的增长，以及物流和支付方式的改善，促进了电子商务的快速发展，网站成为重要的零售渠道。对零售商而言，网络渠道既是机遇也是挑战。一方面，网络零售打破了时间和空间的限制，减少了中间环节，降低了交易成本，提高了交易效率，扩大了零售商的市场空间。另一方面，网络零售商也面临着巨大的挑战：第一，搜索成本的降低便于消费者轻易地转向其他供应商，增加了客户挽留成本；第二，门槛低，新竞争者容易渗透进来，竞争加剧；第三，产品差异化的难度加大，吸引新客户变得更困难。这些机遇和挑战使得网络服务范式发生了改变，相比产品的交易，以服务为中心的交易模式受到重视，消费者在其中起着更关键的作用。因此，网络零售企业不仅要重视服务过程，也要重视消费者如何看待企业提供的服务。随着电子商务的发展，越来越多的学者开始关注电子商务服务质量。Zeithaml 等（2000）率先对电子商务服务质量进行了定义：网站促进有效和高效的购物以及产品和服务交付的程度。

### 2.2.1　量表开发研究

许多学者对电子商务服务质量的测量和维度进行了研究，形成了丰富的成果（见表2-2）。这些研究以国外学者的成果为主，国内学者对电子商务服务质量测量工具的研究目前还处在模仿、借鉴国外研究成果的阶段，原创性的研究不多。许多电子商务服务质量量表都沿袭了传统服务质量的测量，直接套用或改编 SERVQUAL 量表，如 Barnes 等（2000）、Bauer 等（2006）、Ding 等（2011）、Francis 等（2002a）、Kim 等（2006）、戚牧（2011）、申文果等（2006）、王明明等（2015）、王伟军等（2017）、吴冠之等（2008）、查金祥等（2005）、庄美男等（2016）。由于 SERVQUAL 量表的维度在不同环境下缺乏稳定性，对其的改编到底是否适用于不同类型的服务引起了学者们的关注。Riel 等（2001）提出应谨慎地使用或修改传统服务质量文献量表的题项。此外，现有的电子商务服务质量的量表研究存在一定的局限性，比如样本量太小或非随机抽样，以及缺乏文化和地理多样性。

电子商务服务质量量表研究的方法论问题也引起了学者们的关注。Francis（2007）认为，研究人员没能对电子商务质量进行充分定义，其质量的评价标准来自二手数据、传统服务量表、管理人员和学者的观点。他发现，对“购前问题”的过多关注使测量工具的内容效度受到质疑。Ranganathan 等（2002）认为大多数 B2C 电子商务研究过多关注技术或组织方法。Wolfinbarger 等（2003）强调，由于研究人员的关注点、方法论不同以及对题项生成过程的关注度不够，他们的研究结果存在很大的差异。Kim 等（2009）提出电子服务质量包括线上交易和线下履行两个方面。Yoo 等（2001）认为消费者与网站的互动值得关注。Ha 等（2009）提出，网络买家不仅有安全和信息需求，还有服务和体验需求。

**表2-2 电子商务服务质量量表开发文献**

| 作者及年份 | 样本 | 抽样方法 | 调查方式 | 数据分析方法 | 维度（题项数） | 信度（α） | 效度 |
| --- | --- | --- | --- | --- | --- | --- | --- |
| Liu 等（2000） | 财富1000强企业的119名网站管理员 | 方便抽样 | 网络问卷 | 探索性因子分析 | 4个维度：信息和服务质量（12）、系统使用（7）、趣味性（5）、系统设计质量（4） | 0.63~0.92 | — |
| Szymanski 等（2000） | 1007名网购者 | 方便抽样 | 网络问卷 | 探索性因子分析 | 5个维度：便利性（3）、产品供应（2）、产品信息（2）、网站设计（3）、财务安全（1） | 0.69~0.93 | — |
| Cho 等（2001） | 435人 | 方便抽样 | 网络和线下问卷 | 探索性因子分析 | 10个维度：产品信息（5）、消费者服务（7）、购买结果和交付（5）、站点设计（4）、购买流程（4）、产品促销（4）、交付时间和费用（4）、支付方式（2）、易用性（4）、额外信息服务（2） | 0.69~0.86 | — |
| Yoo 等（2001） | 69名大学生和47名个人用户 | 方便抽样 | 线下问卷 | 探索性因子分析、验证性因子分析 | 4个维度：易用性（2）、美学设计（3）、处理速度（2）、安全性（2） | 0.69~0.83 | 表面效度、理论效度、收敛效度、区分效度 |
| Barnes 等（2002） | 376名网络书店用户 | 方便抽样 | 网络问卷 | 探索性因子分析 | 4个维度：易用性（4）、设计（4）、信息质量（7）、信任（4） | 0.78~0.89 | — |
| Janda 等（2002） | 446名网购者 | 简单随机抽样 | 半结构化访谈和线下调查 | 探索性因子分析 | 5个维度：性能（6）、接入（4）、安全（4）、感觉（4）、信息（4） | 0.61~0.83 | 表面效度、理论效度、收敛效度、区分效度 |

续表

| 作者及年份 | 样本 | 抽样方法 | 调查方式 | 数据分析方法 | 维度（题项数） | 信度（α） | 效度 |
|---|---|---|---|---|---|---|---|
| Francis 等（2002） | 302 名网购者 | 方便抽样 | 网络问卷 | 探索性因子分析、验证性因子分析 | 6 个维度：网络商店功能（5）、产品属性描述（2）、所有权情况（5）、交付的产品（2）、顾客服务（5）、安全性（5） | 0.72～0.87 | 表面效度、内容效度、预测效度/同时效度、收敛效度、区分效度 |
| Loiacono 等（2002） | 3 轮，各 510 名、336 名、311 名研究生 | 方便抽样 | 线下问卷 | 探索性因子分析、验证性因子分析 | 12 个维度：信息适用性（3）、个性化沟通（3）、信任（3）、响应时间（3）、易于理解（3）、直观操作（3）、视觉吸引（3）、创新（3）、情感诉求（3）、一致形象（3）、完整性（3）、相对优势（3） | 0.72～0.93 | 表面效度、法则效度/预测效度、收敛效度、区分效度 |
| Madu 等（2002） | — | — | — | — | 15 个维度：性能、功能、结构、美学、可靠性、存储容量、服务能力、安全和系统完整性、信任、响应性、产品/服务差异化及客制化、网络商店政策、声誉、保证、移情性 | — | — |
| Ranganathan 等（2002） | 214 名网购者 | 方便抽样 | 线下问卷 | EFA、判别分析 | 4 个维度：信息质量（4）、设计（3）、安全（4）、隐私（4） | 0.87～0.89 | 预测效度 |
| Srinivasan 等（2002） | 1211 名网购者 | 随机抽样 | 网络问卷 | 探索性因子分析、验证性因子分析 | 7 个维度：定制化（5）、互动性（5）、关怀（5）、社区（5）、客户培育（5）、选择多样性（4）、特色（5） | 0.63～0.87 | 表面效度、收敛效度、区分效度 |

续表

| 作者及年份 | 样本 | 抽样方法 | 调查方式 | 数据分析方法 | 维度（题项数） | 信度（α） | 效度 |
|---|---|---|---|---|---|---|---|
| Cai 等（2003） | 171 名学生、ISM 和 ASQC 会员 | 方便抽样 | 线下问卷 | 主成分分析 | 4 个维度：网站设计/内容（6）、信任（4）、迅速/可靠的服务（4）、沟通（5） | 0.78～0.89 | 内容效度、收敛效度、区分效度 |
| Trocchia 等（2003） | 58 名网购者 | 随机抽样 | 半结构化访谈 | 诠释学逻辑 | 5 个维度：性能（2）、接入（4）、安全（2）、感觉（1）、信息（1） | — | — |
| Wolfinbarger 等（2003） | 1013 名网购者 | 方便抽样 | 网络问卷 | 探索性因子分析、验证性因子分析 | 4 个维度：网站设计（5）、可靠性（3）、隐私/安全性（3）、客户服务（3） | 0.79～0.88 | 收敛效度、区分效度、预测/法则效度 |
| Yang 等（2003） | 1078 项网购顾客评论 | 方便抽样 | 顾客评论 | 内容分析 | 14 个维度：响应（4）、信誉（4）、易用性（6）、可靠性（4）、便利性（3）、沟通（4）、接入（2）、能力（2）、礼貌（3）、个性化（1）、持续改进（3）、合作（2）、安全/隐私（2）、美学（1） | — | — |
| Choi 等（2004） | 420 名研究生 | 方便抽样 | 线下问卷 | 结构方程建模 | 2 个维度：功能性网站服务质量（5）、技术性网站服务质量（2） | 0.66～0.68 | 收敛效度、区分效度 |
| Jun 等（2004） | 228 名 MBA 学生、研究生、ISM 和 ASQC 会员 | 方便抽样 | 线下问卷 | 探索性因子分析、验证性因子分析 | 6 个维度：可靠的/迅速的回应（6）、访问（4）、易用性（4）、专注（3）、安全（2）、信誉（2） | 0.59～0.92 | 内容效度、收敛效度、区分效度、预测效度 |

续表

| 作者及年份 | 样本 | 抽样方法 | 调查方式 | 数据分析方法 | 维度（题项数） | 信度（α） | 效度 |
|---|---|---|---|---|---|---|---|
| Long 等（2004） | 447 名潜在网购者 | 方便抽样 | 线下问卷 | 主成分分析 | 5 个维度：有形性（7）、保证性（3）、可靠性（3）、购买流程（3）、响应性（3） | 0.51～0.83 | 预测效度 |
| Gounaris 等（2005） | 240 名网购者 | 随机抽样 | 网络问卷 | 探索性因子分析、验证性因子分析 | 4 个维度：信息（6）、用户友好（5）、交互适应（5）、美学（3） | 0.84～0.89 | 内容效度、收敛效度、区分效度 |
| Kim 等（2004） | 273 名女性服装网购者 | 随机抽样 | 网络问卷 | 探索性因子分析 | 6 个维度：网站外观（6）、娱乐性（6）、信息匹配性（4）、交易能力（4）、响应时间（3）、信任（2） | 0.83～0.89 | 收敛效度、区分效度、预测效度 |
| Lee 等（2005） | 297 名研究生 | 方便抽样 | 线下问卷 | 探索性因子分析、结构方程建模 | 5 个维度：网站设计（3）、可靠性（4）、响应性（3）、信任（2）、个性化（3） | 0.74～0.85 | 内容效度、收敛效度、区分效度 |
| Parasuraman 等（2005） | 549 名互联网用户 | 随机抽样 | 网络问卷 | 探索性因子分析、验证性因子分析 | 4 个维度：效率（8）、系统质量（4）、履行（7）、隐私（3） | 0.83～0.94 | 表面效度、理论效度、收敛效度、区分效度 |
| Bauer 等（2006） | 384 人 | 随机抽样 | 网络问卷 | 探索性因子分析、验证性因子分析 | 5 个维度：功能性/设计（7）、娱乐（4）、过程（4）、可靠性（2）、响应性（3） | 0.83～0.89 | 收敛效度、区分效度、预测效度 |

续表

| 作者及年份 | 样本 | 抽样方法 | 调查方式 | 数据分析方法 | 维度（题项数） | 信度（α） | 效度 |
|---|---|---|---|---|---|---|---|
| Collier 等（2006） | 226 名大学生 | 方便抽样 | 线下问卷 | 探索性因子分析、验证性因子分析 | 11 个维度：易用性（5）、隐私（4）、设计（5）、信息准确性（6）、功能性（5）、订单状况（3）、及时性（3）、订单准确性（3）、互动公平（10）、结果公平（4）、程序公平（6） | 0.71～0.92 | 内容效度、收敛效度、区分效度 |
| Kim 等（2006） | 111 个女性服装网站 | 方便抽样 | 内容分析 | 内容分析 | 9 个维度：效率（15）、履行（6）、系统可用性（2）、隐私（8）、响应性（2）、接触（2）、个性化（18）、信息（7）、图形风格（21） | — | — |
| Cristobal 等（2007） | 461 名互联网用户 | 简单随机抽样 | 个人访谈、半结构化问卷 | 主成分分析、验证性因子分析 | 4 个维度：网站设计（5）、保证性（5）、订单管理（2）、客户服务（5） | 0.70～0.73 | 收敛效度、区分效度 |
| Lin（2007） | 305 名研究生 | 方便抽样 | 线下问卷 | 验证性因子分析 | 7 个维度：网站设计（5）、交互性（3）、信息量（4）、安全性（2）、响应性（3）、信任（2）、同理心（3） | 0.75～0.9 | 收敛效度、区分效度 |
| Francis（2007） | 40 名网购者 | 方便抽样 | 线下访谈 | — | 5 个维度：网站（8）、交易（4）、交付（6）、客户服务（5）、安全（4） | — | — |

续表

| 作者及年份 | 样本 | 抽样方法 | 调查方式 | 数据分析方法 | 维度（题项数） | 信度（α） | 效度 |
|---|---|---|---|---|---|---|---|
| Cheng 等（2008） | 250 人 | 系统抽样 | 线下问卷 | 验证性因子分析 | 5 个维度：网络零售商品牌资产（3）、网络零售商国家（4）、品质保证（5）、网络零售商服务质量（7）、网购风险（11） | 0.88～0.91 | 收敛效度、区分效度 |
| Yang 等（2008） | 950 名网络服务用户 | 随机抽样 | 网络问卷 | 主成分分析 | 6 个维度：可靠性（4）、可访问性（4）、易用性（4）、个性化（3）、安全性（12）、信誉度（2） | 0.59～0.89 | — |
| Ha 等（2009） | 298 名学生 | 方便抽样 | 网络问卷 | 探索性因子分析、验证性因子分析 | 4 个维度：网站设计（4）、顾客服务（5）、隐私/安全（5）、氛围/体验性（3） | 0.76～0.90 | 表面效度、收敛效度、区分效度、预测效度 |
| Kim 等（2009） | 182 人 | 方便抽样 | 线下问卷 | 验证性因子分析 | 4 个维度：履行性/可靠性（2）、响应性（3）、网站设计（3）、安全性/隐私（3） | 0.58～0.86 | 结构效度、收敛效度、区分效度、预测效度 |
| Swadi 等（2009） | 557 名研究生或大学生 | 方便抽样 | 网络问卷 | 探索性因子分析、验证性因子分析 | 6 个维度：信息质量（5）、网站可用性（4）、可靠性（6）、响应性（5）、保证性（4）、个性化（3） | 0.84～0.92 | 外部效度、收敛效度、区分效度 |

续表

| 作者及年份 | 样本 | 抽样方法 | 调查方式 | 数据分析方法 | 维度（题项数） | 信度（α） | 效度 |
|---|---|---|---|---|---|---|---|
| Ding 等（2011） | 772 人 | 随机抽样 | 网络问卷 | 偏最小二乘法 | 11 个维度：接入性（3）、可靠性（3）、及时性（2）、服务内容质量（3）、视觉外观（5）、导航（4）、定制预览（2）、服务交付质量（3）、服务享受（5）、服务承诺（4）、忠诚度（1） | 0.83～0.99 | 收敛效度、区分效度 |
| Zehir 等（2014） | 645 人 | 随机抽样 | 线下问卷 | 探索性因子分析 | 4 个维度：效率（7）、系统可用性（2）、履行性（7）、隐私（3） | 0.76～0.86 | 预测效度 |
| 查金祥等（2005） | 600 名高校师生 | 方便抽样 | 线下问卷 | 探索性因子分析 | 10 个维度：网站设计特色（4）、顾客化或个性化（4）、网络安全性（3）、网络互动性（3）、服务失误补救（4）、网站信用度（3）、便利性（3）、价格优势（3）、操作难易度（4）、弹性（4） | 0.73～0.87 | 预测效度 |
| 申文果等（2006） | 939 名网络书店顾客 | 方便抽样 | 网络问卷 | 主成分分析、验证性因子分析 | 5 个维度：有形证据（4）、可靠（5）、敏感（5）、可信（5）、移情（5） | 0.72～0.94 | 收敛效度、区分效度 |
| 吴冠之等（2008） | 600 名网购者 | 分层抽样 | 网络问卷、线下问卷 | 验证性因子分析 | 9 个维度：信息可靠性（2）、系统可靠性（2）、网络安全性（3）、网络互动性（2）、个性化（3）、便利性（4）、网站声誉（3）、价格（3）、顾客信任倾向（3） | 0.78～0.87 | 预测效度 |

续表

| 作者及年份 | 样本 | 抽样方法 | 调查方式 | 数据分析方法 | 维度（题项数） | 信度（α） | 效度 |
|---|---|---|---|---|---|---|---|
| 苏秦等（2010） | 购物评论网站会员，第一轮312人，第二轮356人 | 方便抽样 | 网络问卷 | 探索性因子分析 | 4个网站维度：网站质量、信息质量、易用性、可靠性；3个卖家维度：客户服务质量、物流配送质量、可信性 | 0.84~0.92 | — |
| 戚牧（2011） | 400人 | 简单随机抽样 | 线下问卷 | 文献研究 | 5个维度：可靠性（5）、移情性（5）、有形性（2）、保证性（4）、响应性（6） | 0.74~0.93 | — |
| 邓之宏等（2012） | 130名大学生 | 方便抽样 | 线下问卷 | 探索性因子分析 | 6个网站维度：安全与隐私（6）、网站设计质量（5）、信息内容质量（6）、网站补偿性（4）、系统可靠性（3）、愉悦性（3）；4个卖家维度：卖家补偿性（6）、客户服务（5）、配送准确性（6）、配送准时性（4） | — | — |
| 史晓丹等（2014） | 420人 | 方便抽样 | 线下问卷 | 层次分析法 | 3个维度：服务过程（4）、服务结果（3）、服务补救（3） | — | — |
| 王明明等（2015） | 320名高校学生 | 方便抽样 | 线下问卷 | 探索性因子分析、验证性因子分析 | 4个维度：安全性（7）、响应性（4）、移情性（4）、有形性（6） | 0.84~0.91 | — |
| 王高山等（2016） | 525名大学生 | 方便抽样 | 线下问卷 | 探索性因子分析、验证性因子分析 | 3个维度：安全便利性（6）、商品质量保证性（5）、互动性（3） | 0.83~0.86 | 收敛效度、区分效度 |

续表

| 作者及年份 | 样本 | 抽样方法 | 调查方式 | 数据分析方法 | 维度（题项数） | 信度（α） | 效度 |
|---|---|---|---|---|---|---|---|
| 庄美男等（2016） | 200人 | 方便抽样 | 线下问卷 | 探索性因子分析 | 6个维度：易用性（5）、可靠性（4）、响应性（6）、保证性（5）、补偿性（3）、个性化/定制化（3） | 0.71～0.87 | — |
| 王伟军等（2017） | 248人 | 方便抽样 | 线下问卷 | 探索性因子分析 | 6个维度：安全性（3）、高效性（3）、可靠性（4）、移情性（4）、响应性（2）、补偿性（3） | 均大于0.7 | — |

资料来源：作者依据相关文献整理而得。

### 2.2.2 量表开发的方法论问题

#### 2.2.2.1 研究方法

电子商务服务质量量表开发的研究方法主要有定性研究法、定量研究法以及定性定量混合研究法。表2－2所示研究中有半数以上使用了定量法，只有极少数学者使用了内容分析法、诠释学逻辑等定性方法。定量法有一定的局限性，比如受访者不愿或不能回答问题，不愿如实回答隐私、尴尬以及影响自我或地位的问题，也不能挖掘受访者的潜在意识（Malhotra，2007）。表2－2所示研究中大约一半的电子商务量表直接使用SERVQUAL量表或对其进行改编，这表明研究人员并非通过对网购者的一手研究来确定初始质量标准，而是使用二手数据，导致“从量表中创造量表”的后果。鉴于此，Kalia（2017）建议在量表开发的初始阶段采用定性研究法。

#### 2.2.2.2 抽样方法

表2－2所示研究中大多数采用了方便抽样方法。方便抽样既有可能导致真正具有代表性的人群没有被包含在调查范围内，还有可能使研究存在自选择偏差，故研究结果的通用性有限。由于利用学生作为调查对象，许多研究都承认其分析结果的通用性程度有限。比如Yoo等（2001）让市场营销专业的学生在访问三个购物网站后填写问卷，Lee等（2005）的数据则来自网络书店的学生用户。Ha等（2009）在研究局限中提出，使用大学生样本和方便抽样不利于研究结果的一般化，限制了测量量表对年长网络消费者的适用性。Igbaria等（1989）发现，受过高等教育的用户相对于受教育程度较低的用户对网络的使用更加自由、更容易满足。因此，服务质量的维度可能会因样本学历存在差异而不同。文化水平是顾客对被交付服务的期望的重要决定因素（Constanza，2001），具有不同价值观念和生活方式的顾客会以不同的方式感知服务质量（Sarjono et al.，2010）。Malhotra等（2005）发现美国受访者和菲律宾受访者对服务质量维度的看法不同，前者更为系统。值得注意的是，现

有的电子商务服务质量量表开发研究以美国为主，受访者多来自美国，因此研究结果可能存在文化偏差。

现有研究还存在样本量问题。经验法则认为 300 例是很好的样本量（Tabacnik et al.，1996）。另一个关于样本量的建议指南是：50，非常差；100，差；200，可接受；300，好；500，很好；1000，优秀（Comrey et al.，1992；Tabacnik et al.，1996；Vanvoorhis et al.，2007）。部分研究使用了小样本，比如 Yoo 等（2001）和 Cai 等（2003）分别用了 116 和 171 的小样本，邓之宏等（2012）的样本量为 130。许多研究提到了样本不足的局限性，在某些情况下，研究人员承认他们的成果只是一个初步的量表，因为他们的小样本不支持进行全面的心理测量评估。

#### 2.2.2.3 题项管理

研究人员使用基于文献综述的演绎法（如 Chol et al.，2004；Collier et al.，2006；Dai et al.，2011；戚牧，2011；王伟军等，2017）和基于探索性研究的归纳法来产生量表题项，后者包括半结构化访谈（如 Janda et al.，2002）、焦点小组访谈（如 Parasuraman et al.，2005）、内容分析（如 Kim et al.，2006）及诠释学逻辑（如 Trocchia et al.，2003）等。单纯从已有文献中确定的维度产生题项不利于识别新维度。Collier 等（2006）承认他们使用的维度来自相关从业者和学术性文献综述，未来需要通过定性研究来进一步细化这些维度。基于因子载荷而产生的题项取决于受访对象的共识、判断和反馈，但是目前学术界对电子商务服务质量的因子及其定义尚未形成共识。

许多研究删除了因子载荷小于 0.5 的题项，Ding 等（2011）甚至使用 0.7 作为下限值。载荷小于 0.5 意味着因子不稳定（Costello et al.，2005），但一些研究仍使用了相对较低的数值（小于 0.4）作为因子载荷下限值（如 Ha et al.，2009；Yoo et al.，2001）。通常，如果一个变量的公因子方差小于 50%，那么这个变量就可以被剔除，因为因子解释不足原变量方差的一半。

Ha 等（2009）的研究只剔除了公因子方差小于30%的题项。对于题项—总体相关系数的参考值，不同的研究采用了不同的标准，有的小于0.3（如 Cheng et al.，2008；Janda et al.，2002），有的小于0.4（如 Choi et al.，2004；Wolfinbarger et al.，2003）。小于3个题项的因子通常被认为是较弱且不稳定的，但有很多研究的因子题项数小于3（如 Szymanski et al.，2000；Yoo et al.，2001；戚牧，2011；王伟军等，2017）。

#### 2.2.2.4 信度和效度评价

信度是指测量工具的可靠性。Cronbach（1951）提出用α系数（0和1之间的数值）来衡量量表的内部一致性。表2-2中，大多数电子商务服务质量量表的α系数显示了良好的信度，少数几个研究的α系数低于0.7的建议值，比如Jun等（2004）、Yang等（2008）的研究中信度的α系数为0.59，Kim等（2009）的研究中履行性（可靠性）的α系数为0.58，Long等（2004）的研究中购买流程和响应性的α系数分别为0.58和0.51。

效度是指一个测量工具能在多大程度上测量它所要测量的对象（Tavakol et al.，2011）。效度有六种，这六种效度又可归为两类：翻译效度（包括表面效度和内容效度）和效标效度（包括收敛效度、区分效度、预测效度和同时效度）（Drost，2004）。

翻译效度是指通过主观判断（表面效度）或内容检查（内容效度）来准确翻译或使用构念的程度。表面效度是一种较弱的构念效度表现形式，涉及对构念操作化的主观判断，表2-2中只有少数几个研究建立了表面效度。Bollen（1989）将内容效度定义为“一种定性的效度类型，是指明确概念的范围，并由分析人员判断测量是否完全覆盖了该范围”。许多电子商务服务质量量表更关注“购前”题项，而不是“购买和交付”题项，这和电子商务质量概念不一致，量表的内容效度受到质疑。

效标效度是指一个或多个外部参照物（标准）与测量方法之间的对应程度（通常用相关性来衡量）。Campbell等（1959）建议通过收敛和区分效度来建立构念效度。收敛效度是指两种测量方法对同一构念的测量程度，如果收敛效度表现不好会影响研究结果的可靠性和可解释性。Choi 等（2004）通过计算项目—总数相关系数并建议剔除相关系数小于0.4的题项来建立收敛效度。还有一些研究计算每个因子的平均提取方差，如果总方差中平均提取方差大于0.5，则收敛效度可接受（如 Gounaris et al.，2005；Ha et al.，2009）。Janda 等（2002）、Swaid 等（2009）通过在 $p<0.001$ 时，$t$ 值显著不等于0来检验收敛效度。其他研究也报告了量表的收敛效度。区分效度是“两个概念上相似的构念之间差异的程度”（Hair et al.，2009）。如果区分效度不足，测量量表可能无法发挥正确的作用，构念间的关系结论也可能不正确（Hair et al.，2009）。表2-2中，大多数研究通过平均提取方差（Average Variance Extracted，AVE）为每个构念建立了区分效度，即每个构念的 AVE 要大于构念间的平方相关系数。Janda 等（2002）、Choi 等（2004）通过卡方值的显著性来建立区分效度。根据 Drost（2004）的观点，预测效度（法则效度）检验测量工具对未来的相关行为或结果的影响，即测量工具作为未来情况预测指标的有效程度；而同时效度是指测量工具对当前事件的预测能力。关于预测效度，在表2-2中，研究人员检验了服务质量对消费者购买意愿（Cho et al.，2001）、推荐意愿和网站整体质量（Jun et al.，2004）、网站质量和总体满意度（Kim et al.，2004）、顾客满意度和忠诚度（Ding et al.，2011）等相关构念的影响。仅个别研究（Francis et al.，2002）报告了同时效度。

表2-2中，超过半数的文献报告了收敛效度和区分效度，除少数几篇定性研究文献外，超过1/5的文献没有报告任何效度。在这些没报告效度的文献中，国内文献占了大多数 。因此，国内对电子商务服务质量的测量研究还需进一步深化。

#### 2.2.2.5 维度分析

1. 分析方法

表2-2中，研究人员使用探索性因子分析（EFA）或验证性因子分析（CFA）来预测或评估量表维度。EFA事先并没有设定因子结构，研究人员根据理论上的可解释性，在计算出来的各种解决方案中选择最合适的方案。CFA是对预先假设的因子结构或模型进行检验，以确定是接受还是拒绝该结构或模型（Curran，1994）。因此，可以说CFA是EFA的“假设支持版”。

EFA有一些局限性，比如在正交旋转的EFA中，不相关因子的假设会导致因子载荷失真和对因子数量的不正确推断（Bagozzi et al.，1982），把测量值作为所有特征因子的函数会导致不一致（不唯一）的因子载荷估计（Segars et al.，1993）。此外，显性检验统计量在确定收敛效度和区分效度时也存在不足。模型以探索性的方式搜索因子，因此每个指标都被表征为所有特征因子的函数。Lahey等（2012）强调了CFA相对EFA的某些优势，比如CFA可以多方面检验假设模型。此外，对于假设模型的不足之处，CFA还可以分析得出模型不拟合的原因以及不拟合程度的详细信息。

2. 共性维度

表2-2中，电子商务服务质量量表的维度数量最小是2（Choi et al.，2004），最大是14（Yang et al.，2004），多数在4~6。不同研究的维度各不相同，但像安全（隐私）、网站设计、可靠性、响应性和信息等少数几个维度则常常被引用。被引用最多的是安全（隐私）维度，此维度是指信用卡支付的安全性和共享信息的保密性（Kim et al.，2009；Wolfinbarger et al.，2003）、个人信息和财务信息的安全性（Yoo et al.，2001），以及网站的安全程度和网站对顾客信息保护的程度（Parasuraman et al.，2005）。安全（隐私）维度还包括向顾客提供视觉信号，让他们知道自己处于安全连接中（Collier et al.，2006）。网站设计是指与用户体验相关的所有元素，包括导航、信息搜索、订单处理、适当的个性化和产品选择（Wolfinbarger et al.，2003）。Lee等

(2005)认为网站界面应可读、整洁以及具有视觉吸引力。Francis(2007)也提出零售网站应具有“快速下载”和“视觉吸引”的能力。可靠性是网站的性能和可靠性方面的指标，涉及网站能否在承诺的时间内通过电子邮件或者电话联系客户、交付正确的产品，以及费用计算是否正确(Yang et al.，2002)。Bauer 等(2006)认为，可靠性是整体服务质量和顾客满意度的重要预测变量。响应性是指网站与消费者互动的程度，它衡量的是网络零售商向客户提供解决问题的信息的能力，以及处理退货和提供在线担保的机制(Kim et al.，2006)。Swaid 等(2009)的研究表明，响应性正向影响整体服务质量和顾客满意度，负向影响转换倾向和负面口碑倾向，对抱怨行为也有显著影响。信息是客户对网站内容的有用性和质量的看法。Janda 等(2002)认为，信息的数量和可信度是电子商务服务质量的重要组成部分。其中数量代表消费者在购买时获取相关信息的数量，可信度是消费者对网络零售商所提供信息的信任程度。网络消费者在很大程度上依靠网站提供的信息做出购买决策(Kim et al.，2006)。

3. 与传统服务质量的维度类比

有些电子商务服务质量的维度与传统服务质量类似。可靠性在传统服务质量中被定义为能够可靠、准确地履行承诺的服务，也是电子商务服务质量的一个重要维度。与此类似，在传统服务质量中被定义为愿意帮助顾客并提供及时服务的响应性，也在一些电子商务服务质量研究中被提及。传统服务质量的移情性维度是指企业对顾客的关怀和个性化的关注。移情性似乎与网络环境无关，但许多研究表明某些类似移情性的维度也出现在网络环境中，比如沟通和理解(Bauer et al.，2006)，网站访问(Jun et al.，2004)、电子邮件、聊天室、公告栏、FAQ 等各类交流工具的可用性和多语言选择(Cai et al.，2003)，互动公平(Collier et al.，2006)，个性化(Kim et al.，2006)等。传统服务质量的保证性维度是指员工具备的知识和礼貌，以及他们激发客户信任和信心的能力。一些研究也涉及网络环境下与传统服务质量的保证性维度类似的维度，如网络安全、隐私和可信度（Cai et al.，2003；Jun et al.，2004；Long et al.，2004）。传统服务质量的有形性维度是指物理设施的外观、设备以及人员形象。在网络环境下，Long 等（2004）也提出，有形性是网络服务质量最重要的组成部分，体现在虚拟服务之中，比如网站的易用性、导航设计以及产品展示。

### 2.2.3 量表开发研究述评

电子商务服务质量的测量研究始于 21 世纪初。早期的研究主要是从管理者的视角进行的，重点关注网站界面的质量，目的是为网站设计者提供信息。后来的研究逐渐转向消费者视角，即从购买过程的各个方面对网站的服务质量进行全面评价。

传统服务质量和电子服务质量的测量研究主要使用基于属性的方法，比如 SERVQUAL（Parasuraman et al.，1988）和 E－S－QUAL（Parasuraman et al.，2005）。但是 Stauss 等（1997）认为，这些方法不能充分解释顾客对质量的感知，缺乏区分度，对管理者来说有用性较差。因此，他们提出用关键事件法来测量服务质量。此外，当前电子商务服务质量测量工具的开发研究存在重定量、轻定性，抽样非随机，题项删减标准不一，信度、效度评价不全面，维度的内容和数量不统一等一系列方法论问题。鉴于此，本书使用关键事件法研究令消费者满意和不满意的网络零售服务驱动因素，并在此基础上按照量表开发的原则开发电子商务服务质量测量工具，延伸和拓展现有研究。

## 2.3 关键事件法

关键事件法，即使用叙述性的、受访者自己报告的故事来对特定的活动、现象或事项进行分类，目的是通过收集数据进行内容分析，以解决实际问题

(Flanagan, 1954)。Burns 等（2000）提出，关键事件法很容易被应用于为了解信息提供者的体验而进行的研究，特别是在服务中。Gremler（2004）建议使用关键事件法来研究客户的服务体验。Meuter 等（2000）使用关键事件法来研究自助服务，发现在人员互动缺失的自助服务体验中，技术对消费者的态度和行为的影响是巨大的。这一研究表明关键事件法适用于电子服务环境。Kalia（2017）建议在电子服务质量量表开发的初始阶段采用定性研究法。关键事件法作为一种典型的定性研究方法（Butterfield et al.，2005），能够捕捉生动的细节，从而识别出文献检索、定量研究甚至深度访谈都无法阐明的重要信息。

### 2.3.1　方法概述

关键事件法在 20 世纪 40 年代已有记录，但直到 1954 年 Flanagan 才详细描述了它的起源、演变以及方法步骤。

#### 2.3.1.1　起源

根据 Flanagan（1954）的研究，关键事件法起源于工业与组织心理学，是第二次世界大战期间美国陆军航空队（USAAF）航空心理学项目的产物，当时被用于挑选机组成员并将他们进行分类。后来，它在美国研究协会的推动下得以继续发展。该协会是一个非营利性质的科学和教育组织，由一些为美国陆军航空队航空心理学项目工作的心理学家在战争结束时建立，Flanagan 就是这些心理学家中的一员。在最初的几年里，关键事件法的主要用途是确定在许多不同行业中获得成功的关键职业因素。Flanagan（1954）还强调了培训、创建操作程序、心理咨询和治疗等关键事件法的其他用途。

#### 2.3.1.2　内容和特征

Flanagan（1954）主要把关键事件法作为一种工具，用于创建某项活动的功能描述。作为一种定性研究方法，和其他定性研究法相比，关键事件法有以下特征：①关注促进或削弱某些活动有效实施、影响特定情况和事件体验的关键事件、事故或因素；②学科起源于工业与组织心理学；③主要通过当面或者电话访谈收集数据；④数据分析按照确定参照系、形成类别、确定类别的具体性或一般性的步骤来进行；⑤叙述方式是自述，即由当事人对关键事件进行描述（Butterfield et al.，2005）。

关键事件法有五个主要步骤：①确定总体目标；②制订计划和规范；③收集数据；④分析数据；⑤解释数据并报告结果（Flanagan，1954）。

关键事件法的第一步是确定总体目标。Flanagan（1954）认为，如果没有一个总体目标，就不可能对具体的行为进行规划和评估。因此，确定目标是进行研究的前提条件。Flanagan 提出，可以通过询问相关领域的专家、主管，或者询问这项工作的实际执行人来确定活动目标。Flanagan 认为，最好的目标陈述是围绕一些口号式的简单短语或流行语展开的，比如“赞赏”“效率”“发展”“生产”和“服务”之类的词。这类词语便于沟通交流也不容易产生误解。

关键事件法的第二步是制订计划和规范。在这一阶段，Flanagan（1954）主张给予观察人员精确、具体的指示，确保每个人都遵守同一套规则。Flanagan 认为，在收集数据之前，需要建立并明确以下规范：①被观察的情况，即界定要观察的情况，包括地点、人员、条件和活动的信息；②与总体目标的相关性，即确定所观察的特定行为是否与活动的总体目标相关；③对总体目标的影响程度，观察人员要确定观察到的事件对总体目标有多大影响；④进行观察的人，即对观察人员的选择和培训。Flanagan 认为，只有在观察人员都遵守同一套规则的情况下，才能确保观察和观察报告的客观性。

关键事件法的第三步是收集数据。数据收集可以通过多种方式进行，比如让专家观察员观察人们执行任务，或者让个人凭记忆报告过去发生的极端事件（Flanagan，1954）。Flanagan 更喜欢让专家观察员来收集数据，但他也很务实，意识到这并非总能行得通。于是他花了一些时间收集证据，意图证明回忆事件的准确性，结果表明，准确性可以从参与者提供的细节是否完整、精确来推断。Flanagan 主张用四种方式获取回忆数据：①个人访谈；②小组访谈；③调查问卷；④记录表（以叙述的形式记录事件的细节，或者在事先列好的最有可能被观察到的事件清单上进行勾选）。

样本规模也与数据收集有关。Flanagan 强调，在关键事件的研究中，样本规模不取决于参与者的数量，而是取决于观察或报告的关键事件的数量，以及这些事件是否充分覆盖了被研究的活动。关于多少事件才算足够，没有固定的规则，关键是确保能够记录和描述相关活动的所有内容。正如 Flanagan（1954）所说："在大多数情况下，当增加 100 个关键事件只能带来 2 ~3 个关键行为的增加时，就可以认为已经达到了足够的覆盖率。"

关键事件法的第四步是分析数据。许多研究人员认为这是关键事件法最重要也是最困难的一步，因为很难对几百个关键事件进行处理并分类，而且通常没有一种合适的方法来描述相关活动或构念。数据分析的目的是对数据进行有效的描述和总结，增加数据的有用性，同时"尽可能少地牺牲其全面性、特异性和有效性"（Flanagan, 1954）。数据分析涉及三个主要问题：①选择最有效的事件描述参考框架，即确定事件的分类方法；②归纳一套主标题和次标题，即确定数据类别；③选择所报告数据的具体性或一般性水平，即确定数据的通用性。

关键事件法的第五步是解释数据并报告结果。Flanagan（1954）建议研究人员必须认真研究前面四个步骤的每一个步骤，了解所使用的程序有哪些差异，以及做出了什么样的决策。Flanagan 主张要清楚地报告局限性，也要仔细审查在收集和分析数据时所做的判断，并在最终报告中强调结果的价值。

Gremler（2004）在 Flanagan（1954）对关键事件法的描述的基础上，结合 Chell（1998）和 Stauss（1993）对该方法的讨论，提出了"关键事件法研究过程和报告清单"（见表 2 -3），作为关键事件法的使用指南。

**表 2－3　关键事件法研究过程和报告清单**

| 阶段 | 内容 |
|---|---|
| 第一阶段<br>确定总体目标 | 确定所研究的问题是什么 |
| | 确定关键事件法是不是理解这种现象的适当方法 |
| 第二阶段<br>制订计划<br>和规范 | 确定什么是关键事件 |
| | 确定关键事件的判断标准 |
| | 确定分析单元 |
| | 确定数据收集工具（需有明确的指导，以及适当的故事触发问题） |
| | 确定适当的样本（适当的环境，适当的受访者） |
| 第三阶段<br>收集数据 | 培训数据收集员 |
| | 数据收集员收集数据 |
| | 识别可用的关键事件 |
| | 确定/制定事件纳入（或排除）的标准 |
| 第四阶段<br>分析数据 | 关键事件的内容分析 |
| | 反复阅读事件 |
| | 识别重复出现的主题 |
| | 制定分类方案 |
| | 创建类别描述（事件、行为或其他分析单元） |
| | 使用分类方案对事件进行分类 |
| | 评估编码员内部的可靠性 |
| | 让其他评委（编码员）对事件进行归类 |
| | 评估编码员之间的可靠性 |
| | 用留置（验证）样本测试分类方案 |
| 第五阶段<br>解释数据<br>并报告结果 | （1）研究重点/研究问题<br>明确指出研究的重点<br>描述研究问题<br>在给定的背景下准确定义什么是关键事件<br>讨论为什么关键事件法是理解这种现象的适当方法 |
| | （2）数据收集程序<br>数据收集方法<br>数据收集员的信息（培训、背景、收集员数量）<br>数据工具（工具说明、访谈问题） |

续表

| 阶段 | 内容 |
|---|---|
| 第五阶段<br>解释数据<br>并报告结果 | （3）受访者（样本）特征<br>描述样本特征<br>样本量（受访者人数）<br>回复率<br>给出令人信服的选择受访者的理由<br>受访者特征（性别、年龄、民族、受教育程度、收入及其他相关信息）<br>对多个样本的描述（如适用）<br>讨论每个受访者提供的事件数量 |
| | （4）数据特征<br>要求受访者提供的事件类型<br>事件效价<br>场景描述和（或）场景数量<br>收集的事件数量 |
| | （5）数据质量<br>报告（可用的）事件的数量<br>讨论事件纳入（或排除）的标准 |
| | （6）数据分析程序/事件分类<br>编码的操作定义<br>确定分析单元<br>对制定类别的讨论<br>分类方案描述（主要类别、子类别）<br>对评委（编码员）的讨论（培训、独立性、评委数量）<br>可靠性（评委内部可靠性统计量、评委间可靠性统计量）<br>分类系统的内容效度<br>讨论分类系统用于保留（验证）样本的结果 |
| | （7）结果<br>分类方案中主要类别的描述和讨论<br>分类方案中子类别的描述和讨论（如适用）<br>与现有文献/理论的联系<br>对未来研究的建议 |

### 2.3.1.3　发展和演进

自从 20 世纪四五十年代 Flanagan 开始对关键事件法进行研究以来，他原先设想的方法似乎已经出现了四个偏离。关键事件法的第一个变化是在心理学方面的应用。关键事件法最初是以行为学为基础的，其在心理状态或体验方面研究的适用性并没有受到重视（Stano，1983）。后来，Eilbert（1953）用关键事件法研究情感不成熟的心理结构，Herzberg 等（1959）用其研究工作动机。在其具有里程碑意义的文章发表 20 余年后，Flanagan 将关键事件法用于研究美国居民的生活质量（1978）。大约在同一时间，Weiner 等（1979）用关键事件法考察了认知与情绪之间的联系。

关键事件法还应用于咨询和心理治疗研究。Woolsey（1986）主张把关键事件法作为这门学科特有的研究方法，认为这种研究方法与咨询心理学家的技能、价值观和经验相符。Woolsey 还列举了关键事件法在这门学科的优势：除了关键事件，还涵盖事实、属性，具有灵活性；能够涵盖不同层次的目标或属性；能够识别差异或转折点；是进行初期基础性或探索性研究的有效工具；是构建理论或模型的有效工具。此后，许多研究人员使用关键事件法来研究咨询和心理治疗的各种构念和体验，比如工作小组对于所面临问题的感知（Disalvo et al.，1989）、管理者对自己作为学习促进者的作用的信念（Ellinger et al.，2002）、失业经历（Borgen et al.，1990）、同伴行为（Foster et al.，1986）、服务质量和顾客满意度（Iacobucci et al.，1995）、非裔美国儿童的学术弹性（Kirk，1995）、心理学家的道德违规（Fly et al.，1997）、工作压力和应对（O'driscoll et al.，1996），以及心理契约违背的影响（Rever－Moriyama，1999）。

关键事件法的第二个变化与对直接观察和回顾性自我报告的重视程度有关。虽然 Flanagan（1954）承认可以使用回顾性的自我报告，但实际上他的整篇文章都是从训练有素的观察者或观察专家的视角，通过直接观察或者查阅工人的工作日记写成的。对此，他将关键事件法描述为："关键事件法包含了一套程序，用于收集对人类行为的直接观察，以发挥它们在解决实际问题和发展广泛的心理学原理方面的潜在有用性"（Flanagan，1954）。这种观点在早期的许多关键事件法文章中都有体现（Oaklief，1976；Stano，1983）。然而，Kluender（1987）指出，很难在关键事件发生时就把它记录下来，因为用这种方式收集数据非常耗费人力，成本很高。实际上自 1987 年以来，几乎所有的研究都使用回顾性自我报告。回顾性自我报告的准确性标准基于叙述事件的质量，如果所提供的信息是完整、清晰和详细的，则认为信息是准确的；如果报告很笼统，信息可能就没有用。

关键事件法的第三个变化是数据分析方式。Flanagan（1954）认为，分类过程的主观性大于客观性，没有简单的规则可以指导研究者。尽管一些研究遵循了 Flanagan 的程序，但并没有对数据分析程序进行描述（Chapman，1994；Humphery et al.，2001；Pope et al.，1992；Thousand et al.，1986），导致读者不清楚具体的过程。另一些研究引用了 Flanagan 的数据收集方法，但随后似乎又偏离了他的数据分析程序（Cheek et al.，1997；Gottman et al.，1972；Kent et al.，1996；Kirk，1995；Lansisalmi et al.，2000；Miwa，2000；Strop，1995；Thomas et al.，1987；Vispoel et al.，1991）。

关键事件法的第四个变化是调查结果可靠性和可信度的建立方式。Flanagan（1954）指出，建立关键事件研究的可信度是研究人员的一项重要责任。关键事件研究结果可信度的建立程序倾向于遵循更为实证主义的路线。例如，研究人员提供了信度和效度检查方法，包括重译、标准差检验、计算 Pi 信度系数以及从产生关键事件的人群中抽取新的参与者样本（Stano，1983）。

#### 2.3.1.4　优势和局限

1. 优势

关键事件法具有以下优点：

第一，关键事件法收集的数据基于受访者的视角，来自他/她的描述。关键事件法允许受访者自行决定哪些事件与调查现象最相关，因此能够提供丰富的数据来源。这种研究方法允许受访者在总体研究框架中尽可能自由地回答问题（Gabbott et al.，1996）。对受访者来说，关键事件法没有先入为主的判断，也不用特别决定什么才是重要的。也就是说，关键事件法完全从受访者的角度来设置背景。因此，关键事件法是客户正常思维方式的反映，并不强制他们进入任何给定的框架。在访谈中，关键事件法只是简单地要求受访者回忆具体事项，他们可以使用自己的术语和语言来描述（Stauss et al.，

1997)。当受访者详细描述他们的亲身经历时，关键事件法就产生了明确且非常具体的信息。Walker 等（1992）认为，关键事件法是一种有吸引力的调查方法，因为这种方法没有把观察限制在一组有限的变量或活动中。

第二，关键事件法本质上是归纳性研究方法（Edvardsson，1992），在三种情况下尤为有用：①研究主题鲜有记录；②作为一种探索性的方法来了解一个鲜为人知的现象；③全面了解某种现象以便对其进行描述或解释（Bitner et al.，1990）。关键事件法不用遵循严格的原则，而是有一套相当灵活的规则，可以根据研究主题的需要对这些规则进行修改。关键事件法在研究难以事先确定所有变量的现象方面非常有效（de Ruyter et al.，1995）。总而言之，关键事件法是一种归纳法，不需要假设，模式在回答中形成，允许研究人员生成概念和理论（Olsen et al.，1992）。

第三，关键事件法既可以生成准确和深入的事件记录，还可以为感兴趣的现象的研究提供新的经验性起点。而且，鉴于它经常以内容分析的方式被使用，在多方法研究中可能被作为其中一种配套研究方法使用（Kolbe，1991）。

第四，关键事件法能够提供丰富的数据集。使用这种方法时，受访者的陈述为研究人员提供了丰富的第一手经验细节。逐字逐句的故事可以为现象提供有力而生动的见解，在组织中分享时能够给管理层留下深刻、难忘的印象。关键事件法为管理者提供了明确、具体的相关信息，并能提出实际的改进领域，因此被称为“一个强大的工具，它生成相关数据用于实际目的，以采取行动改进并突出管理影响”（Chell et al.，1998）。关键事件可以很容易地传达给与客户接触的人员，特别是在描述为了让客户满意而应该做什么和不应该做什么时（Zeithaml et al.，2003）。

第五，关键事件法特别适合用于评估来自不同文化的顾客感知。在 de Ruyter 等（1995）的研究中，把关键事件法描述为一种“文化中立的方法”，让消费者分享对某个问题的看法，而不是对研究者提出的问题表明看法。关键事件法并不像传统调查那样受文化的限制，因为它不会先验决定什么是重要的。

2. 局限

使用关键事件法的好处很多，但这个方法也受到了一些学者的批评，比如信度和效度问题（Chell, 1998）。还有，事件报告中受访者的故事可能被误读或曲解（Edvardsson, 1992；Gabbott et al. , 1996）。特定研究中类别标签和编码规则的不清晰也会产生问题（Weber, 1985）。作为一种回顾性研究方法，关键事件法在设计上可能存在回忆偏差的缺陷（Singh et al. , 1996）。同样，关键事件法也可能导致其他不良偏差，比如一致性因素或记忆缺失。关键事件法依赖受访者对事件的记忆，并要求准确、真实地报告这些事件，而事件可能发生在数据收集之前，这就可能导致受访者重新解释该事件。

关键事件法的数据收集过程要求受访者详细描述关键事件。然而，受访者有可能不习惯或不愿意花时间来讲述或写下一个完整的故事（Edvardsson et al. ,2001）。这种方法要求受访者花时间和精力去详细描述情况，因此可能回复率不高。

## 2.3.2　关键事件法在服务研究中的应用

### 2.3.2.1　传统服务研究应用

关键事件法对于服务研究者而言是一个很有价值的工具，因为它能够产生有用信息，对信息的使用和处理也比其他定性方法更严谨。通过确定具体研究目标、帮助识别重要主题细节、用生动例子支持发现，关键事件法使研究人员能够专注于一个非常具体的现象。Bitner 等（1990）对服务遭遇的研究和 Keaveney（1995）对服务转换的研究，佐证了关键事件法对服务研究的影响。Bitner 等（1990）对服务遭遇的研究是关键事件法应用于服务研究的典型案例。他们从顾客的角度分析了三个行业中的 700 次关键性服务遭遇，发现了三种类型的员工行为（补救性、适应性和自发性）是服务遭遇中满意和不满意的来源。这是最早确定与顾客满意和不满意相关的具体员工行为的研究。在这个研究之前，学者对此类服务评价的理解大多局限于对满意度或抽象概念（比如服务质量）的全面评估。Gremler 等（1992）通过大范围地调查服务行业中的服务遭遇，扩展了 Bitner 等（1990）研究的普遍性。他们的研究结果表明，在服务遭遇中导致满意或不满意的一系列最初的员工行为在不同环境下都是稳健的。在后来的一项研究中，Bitner 等（1994）使用关键事件法从公司的角度（具体来说是从与顾客接触的员工的视角）来研究服务遭遇。这样做扩展了最初的框架，确定了只研究顾客时没有发现的第四类行为：员工对问题客户的反应（应对性）。Bitner 等（1990）的研究激发了其他学者使用关键事件法对服务进行更多的研究。例如，Arnould 等（1993）的“延长的服务遭遇”研究就是建立在 Bitner 的研究之上的。他们调查了服务体验的背景，这种服务体验是指在持续数天的服务遭遇中可能出现的非同寻常的体验。Bitner 关于服务遭遇的研究主要集中在顾客对服务遭遇的认知反应或评估上，Van Dolen 等（2001）通过研究关键事件叙述中的情感内容来理解服务遭遇中的消费者情感反应。Kelley 等（1993）使用关键事件法研究了零售行业的服务失败类型和服务补救类型，扩展了 Bitner 在服务补救领域的工作。Keaveney（1995）关于服务转换的研究也说明了关键事件法对服务研究的贡献。Keaveney 在研究中使用关键事件法来了解客户更换服务供应商的原因，通过分析 800 多家服务公司的关键行为（关键事件），确定了客户更换服务供应商的 8 个不同类别的原因。在 Keaveney 的研究之前，大多数对服务转换原因的研究都集中在与不满意相关的问题上。尽管 Keaveney 发现的一些原因是与不满意相关的问题（比如核心服务失败、服务遭遇失败、服务补救失败），但其他原因则没有包含在“满意—不满意”范式之内（比如顾客很满意，但还是转换了）。假如 Keaveney 还是遵循满意度范式，她就会像大多数研究服务转换的人员一样，永远不会发现与不满意无关的消费者服务转换的 4 个主要原因：便利性、竞争、非自愿转换以及定价。虽然这 4 个原因每一个都在文献中被讨论过，但在 Keaveney 的研究之前，这些原因没有同时在一个研究项目中被考虑过。Keaveney 对关键事件法的应用为更广泛和更全面的服务转换行为范式研究打开了大门。关键事件法为服务研究者提供了一种宝贵的方式，可以对现象进行审慎的研究，识别以前没有考虑到的问题。比如，Edvardsson（1988）用关键事件法调查了一家机械工程公司的服务，结论是该公司的顾客承诺和功能性服务质量影响顾客认知。Stauss 等（1997）发现，关键事件法为顾客的服务质量体验研究提供了有价值的见解。Johnston（1995，1997）采用关键事件法分析并确定了服务质量的决定因素：专注、响应、关心、友好、完整性、可靠性、可用性、功能性、礼貌、能力、沟通能力、灵活性和美观性，还分析了这些因素对顾客满意度的影响。Bell 等（1997）使用关键事件法识别食品零售业务的服务质量维度，并划分为六种类型：物理环境、商品相关、非核心服务、人际关系、过程和价格。

#### 2.3.2.2　电子服务研究应用

关键事件法在电子服务中应用的研究文献不多，主要有 Meuter 等（2000）关于自助服务技术的研究、Jun 等（2001）关于网络银行服务质量的研究以及 Holloway 等（2008）关于网络购物服务质量的研究。

1. 自助服务技术

Meuter 等（2000）将关键事件法用于自助服务技术研究。自助服务技术是指客户通过技术接口自行办理业务，不需要直接接触服务人员。通过对关键事件的分析、归类，Meuter 等总结了导致客户对自助服务技术感到满意的三组主要因素（解决迫切需求、优于备选、正常使用），以及导致客户感到不满意的四组主要因素（技术故障、流程故障、设计不佳、客户过错）。

Meuter 等通过网络问卷调查了 1000 个受访者，在剔除 177 个无效样本后剩下 823 个关键事件。3 名熟悉自助服务技术主题的评委将关键事件按照不满意/满意来源划分类别和子类别。评委 A 和 B 为 823 个事件制定了包含 13 个互斥分类的详尽方案。然后，评委 A 和 B 各自将每一个关键事件单独归类到导致客户对自助服务技术感到不满意/满意的类别中。评委间的所有分歧通过讨论来解决。评委 C 根据评委 A 和 B 制定的类别对 823 个事件进行了分类。评委 C 与评委 A、B 之间的评委间信度用一致性百分比统计量来计算。评委间满意事件的信度为0.83，不满意事件的信度为0.85。研究中得出的分类体系包含13个类别，这一数据相当大。当存在很多类别时，一致性百分比统计量会低估评委间信度（Perreault et al.，1989）。因此，Meuter等计算另一个信度指标$I_r$。对照百分比一致性统计量，$I_r$是基于模型的一致性水平，是一个给定真实（人口）水平的信度指标（Perreault et al.，1989）。它关注的是整个编码过程的信度，而不仅仅是评委之间的一致性。在评委C与评委A、B之间，$I_r$对于满意和不满意的事件的信度均为0.90。

Meuter等（2000）发现自助服务技术让消费者感到满意的第一个因素是能够满足迫切需求，解决燃眉之急。迫切需求是指外部因素导致的交易紧迫感。自助服务技术由于应用广泛、服务时间长，常常可以帮助客户解决燃眉之急，让客户感到满意。第二个因素是自助服务技术相对于人员服务的优势，比如，易于使用、避免人员接触、节省时间、随时、随地以及省钱。第三个因素是“正常使用”，就是自助服务技术能正常发挥它的作用。当自助服务技术处在起步阶段时，技术的新颖性以及服务能力令人满意。技术新奇感消退后，消费者的期望值可能会增加，他们与自助服务技术互动的满意度可能会降低。这可能导致具有相似自助服务技术的企业之间产生更多的竞争，从而刺激企业改进技术接口、提高自助服务能力，扩大为客户提供的服务。

自助服务技术令消费者感到不满意的第一个因素是技术故障，包括客户无法使用服务的情况。自助服务技术环境中，技术故障期间实施有效的服务恢复工作特别困难。面临技术故障的客户有几个选择，这些选择对服务企业而言都不妙。首先，客户可能会被迫更换服务提供商。其次，选择人员服务，而人员服务对服务企业来说比自助服务技术贵得多。这种不满意来源揭示了定期维护自助服务技术的重要性，企业必须对自助服务技术进行持续的维护以确保有效性。第二个因素是流程故障。流程故障发生在自助服务技术使用之后和完成之前。这类故障很麻烦，因为客户直到后来出现问题时才知道事项没有被正确执行。相对于技术接口和服务流程而言，糟糕的设计也是一个大问题。自助服务技术只有在考虑客户需求并完全集成到整体服务设计中，才能充分发挥优势。减少此类问题的一种方法是将客户需求包括在自助服务技术的设计和相应的服务流程中。仅仅集成技术而不考虑客户需求，或者将技术集成到一个有缺陷的系统中，就会导致问题的产生。第三个因素是“客户过错”，意味着当遇到不满意的自助服务技术时，客户愿意承担部分责任。这表明用户意识到他们与自助服务技术的交互影响了体验的结果。企业了解客户的哪些错误可能导致不满意的结果，能够帮助客户改善服务体验。

自助服务技术是电子服务的一种表现形式。Meuter 等（2000）的研究表明在没有人员交流的服务体验中，技术对消费者的态度和行为产生了重大影响，也证明了关键事件法在电子服务领域的适用性，在方法使用和报告方面，被认为是关键事件法的“模范”研究典型（Gremler，2004）。

2. 网络银行服务质量

Jun 等（2001）对网络银行顾客服务的关键事件进行内容分析，确定了网络银行服务质量的 17 个维度。这些维度可以归为 3 大类：顾客服务质量、银行服务产品质量和网络系统质量。顾客服务质量包括 10 个维度：可靠性、响应性、能力、礼貌、可信度、接入、沟通、理解顾客、合作以及持续改进；网络系统质量包含 6 个维度：内容、准确性、易用性、及时性、美观性以及安全性；银行服务产品质量只有 1 个维度：产品种类（多样化功能）。该研究发现，纯互联网银行和提供网络银行服务的传统银行在维度上没有明显区别，最常被提到的维度是可靠性、响应性以及准确性。

Jun 等（2001）提出顾客服务质量的响应性、可靠性以及接入维度，网络系统质量的易用性、准确性维度以及银行服务产品质量的产品种类（多样化功能）维度对顾客满意或不满意有巨大影响，建议多关注这六个方面，理由如下：第一，由于互联网银行的客户很少有机会和服务提供者面对面地沟通，网络银行应该可靠、准确地履行所承诺的服务。第二，对顾客的询问作出迅速而认真的回应变得前所未有的重要，即接入和响应维度。第三，银行应继续提高在线系统对客户输入的响应速度，升级网站导航功能以及改善网络系统与客户应用软件和硬件的兼容性。第四，在与顾客建立长期关系的过程中，网络银行，尤其是纯互联网银行，在面对传统银行的竞争时要克服特殊困难。网络银行使用互联网作为主要的沟通渠道和服务交付中介，人际互动能力有限。相比之下，传统银行通过面对面沟通能够了解并满足客户的独特需求，进而建立长期的客户关系。所以网络银行应始终如一地为客户提供高质量的服务，并特别关注诸如响应性、可靠性、可信度和理解客户等方面。这样才能随着时间的推移，与客户建立起“联系”。此外，互联网银行可以通过为客户提供个性化服务来建立客户忠诚度。因为通过互联网银行可以自动跟踪个人客户的金融服务使用情况，并将信息收集到综合数据库中。第五，由于许多客户都想在一个网站上进行各种金融交易，互联网银行需要为他们提供广泛的服务产品和功能，不断改进现有产品和开发新产品。第六，尽管可靠性维度受到的关注不多，但是安全问题会对互联网银行造成巨大的威胁。因为互联网是一个开放的网络，互联网银行客户似乎比传统银行客户更关心银行交易安全和个人信息安全。因此，互联网银行应尽最大努力确保客户个人信息和银行交易的安全。

Jun 等（2001）运用关键事件法确定网络银行服务质量维度，为后来的电子服务质量研究提供了重要参考。

3. 网络购物服务质量

Holloway 等（2008）使用关键事件法研究网络购物环境下令消费者感到满意或不满意的因素。通过 616 份调查和 1183 次观测值，研究人员确定了令消费者特别满意或不满意的在线服务的关键驱动因素，并对这些因素进行了分类，然后将这些分类与几个重要的服务质量量表以及相关主题的其他文献进行比较，制定了一个整体框架。研究结果揭示了感到满意的消费者和感到不满意的消费者在整体上和不同行业中的差异，并评估了网络成功因素和避免失败因素之间的差异。Holloway 等（2008）的研究过程包括四个阶段和六个步骤。四个阶段的第一阶段是将所有的 1183 个事件编码成子类别；第二阶段是把子类别进行归类，形成类别；第三阶段是将第二阶段的类别归入Wolfinbarger 等（2003）的网络零售质量的4个维度；第四阶段是评估4个维度的顺序。六个步骤中的每一步都选择不同的评委，第一步，先由2名评委把1183个事件归为40个子类（评委一致性为95%），再把40个子类归为16个大类（评委一致性为93%）；第二步，18名评委和专家再次把40个子类归入16个大类（评委一致性为88%），形成37个子类、17个大类；第三步，2名评委再次将37个子类归入17个大类（评委一致性为88%），然后将17个大类归入4个维度（评委一致性为88%）；第四步，3名评委再次重复第三步（评委一致性分别为97%、92%）；第五步，6名评委再次将17个大类归入4个维度（评委一致性为92%），然后把4个维度分为2个序列（评委一致性为67%）；第六步，重复第五步（评委一致性分别为94%、88%）。

Holloway 等（2008）的研究思路是先把关键事件编码成基本单元（统一化），然后在分类时提出更高层次的抽象概念。研究人员招募了38名专家评委，其中许多人都是经验丰富的服务和互联网营销学出版商。在整个过程中，研究人员根据需要调整了分类模式和相关定义。评委之间的一致性随着分类模式和相关定义的调整而增加，每个阶段都实现了令人满意的评委间一致性。关键事件在每个阶段的编码和分类都实现了很高的评委间一致性水平（88%～96%），最终分类体系包含4个维度、17个类别和37个子类别。

Holloway 等（2008）用子类别来识别引起满意或不满意的特定事件，为量表开发或新观点的形成提供了丰富的细节。在类别层面，研究人员将所得到的关键事件类别与Wolfinbarger 等（2003）、Parasuraman 等（2005）在服务质量维度研究中所提出的类别进行比较，确定了不同方法的可比性，并提出了新的观点。Holloway 等（2008）的研究揭示了网络环境中满意与不满意驱动因素之间的差异。他们发现售前维度（网站设计或交互性）是满意的主要驱动因素（满意事件占比59.4%），而售后维度（履行性或可靠性）在不满意的情况下占主导地位（不满意事件占比64.2%）。这一发现表明，在评估重要营销成果时，有必要对满意和不满意的驱动因素进行区分。Holloway 等

(2008) 的研究考虑了网络零售环境中可能产生成功的变量和可能避免失败的变量之间的潜在差异，为后来的研究提供了新方向。

## 2.4 本章小结

本章梳理了传统服务质量、电子服务质量以及关键事件法的研究进展，论证了关键事件法在电子商务服务质量研究中的适用性。

# 第3章　电子商务服务质量的决定因素

本章用关键事件法分析电子商务服务质量的决定因素，并将这些因素与现有的量表或框架进行比较，为新量表开发提供依据。

## 3.1　方法论考量

关键事件法是指通过访谈或观察来记录并分析事件和行为，这些事件和行为会导致某项任务成功或失败（Ronan et al.，1974）。关键事件法有以下优点：第一，它纯粹从受访者的角度来详细描述个人经历，没有任何先入为主的偏见；第二，当受访者详细讲述他们的经历时，研究人员得到了非常准确和明确的信息，得以全面记录事件；第三，关键事件法能够在概念和假设发展阶段取得出色的成果；第四，关键事件法是一种文化中立的方法，最适合评估来自不同文化的顾客的看法；第五，研究人员可以通过案例研究建立理论，关键事件法适用于新的研究领域，所产生的理论往往是新颖的、可检验的以及有效的（Kalia，2017）。自20世纪50年代中期Flanaga发表经典论文以来，关键事件法被广泛应用于多种学科（Butterfield et al.，2005），被公认为一种有效的探索和调查工具（Chell，1998；Woolsey，1986）。关键事件法在服务研究中的应用始于Bitner等（1990）对服务接触中满意和不满意来源的调查。之后，许多学者在服务研究中使用关键事件法，主题涉及顾客服务评价（包括服务质量、顾客满意度以及服务接触等相关问题）、服务失效及修复、服务交付、服务员工以及方法说明或评价等（Gremler，2004）。Meuter 等（2000）对自助服务技术的研究，以及 Holloway 等（2008）对网络环境下消费者感到满意和不满意影响因素的研究，为关键事件法在电子服务质量评价中的适用性提供了佐证。本书采用关键事件法来分析网络零售环境服务接触中令消费者感到满意和不满意的潜在来源，通过识别引起满意或不满意的特定事件，为下一步的电子商务服务质量量表开发提供细节资料和题项来源。

## 3.2 关键事件法分析

根据 Flanagan（1954）的描述，关键事件法的流程包括五个主要步骤：①建立研究的总体目标；②为观察人员和访问人员制订计划和规范；③收集数据；④分析数据；⑤解释和报告结果。本书的关键事件法分析主要参考 Flanagan 的步骤和 Gremler（2004）的方法使用指南，并根据研究需要进行调整。

### 3.2.1 总体目标

由于缺乏产品的实体呈现以及存在安全问题，网络零售给企业带来了新的挑战。研究网络环境下的服务质量维度和消费者满意（不满）的来源有助于发现和了解客户关注的服务因素，为改善和提升服务提供依据。网络零售服务质量的测量和维度因此受到极大的关注，许多学者对此进行了广泛而深入的研究，形成了丰富的成果（详情参阅 2.2.1）。在这些测量工具（量表）中，Wolfinbarger 等（2003）的 eTailQ 和 Parasuraman 等（2005）的 E－S－QUAL、E－RecS－QUAL 最具代表性，被广泛引用。

eTailQ 包含网站设计、履行性（可靠性）、安全性（隐私）、客户服务 4 个维度、14 个题项。eTailQ 自提出以来得到了广泛的应用，比如 Caruana 等（2006）将 eTailQ 用于测量澳大利亚证券交易网站、马耳他生活用品网站和南非网络书店的服务质量，结果表明 eTailQ 具有良好的跨国、跨行业心理测量特性；Kim 等（2009）用 eTailQ 测量 B2C 网站服务质量；Li 等（2015）检验了 eTailQ 与价值感知、网络忠诚度的关系。此外，eTailQ 还用于印度（Ahmad et al.，2016）、马来西亚（Lee et al.，2016），中国大陆（Liu，2008；余佳，2009）、中国台湾地区（Chang，2009）的网络零售服务质量测量。

E－S－QUAL 包含效率、系统可用性、履行性、隐私4个维度22个题项。E－RecS－QUAL 是对 E－S－QUAL 的补充，用于测量非常规服务接触，包含响应性、补偿性和接触性3个维度11个题项。E－S－QUAL 已经被成功复制并应用于美国、英国、土耳其、中国、克罗地亚、印度、西班牙、爱尔兰、澳大利亚、南非等10个国家，以及音乐、图书、DVD、百货商店、电子和计算机等不同领域的电子服务质量测量（Yaya，2012）。Santouridis（2012）也将 E－S－QUAL 用于希腊电子商务网站服务质量的测量。近年来，Kortunay（2016）用 E－S－QUAL 测量土耳其电子商务网站服务质量，并检验了各维度与顾客感知价值、顾客满意度以及忠诚度的关系。

尽管 eTailQ 和 E－S－QUAL 得到了广泛的应用和推广，但这两个模型的稳健性和通用性也受到了怀疑。比如，Wolfinbarger 等（2003）承认 eTailQ 的网站设计和安全性（隐私）维度没有通过区分效度检验。Parasuraman 等（2005）的 E－S－QUAL 量表没有把客户服务作为核心要素，而是作为售后问题处理，另外开发了补充量表 E－RecS－QUAL，这一做法被认为忽略了消费者的购前服务需求（Wolfinbarger et al.，2003）。另外，Holloway 等（2008）认为，尽管网络零售服务质量的维度备受关注，但对令消费者感到满意和不满意的网络服务接触的驱动因素的研究较少，尤其是对不满意因素的关注更少。为检验这两种驱动因素之间的差异性，Holloway 等（2008）用关键事件法确定了令消费者感到满意或不满意的网络服务接触的关键驱动因素，并将这些因素与 Wolfinbarger 等（2003）的 eTailQ 和 Parasuraman 等（2005）的 E－S－QUAL、E－RecS－QUAL 的维度进行比较，发现当前的网络零售服务质量量表存在两个问题：一是没有完全涵盖令消费者感到满意或不满意的因素；二是个别维度并未被消费者提及。Holloway 等（2008）因此建议对网络零售服务质量的内涵进行明确界定以及开发新量表。

本书以 Holloway 等（2008）提出的消费者感到满意或不满意的网络服务接触驱动因素为基础，运用关键事件法对我国消费者的自述性网购体验进行分析，目的有二：①识别电子商务服务质量的决定因素；②将这些因素与现有量表或框架进行比较，制定量表开发总体框架。

### 3.2.2 计划和规范

Bitner 等（1990）指出：事件是指一项可观察的人类活动，这项活动本身足够完整，可以对活动行为人进行推断和预测；关键事件是指对活动的总体目标有重大影响的事件。本书将关键事件定义为顾客与网络商家之间令人特别满意或特别不满意的互动。因此，并不是所有的事件都是关键事件，只有那些令顾客感到特别满意或不满意、难以忘记的事件才被用于分析和归类。关键事件需要满足以下四个标准：①涉及顾客与商家的互动；②从顾客的角度来看非常满意或不满意；③是一个离散事件；④有足够的细节。对这些令人难忘的关键事件进行分析，有助于深入了解顾客满意或不满意评价的重要决定因素。

### 3.2.3 数据收集

数据收集是指让消费者回忆并详细描述最满意和最不满意的网络购物经历，并记录下来。由于收集的数据是消费者的购物体验，需要联系并辨别网络购物者，在这方面网络调查具有明显优势（Szymansk et al.，2000）。首先，网络调查不受时间和空间的限制，可随时进行；其次，网络调查便于发放，并可以便捷地甄别出合格的受访者；最后，网络调查在数据录入效率和成本方面优于线下调查和邮件调查。基于以上考虑，本书采用网络调查收集数据，通过在线问卷调查平台发布问卷，邀请受访者填写。

调查问卷的主要内容是让每个受访者描述令其感到特别满意和不满意的

网购经历。为确保受访者是网购用户，问卷第一题为甄别题，按照近半年是否有网购行为对受访者进行筛选，[①] 接着是两道开放性问题，具体内容如下。

请回想并详细描述一次让你感到特别满意或不满意的网购经历，内容包括：

（1）这是什么时候发生的事情？

（2）在哪家网站？

（3）当时你买了什么东西？

（4）网购过程中什么事情让你感到特别满意/不满意？请具体描述。

最后是性别、年龄、学历、职业、收入水平[②]、网购经验、网购频率、年网购支出、常用购物网站等人口学统计特征问题。问卷详细内容参见附录 A。

问卷以网址和二维码两种方式发送，并可通过微信、QQ 等社交软件以及邮件转发。为吸引用户参与，调查采取有奖方式，前 200 名完成调查的用户可获得 5 元的微信红包。同时，为避免答题者多次作答恶意套取奖励，问卷对答题者作答设备设置了权限，同一电脑或手机只能作答一次。在奖励刺激和受访者滚雪球式的转发推荐下，不到 3 天时间就收集了 713 份问卷，总访问人次达到 1134 人次。

## 3.2.4　数据分析

### 3.2.4.1　样本特征

在回收的 713 份问卷中，有相当一部分是无效问卷，予以剔除。无效问卷的判断依据是：近半年没有网购经历；重复答题（用多台电脑或手机答题，答案雷同）；两个开放式问题没有提供有效信息，比如用数字、符号代替答案，对满意和不满意关键事件没有描述或用“无”“满意”“不满意”“不记得了”“没有特别满意”“没有不满意”等词汇作答。剔除无效问卷

① 根据中国互联网络信息中心的定义，网购用户是指半年内在网上购买过商品或服务的网民。

② 收入水平为跳转题，没有收入来源的学生直接跳转下一题。

后，剩余问卷456份，有效问卷率达到64%。对有效问卷内容进一步审查，发现47项满意关键事件和75项不满意关键事件描述不完整或模糊不清，将这些事件进一步剔除，最终的满意关键事件数为409件，不满意关键事件数为381件。

有效问卷的回收渠道以微信为主，占比95.17%，其次是手机，占4.39%，少量问卷通过电脑网页链接方式提交，占0.44%（见图3-1）。受访者的地域范围覆盖了中国大陆26个省（自治区、直辖市），其中，来自广西壮族自治区的受访者最多，比例高达26.97%，其次是广东省（见表3-1、图3-2）。

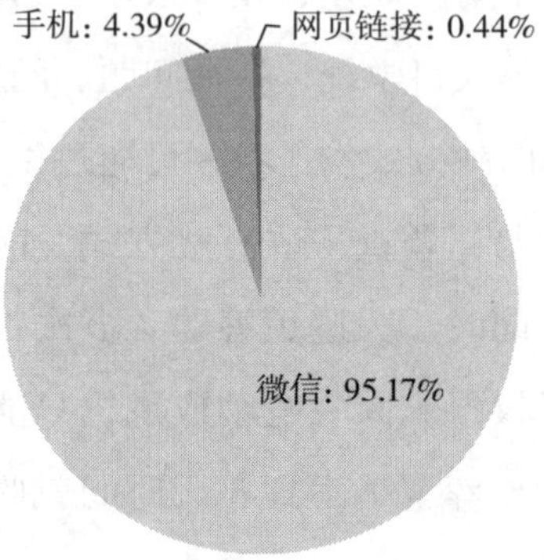


图3-1　问卷回收渠道

表3-1　问卷地域分布

| 地区 | 数量（份） | 地区 | 数量（份） |
|---|---|---|---|
| 广西 | 123 | 天津 | 8 |
| 广东 | 53 | 安徽 | 8 |
| 江西 | 42 | 云南 | 7 |
| 河北 | 34 | 陕西 | 5 |
| 江苏 | 22 | 湖北 | 5 |
| 湖南 | 22 | 黑龙江 | 4 |
| 浙江 | 22 | 辽宁 | 3 |
| 河南 | 20 | 福建 | 3 |
| 重庆 | 19 | 山西 | 1 |
| 四川 | 17 | 内蒙古 | 1 |

续表

| 地区 | 数量（份） | 地区 | 数量（份） |
|---|---|---|---|
| 山东 | 15 | 海南 | 1 |
| 北京 | 10 | 新疆 | 1 |
| 上海 | 9 | 甘肃 | 1 |

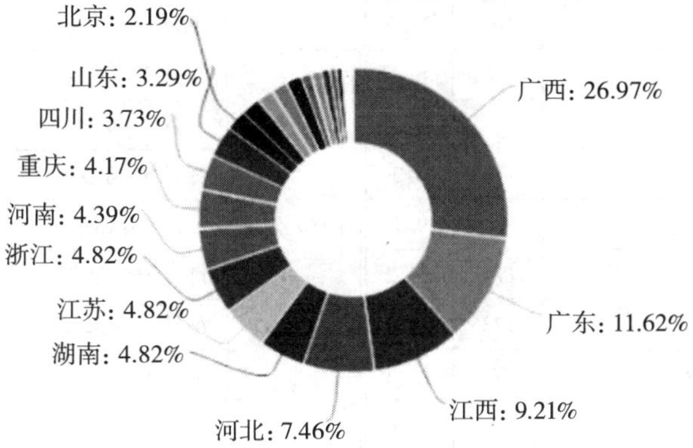


图3－2　受访者地域分布

表3－2是有效问卷的人口学统计特征，其中，男性（52%）略多于女性（48%）。受访者相对年轻，年龄在30岁以下的比例较高（71.3%）。学历方面，受教育水平较高，85.3%的人具备大学专科以上学历。职业以公司职员（29.8%）和学生（24.8%）为主，收入水平从月收入低于2000元（5.3%）到2万元及以上（0.6%）不等。多数受访者的收入水平在3000～8000元（59.5%）。多数人有3年以上的网购经历（78.7%），90%以上的人每月最少网购一次。年网购花费在2万元以下的占绝大多数（87.7%），少部分在2万～5万元（9.7%），5万元以上的不多（2.6%）。最常用的购物网站是淘宝（96.5%），其次是京东（74.8%）。

表3－2　样本特征

| 人口特征变量 | 属性 | 数量 | 比例（%） | 人口特征变量 | 属性 | 数量 | 比例（%） |
|---|---|---|---|---|---|---|---|
| 性别 | 男 | 237 | 52.0 | 网购经验 | 半年以下 | 7 | 1.5 |
|  | 女 | 219 | 48.0 |  | 半年～1年 | 14 | 3.1 |

续表

| 人口特征变量 | 属性 | 数量 | 比例（%） | 人口特征变量 | 属性 | 数量 | 比例（%） |
|---|---|---|---|---|---|---|---|
| 年龄 | 18 岁以下 | 10 | 2.2 | 网购经验 | 1~3 年 | 74 | 16.2 |
| | 18~25 岁 | 185 | 40.6 | | 3~5 年 | 167 | 36.2 |
| | 26~30 岁 | 130 | 28.5 | | 5~10 年 | 151 | 33.1 |
| | 31~40 岁 | 98 | 21.5 | | 10 年以上 | 43 | 9.4 |
| | 41~50 岁 | 29 | 6.4 | 网购频率 | 每月不到 1 次 | 42 | 9.2 |
| | 51~60 岁 | 3 | 0.7 | | 每月 1~4 次 | 176 | 38.6 |
| | 60 岁以上 | 1 | 0.2 | | 每月 5~8 次 | 98 | 21.5 |
| 学历 | 研究生或以上 | 42 | 9.2 | | 每月 9~15 次 | 62 | 13.6 |
| | 大学本科 | 174 | 38.2 | | 每月 16~20 次 | 60 | 6.6 |
| | 大学专科 | 173 | 37.9 | | 每月 21~30 次 | 20 | 4.4 |
| | 高中/中专 | 56 | 12.3 | | 每月 30 次以上 | 28 | 6.1 |
| | 初中及以下 | 11 | 2.4 | 年网购花费 | 1000 元以下 | 73 | 16.0 |
| 职业 | 学生 | 113 | 24.8 | | 1000~3000 元 | 102 | 22.4 |
| | 专业人士（教师/医护人员/律师/会计师等） | 42 | 9.2 | | 3000~5000 元 | 83 | 18.2 |
| | 事业单位/公务员/政府工作人员 | 65 | 14.3 | | 5000~1 万元 | 73 | 16.0 |
| | 公司职员 | 136 | 29.8 | | 1 万~2 万元 | 69 | 15.1 |
| | 服务业人员（餐饮服务员/司机/售货员等） | 15 | 3.3 | | 2 万~5 万元 | 44 | 9.7 |
| | 工人 | 15 | 3.3 | | 5 万元以上 | 12 | 2.6 |
| | 自由职业者 | 37 | 8.1 | 常用网站* | 淘宝 | 440 | 96.5 |
| | 家庭主妇 | 11 | 2.4 | | 京东 | 341 | 74.8 |
| | 其他 | 22 | 4.8 | | 唯品会 | 82 | 18.0 |
| 收入水平（月薪） | 2000 元以下 | 18 | 5.3 | | 亚马逊 | 29 | 6.4 |
| | 2000~3000 元 | 57 | 16.6 | | 当当 | 27 | 5.9 |
| | 3000~5000 元 | 117 | 34.1 | | 网易考拉 | 23 | 5.0 |
| | 5000~8000 元 | 87 | 25.4 | | 洋码头 | 0 | 0.0 |
| | 8000~1 万元 | 44 | 12.8 | | 苏宁易购 | 81 | 17.8 |
| | 1 万~2 万元 | 18 | 5.3 | | 国美 | 6 | 1.3 |
| | 2 万元及以上 | 2 | 0.6 | | 其他 | 22 | 4.8 |

注：*表示最多选 3 项。

### 3.2.4.2　事件分类

受访者描述的关键事件蕴含了丰富的信息。多数受访者详细描述了他们经历的满意、不满意事件，部分受访者的单个事件描述在100字以上，但个别受访者的描述非常简短，只有几个字。关键事件的平均描述长度约为33字，不满意事件的平均描述字数（36字）大于满意事件（29字）。

完成数据收集整理之后，接下来是对关键事件进行分类，分类依据见表3－3。分类的目的是使事件在回答研究问题时有用，同时尽可能少地牺牲细节和全面性（Bitner et al.，1990）。分类过程包括反复、仔细阅读受访者报告的网购经历并按照相似性对事件进行分类，然后阐明或确定相似性事件的性质，作为标记每一类事件的基础。具体步骤如下：首先，对满意事件和不满意事件分别进行编号；其次，用关键词或短语对每个关键事件的内容进行分类，形成子类别；再次，两名评委以Holloway等（2008）提出的网络服务质量的37个子类别和17个质量决定因素（见表3－2）为基础，根据实际描述加以调整，对关键事件进行分类；最后，评委共同检查、讨论和解决分类分歧。

**表3－3　分类依据**

| 分类依据 | 具体内容 |
|---|---|
| 网站信息质量 | 不充分的信息网站 |
| | 网站上不正确的信息 |
| 网站组织/设计/导航 | 网站设计/组织好 |
| | 网站上的技术或导航存在问题 |
| 购买过程 | 网上支付困难 |
| | 网站购买流程太难 |
| 网站方便/易用性 | 网上购物带来便利 |
| | 网站易于使用（易用性） |
| 运输跟踪 | 为运输提供确认/跟踪号码的服务 |
| 产品选择 | 产品供应具有多样性 |
| | 有线下商店没有的产品 |
| 商品库存的可用性 | 网站上列出的商品已经脱销 |

续表

| 分类依据 | 具体内容 |
|---|---|
| 产品价格 | 与购买相关的折扣或免费运输 |
| | 低价 |
| | 低于线下商店的价格 |
| 安全性 | 信用卡诈骗 |
| | 安全的网站（感到安全） |
| 隐私 | 购买后的电子邮件请求没有问题 |
| | 电子邮件地址公布给电子营销 |
| 交货及时性 | 买的东西到达时间比承诺时间晚 |
| | 买的东西从未收到 |
| | 买的东西按时到达 |
| | 买的东西到达时间比计划或承诺的要早 |
| 订单的准确性 | 交付的产品尺寸不对 |
| | 交付的产品不对 |
| 交货状态 | 配送过程中商品损坏 |
| 账单准确性 | 信用卡账单不正确 |
| 商品质量 | 商品质量没有达到预期或没有兑现承诺 |
| | 商品/项目的质量符合预期或兑现承诺 |
| | 购买的产品质量低劣 |
| 服务水平 | 提供良好的服务 |
| | 与企业的沟通很糟糕 |
| | 提供“800”客户服务电话 |
| | 糟糕的客户服务支持 |
| 退货处理/政策 | 不清晰的退货政策 |
| | 不公平的退货政策 |
| | 良好的退换货政策 |

两名评委对满意事件的分类一致性为82%，对不满意事件的分类一致性为86%。评委间分歧及处理如下：首先，受访者对网络购物关键事件的描述大多是关于物流配送方面的，比如对满意事件的描述多次提到了发货快、送货上门、送货员服务态度好、偏远地区配送等内容，对不满意事件的描述也常常提到发货慢、虚假发货、不按时发货等问题。这些描述不属于任何类别，

与之接近的是“交货及时性”，但交付及时性仅指配送时效，难以覆盖物流配送的各个方面。鉴于目前我国的电子商务物流以第三方物流为主，在多数情况下，发货主体和配送主体不一致，评委经过讨论，在“交货及时性”的基础上增加“发货及时性”和“配送服务”分类，以更好地识别关键事件所反映的物流问题。其次，受访者多次提到商品包装和商品的售后安装服务，尤其是在描述特别满意网购经历时。这两个方面的描述不完全符合现有分类，与商品包装相近的是“产品价格”分类，与售后安装服务相近的是“服务水平”分类。评委经过讨论，将商品包装归入“产品价格”，售后安装服务归入“服务水平”。类似的还有不满意描述中的假货问题，评委建议归入“商品质量”。最后，个别事件与现有类别都不相符，也没有接近的类别。比如受访者在特别满意事件的描述中提到客服主动介绍商品使用和保养注意事项，主动跟踪了解用户商品使用情况，还有买零食送垃圾收集袋，夏天买巧克力加冰袋，给客户写慰问信等。在这些情况下，服务人员在响应客户的需求方面表现出一定程度的灵活性，超出了常规服务的范围。为了更恰当地反映这些情况，评委决定增加一个新的分类——灵活性。另外，Holloway 等（2008）将商家对消费者的补偿或赔偿归入了“退货处理/政策”，但根据消费者的描述，商家对消费者的补偿除了退换货之外，还有价格变化所导致的差价或报价补偿、商品损坏的额外赔偿以及商家经营不善、店铺关闭导致的对消费者损失的赔偿等。鉴于此，评委建议将“补偿”独立作为一个分类。

每个满意或不满意事件可以分为一个或若干个子类。比如一名受访者对特别满意的网购体验的描述是：“昨天，我在花花公子服装专卖店购买衣服和裤子，质量很好，客服态度很好，很详细地为我介绍了衣服和裤子的尺码标准；快递很快，寄往兰州两天就到了。”这条陈述可分为5个子类别：商品质量符合预期或兑现承诺，服务态度好，响应客户需求、提供咨询，交付的产品尺寸合适，快速交付。因为服务态度和响应客户需求、提供咨询较为相似，都属于客户服务，所以5个子类别分为4类：商品质量、服务水平、订单的准确性、交货及时性。所有关键事件子类别和分类结果详见表3-4、表3-5。

**表 3-4　满意事件分类**

| 序号 | 事件描述 | 子类别 | 类别 |
|---|---|---|---|
| 1 | 2016 年 12 月 25 日，我在天猫购买了 4 双拖鞋，物美价廉，质量也很好，感觉很超值 | 价格便宜，商品质量符合预期或兑现承诺 | 产品价格，商品质量 |
| 2 | 我在淘宝网皮尔卡丹内衣店购买了男士冰丝内裤，非常透气舒适 | 商品质量符合预期或兑现承诺 | 产品价格 |
| 3 | 我在天猫买了一个鼠标键盘套装，很好用且价格不贵，客服很热情，感觉很好 | 价格便宜，商品质量符合预期或兑现承诺，服务态度好 | 产品价格，商品质量，服务水平 |
| 4 | 我 1 周前在当当网购书，提前 2 天收到书 | 提前交付 | 交货及时性 |
| 5 | 我在京东买米、油，东西太重，京东送到家，我很满意 | 送货上门 | 配送服务 |
| 6 | 2018 年 7 月 10 日，我在淘宝网买了一条裙子，价格实惠，到货后感觉质量还不错，穿上觉得好凉快，很柔软，物美价廉，很满意！ | 价格便宜，商品质量符合预期或兑现承诺 | 产品价格，商品质量 |
| 7 | 2018 年 5 月 25 日，我在京东买了手机，是正品，物流发货快，很满意 | 商品质量符合预期或兑现承诺，发货快 | 商品质量，发货及时性 |
| 8 | 我觉得京东发货非常快 | 发货快 | 发货及时性 |
| 9 | 我基本在京东自营买产品，感觉京东的东西比较有保障。我最看重产品的质量 | 商品质量符合预期或兑现承诺 | 商品质量 |
| 10 | 我最近在小红书购买唇釉，因为错收包裹，反馈后小红书及时处理了 | 积极响应问题 | 服务水平 |
| 11 | 今年 6 月我在京东购买电脑桌，感觉物流很快、客服服务周到 | 物流快，提供良好的服务 | 交货及时性，服务水平 |
| 12 | 6 月 30 日我在天猫购买足球鞋，客服对鞋的说明很详细，鞋很合适 | 响应需求、提供咨询，交付的产品尺寸正确 | 服务水平，订单准确性 |
| 13 | 6 月 19 日我在京东到家购买卷纸，感觉价格优惠，配送时效快 | 价格便宜，快速交付 | 产品价格，交货及时性 |

续表

| 序号 | 事件描述 | 子类别 | 类别 |
|---|---|---|---|
| 14 | 一个月前我在淘宝买电脑包，感觉客服服务很好 | 提供良好的服务 | 服务水平 |
| 15 | 两个月前我在京东购买保险柜，东西特别重，但是物流特别快还送货上门，感觉服务很好 | 快速交付，送货上门 | 交货及时性，配送服务 |
| 16 | 两周前我在淘宝购买瑜伽垫，因为不想要，到货拒签，卖家迅速退款，购物体验很好 | 响应客户需求，问题响应，处理退换货 | 服务水平，退换货处理 |
| 17 | 我经常在天猫超市购买零食及生活用品，虽然没有客服可以询问，但东西的品质很好，而且配送速度快，次日即达 | 商品质量符合预期或兑现承诺，快速交付 | 商品质量，交货及时性 |
| 18 | 2018 年 4 月，我在淘宝网购买电脑屏幕保护膜，客服很细心，帮助我找到合适的产品 | 响应客户需求、咨询 | 服务水平 |
| 19 | 大约几个月前，我在淘宝购书，购物环节顺畅 | 快速交付 | 交货及时性 |
| 20 | 我在淘宝网购买各种水果，物美价廉 | 价格便宜，商品质量符合预期或兑现承诺 | 产品价格，商品质量 |
| 21 | 一个月前我在淘宝用优惠券购买空调被，质优价廉 | 价格便宜，商品质量符合预期或兑现承诺 | 产品价格，商品质量 |
| 22 | 2018 年 7 月 1 日，我在淘宝购买电脑桌，物品和网页上的描述一致，很满意 | 交付的产品正确 | 订单准确性 |
| 23 | 不久前我在淘宝购买玩具，觉得购物很方便，特别满意 | 网购方便 | 网站便利性/易用性 |
| 24 | 前两天我在淘宝购买裤子，物美价廉，我很满意 | 商品质量符合预期或兑现承诺，价格便宜 | 商品质量，产品价格 |
| 25 | 我觉得商家的服务态度很好 | 服务态度 | 服务水平 |
| 26 | 我在淘宝网购买编织袋，质量很好 | 商品质量符合预期或兑现承诺 | 商品质量 |
| 27 | 去年“双 11”我在天猫买到一件自己特别喜欢的卫衣 | 买到了想要的产品 | 订单准确性 |
| 28 | 2018 年 7 月我在淘宝网旗舰店购买的东西比实体店便宜，而且是正品 | 低于线下商店价格，商品质量符合预期或兑现承诺 | 产品价格，商品质量 |

续表

| 序号 | 事件描述 | 子类别 | 类别 |
|---|---|---|---|
| 29 | 今年我在淘宝买到很好的鞋子 | 商品质量符合预期或兑现承诺 | 商品质量 |
| 30 | 最近我在淘宝购买海产品，卖家售后服务很好 | 良好的售后服务 | 服务水平 |
| 31 | 我在网上购买家具，收到货物后非常满意，安装师傅也很好 | 商品质量符合预期或兑现承诺，良好的售后服务 | 商品质量，服务水平 |
| 32 | 今年6月我在京东购买日用品，由于商家原因未能按时送达，送货员及时与我电话沟通确认配送时间，并对逾期表示歉意，送货员的服务态度令我感到特别满意 | 送货员服务态度 | 配送服务 |
| 33 | 上周我在天猫超市购买生活用品，配送速度很快，商品质量也很好，我非常满意 | 快速交付，商品质量符合预期或兑现承诺 | 交货及时性，商品质量 |
| 34 | 2016年我在淘宝购买运动鞋，3天之内到货，我非常满意 | 快速交付 | 交货及时性 |
| 35 | 我在淘宝网购买核桃，价格便宜 | 价格便宜 | 产品价格 |
| 36 | 我在淘宝网购买橙子，物美价廉 | 价格便宜，商品质量符合预期或兑现承诺 | 产品价格，商品质量 |
| 37 | 两个月前我在淘宝新秀丽旗舰店购买了一个背包，半个月后我发现背包降价了50元，虽然已经超过退换和补差价的时效，但沟通后客服同意退差价 | 退差价 | 补偿 |
| 38 | 昨天我在淘宝购买纸巾，收到满意的货 | 商品质量符合预期或兑现承诺 | 商品质量 |
| 39 | 上周我在淘宝买梨，质量很满意 | 商品质量符合预期或兑现承诺 | 商品质量 |
| 40 | 上个月我在淘宝购买手机壳，东西不贵但包装很精美，卖家还包邮，服务很好 | 免费运输，包装精美，提供良好的服务 | 产品价格，服务水平，灵活性 |
| 41 | 7月10日我在淘宝网购买鞋柜，容量大，实木材质，很有分量，做工好，完全符合我的需求 | 商品质量符合预期或兑现承诺 | 商品质量 |
| 42 | 5月我在天猫购买包和鞋，物品质量好，快递送货快 | 快速交付，商品质量符合预期或兑现承诺 | 交货及时性，商品质量 |

续表

| 序号 | 事件描述 | 子类别 | 类别 |
|---|---|---|---|
| 43 | 2018 年 3 月 10 日，我在京东购买热水器，包装细致 | 包装细致 | 交货状态 |
| 44 | 一个月前我在网易考拉购买了两盒面膜，物流很快，经验证是正品，感觉很棒 | 快速交付，商品质量符合预期或兑现承诺 | 交货及时性，商品质量 |
| 45 | 最近我在淘宝网购买了一个高压锅，质量很好，功能多，我很满意 | 商品质量符合预期或兑现承诺 | 商品质量 |
| 46 | 今年 5 月我买了一条裙子，到货速度很快 | 快速交付 | 交货及时性 |
| 47 | 今年 6 月我在天猫购买了一款九阳破壁机，很实用，我很满意 | 商品质量符合预期或兑现承诺 | 商品质量 |
| 48 | 我觉得价格便宜，质量好 | 价格便宜，商品质量符合预期或兑现承诺 | 产品价格，商品质量 |
| 49 | 我购买了汽车装饰，卖家细心地给我讲解用法 | 响应客户需求、咨询，服务态度 | 服务水平 |
| 50 | 我在淘宝买了一件衣服，很好看 | 买到了想要的产品 | 订单准确性 |
| 51 | 上个月我在淘宝购买了一箱桃子，用了优惠券后价格很便宜，到货时发现被损坏，反馈后店家很快进行了赔偿，我觉得卖家很诚信 | 价格便宜，折扣，问题响应，赔偿损失 | 产品价格，服务水平，补偿 |
| 52 | 我购买的化妆品非常好用 | 商品质量符合预期或兑现承诺 | 商品质量 |
| 53 | 前天我在网易考拉购买了奥尔滨 28 天美白精华水，价格很划算 | 折扣 | 产品价格 |
| 54 | 6 月我在淘宝购买芒果，客服态度很好 | 服务态度 | 服务水平 |
| 55 | 上个月我在淘宝购买儿童马桶，很好用 | 商品质量符合预期或兑现承诺 | 商品质量 |
| 56 | 去年我在淘宝购买衣服，价格便宜，质量好 | 价格便宜，商品质量符合预期或兑现承诺 | 产品价格，商品质量 |
| 57 | 几天前我在贝店购买水果，坏了 1 个，售后客服很快赔付了 5 元 | 售后服务，损坏赔偿 | 服务水平，补偿 |
| 58 | 1 月我在淘宝购买衣服，质量很好 | 商品质量符合预期或兑现承诺 | 商品质量 |
| 59 | 前天我在淘宝领券买衣服，价格便宜很多，物流快，东西质量好 | 快速交付，商品质量符合预期或兑现承诺，折扣，价格便宜 | 交货及时性，商品质量，产品价格 |

续表

| 序号 | 事件描述 | 子类别 | 类别 |
|---|---|---|---|
| 60 | “6·18”活动期间，我在京东购买了OLAY的空气霜，打折力度很大，送了很多赠品，到货快，质量有保证，感觉很好 | 折扣，赠品，商品质量符合预期或兑现承诺，快速交付，价格便宜 | 产品价格，商品质量，交货及时性 |
| 61 | 今年4月我在淘宝购买衣服，客服的服务让我感觉特别满意 | 服务态度 | 服务水平 |
| 62 | 我在淘宝购买了手机钢化膜，质量特别好 | 商品质量超过预期或兑现承诺 | 商品质量 |
| 63 | 我购买的是化妆品，卖家特别好 | 服务态度 | 服务水平 |
| 64 | 2018年6月我在淘宝网购买面膜，卖家耐心，售后还会回访，感觉很好 | 响应客户需求、提供咨询，提供良好的服务 | 服务水平 |
| 65 | 我购买的衣服尺寸小了，换回的衣服穿着很合身，客服人员态度很好 | 处理退换货，服务态度 | 退换货处理，服务水平 |
| 66 | 上个月我在京东购买洗衣机，我家在乡下，送货师傅冒着大雨送货上楼，我很感动 | 提供良好的服务，送货上门 | 服务水平，交货及时性，配送服务 |
| 67 | 5月15日我在淘宝购买婴儿洗澡盆，卖家服务态度很好 | 服务态度 | 服务水平 |
| 68 | 今年夏天我在淘宝购买衣服和鞋子，质量、尺寸都很满意 | 商品质量符合预期或兑现承诺，交付的产品尺寸合适 | 商品质量，订单准确性 |
| 69 | 今年3月我在京东购买了一个手机，配送速度很快，手机也是正品 | 快速交付，商品质量符合预期或兑现承诺 | 交货及时性，商品质量 |
| 70 | 2018年6月14日，我在淘宝购买了一双鞋子，很结实，质量让我很满意 | 商品质量符合预期或兑现承诺 | 商品质量 |
| 71 | 我在京东购买生活用品，配送速度快，基本上当天买第二天就到了，快递人员素质也很高，我非常满意 | 快速交付，快速发货，物流服务好 | 发货及时性，交货及时性，配送服务 |

续表

| 序号 | 事件描述 | 子类别 | 类别 |
|---|---|---|---|
| 72 | 去年我在淘宝网买了一件衣服，卖家服务很好 | 提供良好的服务 | 服务水平 |
| 73 | 一个月前我在淘宝买了一双鞋子，卖家服务很好 | 提供良好的服务 | 服务水平 |
| 74 | 6 月我在京东购买热水器，送货和安装服务很周到 | 物流，安装服务 | 交货及时性，服务水平 |
| 75 | 前天我在淘宝购买背包，东西很好 | 商品质量符合预期或兑现承诺 | 商品质量 |
| 76 | 上个月我在淘宝购买鞋子，卖家服务态度好，快递很好，鞋子质量也很好 | 服务态度，快速交付，商品质量符合预期或兑现承诺 | 服务水平，交货及时性，商品质量 |
| 77 | 我曾经在淘宝购买儿童溜冰鞋，客服很耐心，解答了各种疑惑。我最后愉快地购买了最贵的那款，我认为客服态度很重要 | 响应客户需求、提供咨询，服务态度 | 服务水平 |
| 78 | 去年“双 11”我在淘宝购买精华，活动力度大，买一送一 | 折扣 | 产品价格 |
| 79 | 10 年前我在淘宝网购买电子产品，物流很快 | 物流快 | 交货及时性 |
| 80 | 这个月我在淘宝购买了一个包，是我喜欢的颜色，大小合适，特别时尚，我很喜欢 | 买到了想要的产品 | 订单准确性 |
| 81 | 今年 4 月我在京东商城购买手机，商家服务态度好，送货快 | 物流快，服务态度 | 服务水平，交货及时性 |
| 82 | 3 天前我在淘宝购买了鞋柜，客服打电话教我安装 | 安装服务 | 服务水平 |
| 83 | 2018 年 3 月我在龙鳞宫旗舰店购买了一款手机壳，质量很好，客服态度也非常棒 | 商品质量符合预期或兑现承诺，服务态度 | 商品质量，服务水平 |
| 84 | 5 月我在淘宝购买了一个男士钱包，客服的态度和商家的包装让我感到特别满意 | 服务态度，商品包装 | 服务水平，产品价格 |
| 85 | 我在阿里巴巴批发了 500 元的玩具，质量不错，性价比高 | 商品质量符合预期或兑现承诺，性价比高 | 商品质量，产品价格 |
| 86 | 我购买了衣服，质量很好 | 商品质量符合预期或兑现承诺 | 商品质量 |

续表

| 序号 | 事件描述 | 子类别 | 类别 |
|---|---|---|---|
| 87 | 2018 年 3 月，我在淘宝购买裤子，对快递很满意 | 快递 | 交货及时性 |
| 88 | 3 个月前我在淘宝网购买电子产品，物流很快，客服服务态度好 | 物流快，服务态度 | 交货及时性，服务水平 |
| 89 | 2018 年 6 月，我在唯品会购买了一个森马的包，和其他网站对比，价格比较低，空间很大 | 价格便宜，买到了想要的产品 | 产品价格，产品选择 |
| 90 | 几个月前我在淘宝购买游泳圈，到货后发现质量问题，反馈给店家，店家给我重新发了一个 | 问题响应，退换货处理 | 服务水平，退换货处理 |
| 91 | 卖家服务态度很好 | 服务态度 | 服务水平 |
| 92 | 我曾经在京东购买家用电器给父母用，过了一段时间出现质量问题，联系京东后换了新的，新电器第二天就送到了家，我父母非常喜欢，给我的感觉很好 | 退换货处理，物流快 | 退换货处理，交货及时性 |
| 93 | 2018 年我在三木子购买了一件上衣，质量很好 | 商品质量超过预期或兑现承诺 | 商品质量 |
| 94 | 月初我在淘宝买灯，物美价廉，我很满意 | 价格便宜，买到想要的产品 | 产品价格，订单准确性 |
| 95 | 半个月前我在淘宝购买汉服，包装好看，物流也很快，衣服质量很好 | 商品质量符合预期或兑现承诺，物流快，包装好看，买到想要的产品 | 商品质量，交货及时性，灵活性，订单准确性 |
| 96 | 上个月我在京东购买了一辆电动车，当时地址有误，客服反复与家人核实，我们很感动 | 问题响应，服务态度 | 服务水平 |
| 97 | 我在淘宝购买了一副耳机，质量不错，音质也挺好，客服态度好 | 商品质量符合预期或兑现承诺，服务态度 | 商品质量，服务水平 |
| 98 | 5 个月前我在京东购买手机，送货速度特别快 | 物流快 | 交货及时性 |
| 99 | 我曾经购买玻璃浴房，发现玻璃有裂痕，向卖家反馈后，对方迅速给我发了一块新的玻璃，态度很好 | 问题响应，商品赔偿 | 服务水平，补偿 |

续表

| 序号 | 事件描述 | 子类别 | 类别 |
|---|---|---|---|
| 100 | 5月1日我在京东购买电视机，索尼旗舰店的服务很好，物流快 | 物流快，提供良好的服务 | 交货及时性，服务水平 |
| 101 | 今年6月我在淘宝购买了一双NIKE鞋，验货是正品，我特别开心 | 商品质量符合预期或兑现承诺 | 商品质量 |
| 102 | 今年我在天猫购买了两部魅族手机，客服让我感到满意 | 服务态度 | 服务水平 |
| 103 | 上个月我在淘宝网购买了飞利浦的电动牙刷，感觉质量不错，体验很好 | 商品质量符合预期或兑现承诺 | 商品质量 |
| 104 | 两个月前我在淘宝店购买了一件衣服，卖家主动告知发货和收货情况，到货后还询问是否满意但并不要求好评，我很喜欢 | 质量不错 | 商品质量 |
| 105 | 我网购生鲜产品，新鲜又便宜，快递速度也快 | 价格便宜，物流快，商品质量符合预期或兑现承诺 | 产品价格，交货及时性，商品质量 |
| 106 | 上半年我在淘宝购物，个人原因发生退货，卖家很快同意并承担邮费，我非常满意 | 问题响应，免费运输，处理退换货 | 服务水平，产品价格，退换货处理 |
| 107 | 2018年5月，我在淘宝购买自行车，卖家详细说明安装流程 | 良好的客户服务 | 服务水平 |
| 108 | 上周我在淘宝购买一件裙子，客服态度让我很满意 | 服务态度 | 服务水平 |
| 109 | 2018年7月，我在京东买体育用品，我咨询卖家很多问题，并且反复修改订单，卖家服务态度很好，东西也很好，我很满意 | 响应客户需求、咨询，服务态度，商品质量符合预期或兑现承诺 | 服务水平，商品质量 |
| 110 | 我上月在京东购买手机充电器，卖家赠送了礼品 | 赠品 | 产品价格 |
| 111 | 我上个月在京东购买扭扭车，降价以后卖家给我退了差价 | 差价补偿 | 补偿 |
| 112 | 2018年6月12日，我在淘宝购买零食，到货很快 | 物流快 | 交货及时性 |
| 113 | 2天前我在淘宝网购买梳子，到货速度比我预期的速度快 | 物流快 | 交货及时性 |
| 114 | 7月初我在淘宝购买一条裙子，物流很快，客服很和善，态度很好 | 物流快，服务态度 | 交货及时性，服务水平 |

续表

| 序号 | 事件描述 | 子类别 | 类别 |
|---|---|---|---|
| 115 | 去年我在淘宝购买了一双鞋，店家态度很好 | 服务态度 | 服务水平 |
| 116 | 我很满意在天猫买的包，客服态度也非常好 | 商品质量符合预期或兑现承诺，服务态度 | 商品质量，服务水平 |
| 117 | 6 月我在京东购买袋子，送货速度快 | 物流快 | 交货及时性 |
| 118 | 我曾经在京东购买电磁炉，感觉服务都特别好，配送速度很快，而且出现问题包换 | 物流快，良好的售后服务，处理退换货 | 交货及时性，服务水平，退换货处理 |
| 119 | 今年上半年我在京东购买发胶，虽然是活动价但和平常价格没有区别，向客服反馈后，京东特意致电向我说明并赠送 200 京豆，让我觉得他们做事有始有终，很负责 | 问题响应，价格补偿 | 服务水平，补偿 |
| 120 | 我在京东买液化气灶，安装服务很好 | 良好的售后服务 | 服务水平 |
| 121 | 几天前我在淘宝买书，书的质量特别好，而且包邮，我很满意 | 商品质量超过预期，免费运输 | 商品质量，产品价格 |
| 122 | 3 月我在京东购买电脑，出现问题，京东马上换货 | 退换货 | 退换货处理 |
| 123 | 5 月中旬我在京东购买一瓶防晒霜，这款防晒霜控油效果很好，还有美白的效果，价格不贵 | 商品质量超过预期，价格便宜 | 商品质量，产品价格 |
| 124 | 网购的产品非常好，网购非常方便，省事 | 网购方便，买到想要的产品 | 网站便利性/易用性，产品选择 |
| 125 | 前几天我网购耳机，地址写错了，商家很耐心地与我沟通，并帮助我修改地址 | 问题响应 | 服务水平 |
| 126 | 2017 年我在京东购买电脑配件，售后服务很好 | 售后服务 | 服务水平 |
| 127 | 在京东买东西让我感觉配送很快 | 物流快 | 交货及时性 |
| 128 | 半年前我在淘宝购买一件刺绣衣服，卖家态度好 | 服务态度 | 服务水平 |
| 129 | 上个星期我在艾博旗舰店购买了两个哑铃，配送速度很快，还有赠品 | 发货快，物流快，赠品 | 发货及时性，产品价格，交货及时性 |

续表

| 序号 | 事件描述 | 子类别 | 类别 |
|---|---|---|---|
| 130 | 去年春节前，我在淘宝购买帽子，价格便宜，卖家态度随和 | 价格便宜，服务态度 | 产品价格，服务水平 |
| 131 | 2018 年我在淘宝购买硬盘，质量很好，物流也很快 | 商品质量符合预期或兑现承诺，物流快 | 交货及时性，商品质量 |
| 132 | 5 月我在京东购买手机，因为质量问题，商家给予换新 | 退换货处理 | 退换货处理 |
| 133 | 6 月我在京东购买袋子，配送速度很快 | 物流快 | 交货及时性 |
| 134 | 7 月 12 日，我在淘宝购买了一条裙子，发货速度快，客服态度好，裙子我很满意 | 发货快，服务态度，交付的产品正确 | 发货及时性，服务水平，订单准确性 |
| 135 | 最近一个月我在京东购买餐刀，东西是正品，配送很快 | 物流快，商品质量符合预期或兑现承诺 | 交货及时性，商品质量 |
| 136 | 我一周前在淘宝购买鞋子，客服态度非常好，我很满意 | 服务态度 | 服务水平 |
| 137 | 我在网上买到了比实体店便宜的衣服，质量没有差别 | 低于线下商店价格，商品质量符合预期或兑现承诺 | 产品价格，商品质量 |
| 138 | 2018 年 1 月，我在淘宝购买了几双拖鞋，合脚，没有异味，还有很多赠品 | 赠品，商品质量符合预期或兑现承诺，交付的产品尺寸合适 | 产品价格，商品质量，订单准确性 |
| 139 | 今年我在淘宝购买了一支口红送朋友，颜色很好看 | 买到想要的商品 | 订单准确性 |
| 140 | 去年我在京东购买了一个电饭锅，很超值，让我最满意的是配送非常快 | 物流快，物有所值 | 交货及时性，产品价格 |
| 141 | 我在淘宝网买鞋，客服很好 | 服务态度 | 服务水平 |
| 142 | 2018 年 5 月，我在淘宝购买杯子，价格很便宜，质量很好，售后服务也很好 | 价格便宜，商品质量符合预期或兑现承诺，售后服务，交付的产品正确 | 产品价格，商品质量，服务水平，订单准确性 |
| 143 | 2018 年 7 月 16 日，我在淘宝买衣服，衣服款式很好 | 商品款式多 | 产品选择 |

续表

| 序号 | 事件描述 | 子类别 | 类别 |
|---|---|---|---|
| 144 | 昨天我在拼多多购买辣条，卖家服务态度好 | 服务态度 | 服务水平 |
| 145 | 上个月我购买了裤子，收到货后我很满意 | 买到想要的产品 | 订单准确性 |
| 146 | 两个月前我在淘宝购买运动裤，客服态度让我感到满意 | 服务态度 | 服务水平 |
| 147 | 6 月我在拼多多购买一条长裙，上身效果不错，我很满意 | 买到想要的产品 | 订单准确性 |
| 148 | 近期我在淘宝购买衣服，退款很快 | 处理退换货 | 退换货处理 |
| 149 | 我在天猫超市购买洗衣液，配送速度很快 | 快速交付 | 服务水平 |
| 150 | 6 月我在天猫购买奶粉，配送速度非常快，我很满意 | 物流快 | 交货及时性 |
| 151 | 我购买了一双鞋，客服态度特别好，我很开心 | 服务态度 | 服务水平 |
| 152 | 昨天我在淘宝购买婴儿洗护用品，店家服务很好 | 服务态度 | 服务水平 |
| 153 | 大约一个月前，我在天猫超市购买了很多零食，活动价特别便宜，物流快，东西也很好 | 折扣，价格便宜，物流快，商品质量符合预期或兑现承诺 | 产品价格，交货及时性，商品质量 |
| 154 | 2017 年我在淘宝买蚊帐，质量很好，现在还在用 | 商品质量符合预期或兑现承诺 | 商品质量 |
| 155 | 我买了鞋子，觉得穿着很舒服 | 商品质量好 | 商品质量 |
| 156 | 我在淘宝买了一支口红，特别好用 | 商品质量符合预期或兑现承诺 | 商品质量 |
| 157 | 我在拼多多购买电动车遮阳棚，比淘宝同款便宜了 20 元 | 折扣 | 产品价格 |
| 158 | 7 月我在京东购买笔记本，因为质量问题，京东迅速做了换货处理 | 退换货处理 | 退换货处理 |
| 159 | 上个月我在淘宝购买一套绘本，质量很好，配送也很快 | 物流快，商品质量符合预期或兑现承诺 | 交货及时性，商品质量 |
| 160 | 两个月前我在淘宝购买汽车用品，很实用，价格比实体店便宜，配送也很快 | 物流快，价格便宜，商品质量符合预期或兑现承诺 | 交货及时性，产品价格，商品质量 |
| 161 | 上半年我曾经在淘宝网购买键盘，质量非常好，很耐用 | 商品质量符合预期或兑现承诺 | 商品质量 |

续表

| 序号 | 事件描述 | 子类别 | 类别 |
|---|---|---|---|
| 162 | 去年我在淘宝购买了一个电磁锅，客服主动向我介绍这款锅的使用和保养方法，到货后，还主动向我了解服务满意度 | 主动服务，关心、体贴 | 灵活性 |
| 163 | 今年3月我在淘宝购买一套衣服，因为缺货，客服很诚恳地道歉，并且给予补偿 | 积极的问题响应，缺货补偿 | 服务水平，补偿 |
| 164 | 去年我在京东购买一台冰箱，物美价廉，送货到家，服务态度非常好，售后也很好 | 价格便宜，商品质量符合预期或兑现承诺，售后服务 | 产品价格，商品质量，服务水平 |
| 165 | 昨天我在拼多多购买零食，卖家服务态度好 | 服务态度 | 服务水平 |
| 166 | 我曾经购买车罩，实惠好用，很满意 | 价格便宜，商品质量符合预期或兑现承诺 | 产品价格，商品质量 |
| 167 | 今年我在淘宝的鞋柜旗舰店购买了一双果冻鞋，鞋子很舒服，但是鞋子配饰出现问题，联系客服后得到妥善处理，我很满意 | 积极的问题响应 | 服务水平 |
| 168 | 5月我在淘宝网为女儿购买一双凉鞋，价优，质量好，我很满意 | 价格便宜，商品质量符合预期或兑现承诺 | 产品价格，商品质量 |
| 169 | 我曾经购买了一个模特假人，到货后发现缺少零件，卖家很快补发，态度很好 | 问题响应，少货补偿 | 服务水平，补偿 |
| 170 | 上个星期我在淘宝购买一个家用泳池，经与卖家沟通，做了退款处理，卖家质保服务非常好 | 问题响应，退换货 | 服务水平，退换货处理 |
| 171 | 上个月我在淘宝购买跑步机，物美价廉 | 价格便宜，商品质量符合预期或兑现承诺 | 产品价格，商品质量 |
| 172 | 2016年5月，我在京东购买一部手机，物流很快 | 物流快 | 交货及时性 |
| 173 | 7月我在苏宁易购买了淋浴花洒，客服态度好，质量也好，感觉非常满意 | 商品质量符合预期或兑现承诺，服务态度，产品选择 | 商品质量，服务水平，产品选择 |
| 174 | 我买了一个榨汁机，2个月后因为质量问题商家做了退换处理，我很感动 | 问题响应，退换货 | 服务水平，退换货处理 |

续表

| 序号 | 事件描述 | 子类别 | 类别 |
|---|---|---|---|
| 175 | “双 11”我在淘宝购买了机械键盘，价格比平时低，还附送了赠品 | 价格便宜，赠品 | 产品价格 |
| 176 | 5 月我在网上购买了全友家居的家具，有餐桌、床、梳妆台、茶几、电视柜，卖家按指定时间送货到 7 楼并安装，安装工人很好 | 物流及时，良好的售后服务 | 交货及时性，服务水平 |
| 177 | 今年 5 月我在天猫购买了一个路由器，卖家售后服务很好，我很满意 | 服务态度 | 服务水平 |
| 178 | 2017 年 6 月 3 日，我在淘宝购买面膜，东西好，配送快 | 商品质量符合预期或兑现承诺，物流快 | 商品质量，交货及时性 |
| 179 | “双 11”我在天猫上购买了一个眼霜按摩仪，很好用，可以给眼睛消除疲劳 | 商品质量符合预期或兑现承诺 | 商品质量 |
| 180 | 我在淘宝购买鞋柜，到货后不会组装，客服打电话进行指导 | 问题响应 | 服务水平 |
| 181 | “6·18”我在淘宝购买裤子，客服很有耐心 | 服务态度 | 服务水平 |
| 182 | 我曾经在淘宝购买鞋子，质量很好，客服态度也很好 | 服务态度 | 服务水平 |
| 183 | 2017 年 6 月我在淘宝买了一个毛绒玩具，附送的赠品很好 | 赠品 | 产品价格 |
| 184 | 两个月前我在网上买过裤子，很满意 | 商品质量符合预期或兑现承诺 | 商品质量 |
| 185 | 昨天我网购了小米数据线，卖家服务很好 | 提供良好的服务 | 服务水平 |
| 186 | 6 月初我在淘宝购买吹风机，价格不贵，还能使用优惠券和红包，卖家发货很快，吹风机的质量也很好，还附送赠品 | 价格便宜，折扣，发货快，赠品，商品质量符合预期或兑现承诺 | 产品价格，发货及时性，商品质量 |
| 187 | 前几天我在淘宝买的睡衣很满意，还与客服畅聊 | 买到想要的产品，响应客户需求、提供咨询 | 服务水平 |
| 188 | 去年我在淘宝购买了一款锅，到货前后卖家主动提供服务，提示注意事项 | 关心、体贴，主动服务 | 灵活性 |
| 189 | 2018 年 7 月 7 日，我在京东购买电器，送货速度快，产品质量好 | 物流快，商品质量符合预期或兑现承诺 | 交货及时性，商品质量 |

续表

| 序号 | 事件描述 | 子类别 | 类别 |
|---|---|---|---|
| 190 | 1个月前我在天猫购买了一副耳机，耳机音质不错，还附送赠品 | 商品质量符合预期或兑现承诺，赠品 | 产品价格，商品质量 |
| 191 | 前几天我在淘宝购买裤子，卖家态度好 | 服务态度 | 服务水平 |
| 192 | 6月我在淘宝购买衣服，质量好 | 商品质量符合预期或兑现承诺 | 商品质量 |
| 193 | 两个月前我在淘宝购买裤子，价格不含邮费，跟客服沟通后，卖家包邮，我很满意 | 免费运输，响应客户需求、提供咨询 | 产品价格，服务水平 |
| 194 | 我在京东购买的东西，退货快 | 退换货处理 | 退换货处理 |
| 195 | 上个星期我在淘宝购买玩具，确认收货后发现质量问题，卖家包邮更换 | 问题响应，退换货处理 | 服务水平，退换货处理 |
| 196 | 前两天我在淘宝购买了两盒面膜，物流特别快，我很满意 | 物流快 | 交货及时性 |
| 197 | 我在淘宝购物，价格便宜，到货速度快 | 价格便宜，物流快 | 产品价格，交货及时性 |
| 198 | 我在天猫购买了微波炉，很好用 | 商品质量符合预期或兑现承诺 | 商品质量 |
| 199 | 客服很热情 | 服务态度 | 服务水平 |
| 200 | 在京东商城购物，送货快、售后好 | 物流快，售后服务 | 交货及时性，服务水平 |
| 201 | 京东购物多快好省，很好 | 商品选择多，商品质量符合预期或兑现承诺，方便快捷，价格便宜 | 产品选择，商品质量，网站便利性/易用性，产品价格 |
| 202 | 网购有赠品，包装精致，还有慰问信 | 赠品，包装好，贴心的服务 | 产品价格，灵活性 |
| 203 | 在京东购物速度快，还可无理由退换 | 退换货处理 | 退换货处理 |
| 204 | 在京东购物，当天申请退货当天取货，第二天退款 | 退换货处理 | 退换货处理 |
| 205 | 6月16日我在京东抢购了一台价格1000元的苹果电脑，感觉特棒！ | 价格便宜，折扣 | 产品价格 |

续表

| 序号 | 事件描述 | 子类别 | 类别 |
|---|---|---|---|
| 206 | 6 月我在淘宝购买电动剃须刀，是正品，很满意 | 商品质量符合预期或兑现承诺 | 商品质量 |
| 207 | 今年我在京东购买扫地机，上午买、下午到 | 物流快 | 交货及时性 |
| 208 | 2016 年我在京东商城购买了一件裙子，质量好，送货快，我感到很满意 | 商品质量符合预期或兑现承诺，物流快 | 商品质量，交货及时性 |
| 209 | 半年前我在京东购买零食，价格便宜 | 价格便宜 | 产品价格 |
| 210 | “6 · 18”期间，我在京东购买热水器，售后服务好 | 售后服务 | 服务水平 |
| 211 | 昨天，我在京东购买微波炉，价格便宜 | 价格便宜 | 产品价格 |
| 212 | 今年我在淘宝购买了一把伞，感觉质量很好 | 商品质量超出预期或兑现承诺 | 商品质量 |
| 213 | 5 月我在天猫购买衣服，到货后不合意，卖家很快给予更换 | 退换货处理 | 退换货处理 |
| 214 | 前天我在天猫购买电饭煲，卖家服务很好 | 提供良好的服务 | 服务水平 |
| 215 | 我在天猫购买马桶，半年后出现质量问题，向卖家反馈，对方很快做了更换处理 | 问题响应，退换货 | 服务水平，退换货处理 |
| 216 | 会员免运费 | 免运费 | 产品价格 |
| 217 | 今年我在淘宝购买了母婴用品，质量很好 | 商品质量符合预期或兑现承诺 | 商品质量 |
| 218 | 在京东买东西速度快，方便及时 | 快速交付，网购方便，物流快 | 交货及时性，网站便利性/易用性 |
| 219 | 我在京东买键盘保价成功 | 保价 | 补偿 |
| 220 | 昨天我在天猫超市购买酸奶，次日到货 | 物流快 | 交货及时性 |
| 221 | 我在京东买书，发现有缺页，京东直接补发 | 商品损坏补偿 | 补偿 |
| 222 | 2018 年我在京东购买 iPhoneX，送货速度快 | 物流快 | 交货及时性 |

续表

| 序号 | 事件描述 | 子类别 | 类别 |
|---|---|---|---|
| 223 | 我在京东抢购了一个冰箱，价格不到1000元，感觉挺不错的 | 价格便宜 | 产品价格 |
| 224 | 网购收到货特别惊喜 | 商品质量超出预期或兑现承诺 | 商品质量 |
| 225 | 2017年11月11日，我在京东购买iPhone，价格很满意 | 价格满意 | 产品价格 |
| 226 | 我在京东买的手机质量很好 | 商品质量符合预期或兑现承诺 | 商品质量 |
| 227 | 网购的服务很好 | 提供良好的服务 | 服务水平 |
| 228 | 2018年1月11日，我在淘宝购买鲜花，配送偏远地区 | 物流快 | 交货及时性 |
| 229 | 今年我在京东购买了一个手机，快递很快 | 物流快 | 交货及时性 |
| 230 | 2017年我在京东购买电视，送货速度快，服务好 | 物流快，提供良好的服务 | 交货及时性，服务水平 |
| 231 | 前天我在京东购买电池，物流很快 | 物流快 | 交货及时性 |
| 232 | 网购附送小礼品，包装精美 | 赠品、包装精美 | 灵活性 |
| 233 | 去年我在京东购买的机油很不错，价格比线下便宜，还赠送保养服务 | 赠品，低于线下商品的价格，售后服务 | 产品价格，服务水平 |
| 234 | 网购方便快捷 | 网购方便快捷 | 网站便利性/易用性 |
| 235 | 今年6月我在淘宝买了一个水杯，卖家态度很好 | 服务态度好 | 服务水平 |
| 236 | 昨天我在淘宝购买零食，价格打折 | 折扣 | 产品价格 |
| 237 | 在京东网购配送速度快，上午下单、下午到货 | 物流快 | 交货及时性 |
| 238 | 两周前我在淘宝买了一件衬衫，质量好，尺码标准，整体来说很好 | 商品质量符合预期或兑现承诺，交付的产品尺寸合适 | 商品质量，订单准确性 |
| 239 | 2008年我在京东买了一个U盘，使用了2年后被损坏，发现是3年质保，京东给我换了一个全新的 | 退换货，问题响应 | 退换货处理，服务水平 |
| 240 | 前几天我网购抽纸，快递送上楼 | 送货上门 | 配送服务 |

续表

| 序号 | 事件描述 | 子类别 | 类别 |
|---|---|---|---|
| 241 | 去年我在京东购买了热水器，安装服务很好 | 售后服务 | 服务水平 |
| 242 | 上周我在淘宝购买了一本杂志，包装严实，我很满意 | 包装结实 | 交货状态 |
| 243 | 2018 年 3 月 25 日，我在天猫购买了一辆自行车，包装严实，车子质量好 | 包装严实，商品质量符合预期或兑现承诺 | 交货状态，商品质量 |
| 244 | 6 月我在当当网购买的啤酒包装好，味道不错，关键是价格实惠 | 包装好，价格便宜，商品质量符合预期或兑现承诺 | 产品价格，商品质量，交货状态 |
| 245 | 6 月我在淘宝购买的电动剃须刀很好用 | 商品质量符合预期或兑现承诺 | 商品质量 |
| 246 | 京东售后很好，我购买的血压计用了几个月后被损坏了，京东上门换新 | 退换货 | 退换货处理 |
| 247 | “6·18”我在京东买手机，送货快，次日发现降价，京东给予差价补偿 | 物流快，差价补偿 | 交货及时性，补偿 |
| 248 | 上周我在淘宝购买零食，附送了一个零钱包 | 赠品 | 产品价格 |
| 249 | 网购有 0 元购活动 | 价格便宜 | 产品价格 |
| 250 | 上个月天猫超市给我发送了优惠券 | 折扣 | 产品价格 |
| 251 | 我在拼多多购物的价格比淘宝便宜 | 价格便宜 | 产品价格 |
| 252 | 我购买的书柜不会安装，客服不厌其烦地进行指导 | 问题响应，良好的售后服务 | 服务水平 |
| 253 | 淘宝购物买一送一 | 折扣 | 产品价格 |
| 254 | 在淘宝购买东西合我意 | 交付的产品正确 | 订单准确性 |
| 255 | 4 月我在京东购买的吹风机坏了，京东给换新的 | 退换货 | 退换货处理 |
| 256 | “6·18”京东买手机优惠力度大 | 折扣 | 产品价格 |
| 257 | 2018 年 7 月 18 日我在云集网购买牛排，最满意的是配送很快 | 物流快 | 交货及时性 |
| 258 | 上个月我在京东购买手机，因为“6·18”降价很多 | 折扣 | 产品价格 |

续表

| 序号 | 事件描述 | 子类别 | 类别 |
|---|---|---|---|
| 259 | “6·18”期间，我在京东购买了一台海信空调，价格很实惠 | 价格便宜 | 产品价格 |
| 260 | 半个月前我在淘宝购买衣服，质量、款式、价格都满意 | 商品质量符合预期或兑现承诺，价格便宜 | 商品质量，产品价格，产品选择 |
| 261 | 今年我在京东购买一台小米电视，性价比高，使用满意 | 商品质量符合预期或兑现承诺，性价比高 | 商品质量，产品价格 |
| 262 | 7 月我在京东购买茶叶，感觉很方便 | 网购方便 | 网站便利性/易用性 |
| 263 | “6·18”期间，我在京东购买了手机，送货速度非常快，当天送达，手机质量很好 | 商品质量符合预期或兑现承诺，物流快 | 商品质量，交货及时性 |
| 264 | 我经常在京东、淘宝、沃尔玛等平台网购，京东的物流速度最满意，沃尔玛还给送货上门 | 网购方便，物流快，送货上门 | 网站便利性/易用性，交货及时性，配送服务 |
| 265 | 我在淘宝买的玩具质量好，价格便宜 | 商品质量符合预期或兑现承诺，价格便宜 | 商品质量，产品价格 |
| 266 | 2018 年 3 月 24 日，我在京东购买了空调，配送时间和安装师傅都很准时，这点比较满意 | 配送准时，售后服务好 | 交货及时性，服务水平 |
| 267 | 2017 年“双 11”前，我购买了焖烧杯，随后降价我联系客服，对方补了差价 | 问题响应，差价补偿 | 服务水平，补偿 |
| 268 | 一个月前我在京东购买热水器，服务特别好 | 提供良好的服务 | 服务水平 |
| 269 | 昨天我在淘宝购买食品，发货速度很快，价格又便宜，东西也好 | 发货快，价格便宜 | 发货及时性，产品价格 |
| 270 | 上个月我在天猫购买了一双鞋，对售后和快递很满意 | 售后服务，快递满意 | 服务水平，交货及时性 |

续表

| 序号 | 事件描述 | 子类别 | 类别 |
|---|---|---|---|
| 271 | 半年前我在京东购买电视，送货很快，售后有保障 | 售后服务，物流快 | 服务水平，交货及时性 |
| 272 | “6·18”期间我在京东购买打印机，质量很好 | 商品质量符合预期或兑现承诺 | 商品质量 |
| 273 | 本月我在天猫购买衬衣，尺码合适 | 交付的产品尺寸合适 | 订单准确性 |
| 274 | 本月我在京东购买了洗衣机，送货快，还给安装 | 物流快，售后服务 | 服务水平，交货及时性 |
| 275 | 昨天我在京东购买矿泉水，快递员配送到家，很敬业 | 送货上楼 | 配送服务 |
| 276 | “6·18”期间我在京东购买电子产品，价格便宜 | 价格便宜 | 产品价格 |
| 277 | 在京东购物售后包换，我觉得非常好 | 退换货处理 | 退换货处理 |
| 278 | 7月18日我在淘宝购买衣服，运输途中包装破损，卖家给予赔偿并换货 | 退换货，损坏赔偿 | 退换货处理，补偿 |
| 279 | 上个月我在天猫超市购买洗衣液，价格非常优惠，送货速度也快，商品质量很好，我非常满意 | 物流快，商品质量符合预期或兑现承诺 | 交货及时性，商品质量 |
| 280 | 5月我在京东购买奇趣蛋给孩子玩，卖家很细心地加了冰袋并且附送赠品，我觉得很好 | 贴心的服务，赠品 | 灵活性，产品价格 |
| 281 | 上周我在京东购买日用品，质量很好，普通超市买不到同款商品 | 商品质量符合预期或兑现承诺，有线下商店没有的产品 | 商品质量，产品选择 |
| 282 | 6月我在淘宝购买内裤，质量很好 | 商品质量符合预期或兑现承诺 | 商品质量 |
| 283 | 一周前我在京东购买手机，送货很快，第二天就到了 | 物流快 | 交货及时性 |
| 284 | 我在京东多次保价成功，保价时效在1个月左右 | 保价补偿 | 补偿 |

续表

| 序号 | 事件描述 | 子类别 | 类别 |
|---|---|---|---|
| 285 | 我最近一次网购是在淘宝购买婴儿理发器，咨询客服较多问题，客服很耐心解答 | 响应客户需求、提供咨询，服务态度 | 服务水平 |
| 286 | 去年我在京东购买硬盘，损坏后商家直接给更换新的 | 退换货处理 | 退换货处理 |
| 287 | 今年“6·18”我在京东购买海尔空调，价格很优惠，还抽到红包 | 价格便宜，折扣 | 产品价格 |
| 288 | “6·18”期间，我买了很多产品，价钱超级划算 | 价格便宜，折扣 | 产品价格 |
| 289 | 最近我在淘宝购买衣服，质量很好，我很喜欢 | 商品质量符合预期或兑现承诺 | 商品质量 |
| 290 | 京东商城快递速度很快 | 物流快 | 交货及时性 |
| 291 | 上个月我在淘宝网买鞋，价格便宜，尺码合适 | 交付的产品尺寸合适，价格便宜 | 订单准确性，产品价格 |
| 292 | 本月我在淘宝购买芒果，价格便宜，芒果好吃，我很满意 | 价格便宜，商品质量符合预期或兑现承诺 | 产品价格，商品质量 |
| 293 | 7月10日我在京东购买手机，申请保价，获得价差补偿 | 保价补偿 | 补偿 |
| 294 | 我在拼多多购物，价格便宜，质量好 | 价格便宜，商品质量符合预期或兑现承诺 | 产品价格，商品质量 |
| 295 | 今年我在京东购买手机，售后服务好 | 售后服务 | 服务水平 |
| 296 | 上周五我在京东购买净水器，物流很快 | 物流快 | 交货及时性 |
| 297 | 卖家态度非常好 | 服务态度 | 服务水平 |
| 298 | 2015年我在京东购买鸡蛋，物流配送到家，我很感动 | 送货上门 | 配送服务 |
| 299 | 7月16日我在淘宝购买了婴儿衣服，质量很好，卖家也很好 | 商品质量符合预期或兑现承诺，服务态度 | 商品质量，服务水平 |
| 300 | 今年我在京东购买手机，当天送达，令人惊喜 | 物流快 | 交货及时性 |
| 301 | 我在京东购买调味品，到货后发现被损坏，客服主动给予补偿 | 商品损坏赔偿 | 补偿 |
| 302 | “6·18”我在京东商城购买婴儿奶粉，送货很快，价格也很好 | 物流快，价格便宜 | 交货及时性，产品价格 |
| 303 | 上周我在京东购买食品，卖家放了很多干冰保鲜 | 贴心的服务 | 灵活性 |

续表

| 序号 | 事件描述 | 子类别 | 类别 |
|---|---|---|---|
| 304 | 今天我在淘宝和京东购买米、牛奶、毛巾、衣服等，价格很优惠，享受活动价 | 价格便宜，折扣 | 产品价格 |
| 305 | 我购买的鼠标很好用 | 商品质量符合预期或兑现承诺 | 商品质量 |
| 306 | 2017 年“双 11”，我在淘宝购买空调，售前、安装和售后服务都很好 | 提供良好的客户服务 | 服务水平 |
| 307 | 一年前我在淘宝大批量购买班服，店家和客服服务态度很好，退款速度快 | 服务态度好，退换货处理 | 服务水平，退换货处理 |
| 308 | 京东商城商品好，服务好，物流快 | 商品质量符合预期或兑现承诺，服务好，物流快 | 商品质量，服务水平，交货及时性 |
| 309 | 昨天我在淘宝使用红包购买数据线 | 折扣 | 产品价格 |
| 310 | 网购包邮还附送小礼品 | 包邮，赠品 | 产品价格 |
| 311 | 在京东购物调换方便 | 退换货处理 | 退换货处理 |
| 312 | 两年前我在淘宝购买镜子，卖家发错货，发错的商品直接送给我了，然后重新补发了一个 | 错误补偿 | 补偿 |
| 313 | 2018 年 6 月 18 日，我在京东购买一个电磁炉，质量不好申请退款，京东的服务很好，退款很快，快递上门取货 | 退换货处理 | 退换货处理 |
| 314 | “双 11”我在淘宝购买 iPhone8，物流快，手机品质好 | 商品质量符合预期或兑现承诺，快速交付 | 商品质量，服务水平 |
| 315 | “6 · 18”我在京东购买空调，物流快，价格实惠，质量有保障 | 物流快，价格实惠 | 交货及时性，产品价格 |
| 316 | 今年 5 月我在淘宝购买手镯，款式、质量很好，我特别满意 | 买到想要的产品 | 订单准确性 |
| 317 | 我在京东购买手机，出现质量问题售后处理很快，上门取货 | 问题响应，退换货处理 | 服务水平，退换货处理 |
| 318 | 2017 年我在京东购买了体脂秤，质量不错，很满意 | 商品质量符合预期或兑现承诺 | 商品质量 |

续表

| 序号 | 事件描述 | 子类别 | 类别 |
|---|---|---|---|
| 319 | 几天前我在淘宝购买衣服，质量好，价格低 | 商品质量符合预期或兑现承诺，价格便宜 | 商品质量，产品价格 |
| 320 | 网购不满意，卖家返现给我 | 问题补偿 | 补偿 |
| 321 | 昨天我在淘宝购买衣服，店家买一送一，发了两件，我很开心 | 价格便宜 | 产品价格 |
| 322 | 昨天我在淘宝购买凉鞋，今天就到货，尺码很合适 | 物流快，交付的产品尺寸合适 | 交货及时性，订单准确性 |
| 323 | 我在京东购买手机、电视，送货快，而且送到家，后期安装服务也很好 | 物流快，送货上门，售后服务 | 交货及时性，配送服务，服务水平 |
| 324 | 我在天猫购买手机钢化膜，包装非常精致 | 包装好 | 灵活性 |
| 325 | 2012 年我在京东购买耳机，价格便宜，物流很快 | 价格便宜，物流快 | 产品价格，交货及时性 |
| 326 | 2018 年 6 月 18 日，我在京东半价购买音响 | 折扣 | 产品价格 |
| 327 | 我曾经在淘宝购买两件衣服，客服的服务非常好 | 服务态度 | 服务水平 |
| 328 | 上个月我在淘宝购买帆布鞋，物流特别快 | 物流快 | 交货及时性 |
| 329 | 三个月前我在京东购买两个 U 盘，半天就到货，速度特别快 | 物流快 | 交货及时性 |
| 330 | 1 个月前我在京东购买纸，快递配送速度很快 | 物流快 | 交货及时性 |
| 331 | 2016 年我在淘宝购买音乐盒，客服态度好 | 服务态度 | 服务水平 |
| 332 | 我在淘宝购买了很多化妆品，咨询客服，客服很细心地一一回答，我很满意 | 响应客户需求、提供咨询，服务态度 | 服务水平 |
| 333 | 2018 年 4 月我在京东购买衣服，服务好，质量好 | 商品质量符合预期或兑现承诺，服务态度 | 商品质量，服务水平 |
| 334 | 昨天我在花花公子服装专卖店购买衣服和裤子，质量很好，客服态度很好，很详细地为我介绍了衣服和裤子的尺码标准；快递很快，寄往兰州两天就到了 | 商品质量符合预期或兑现承诺，服务态度好，响应客户需求、提供咨询，交付的产品尺寸合适，快速交付 | 商品质量，服务水平，订单准确性，交货及时性 |

续表

| 序号 | 事件描述 | 子类别 | 类别 |
|---|---|---|---|
| 335 | 半个月前我在淘宝购买三只松鼠的零食，卖家附送了垃圾收集袋，方便实用 | 贴心的服务 | 灵活性 |
| 336 | 5 月我在京东购买了一台电扇，到货后发现缺少零件，向客服反馈后，卖家立刻给我申请换货，第二天就换货完成了 | 问题响应，退换货处理 | 服务水平，退换货处理 |
| 337 | 我网购了一件上衣，感觉不满意，联系商家，商家马上给退了 | 响应需求、提供咨询，退换货 | 服务水平，退换货处理 |
| 338 | 我 7 月在小米商城购买手机，抢购到小米 8SE | 买到想要的产品 | 订单准确性 |
| 339 | 2018 年 6 月 28 日，我在淘宝购买茶叶，质量很满意，价格优惠 | 商品质量符合预期或兑现承诺，价格 | 商品质量，产品价格 |
| 340 | 1 个月前我在淘宝购买行李箱，咨询了客服，客服建议的款式很合适 | 响应需求、咨询 | 服务水平 |
| 341 | 2018 年 6 月 25 日，我在京东购买手机，手机质量有问题但店铺客服不给退货，向京东客服反馈后，京东客服迅速提供了解决方案，申请退回检测，最后成功退货了 | 问题响应，处理退换货，与企业直接沟通 | 服务水平，退换货处理 |
| 342 | 京东的服务好 | 提供良好的服务 | 服务水平 |
| 343 | 2010 年我在苏宁易购半价购买飞利浦剃须刀、移动硬盘，活动价格很便宜 | 折扣 | 产品价格 |
| 344 | 上个月我在京东购买儿童拖鞋，到货速度快，商品质量好，我很满意 | 商品质量符合预期或兑现承诺，快速交付 | 商品质量，交货及时性 |
| 345 | 上周我在天猫超市购买饮水机，发货很快，送货到家，并且给安装好 | 售后服务，发货快，物流快，送货上门 | 服务水平，发货及时性，交货及时性，配送服务 |
| 346 | 去年我在淘宝买了一双鞋，尺码发错了，店家退换特别快 | 退换货处理 | 退换货处理 |
| 347 | 网购的东西很好，快递很快 | 商品质量符合预期或兑现承诺，物流快 | 商品质量，交货及时性 |

续表

| 序号 | 事件描述 | 子类别 | 类别 |
|---|---|---|---|
| 348 | 去年我在淘宝购买鞋子，客服很热心 | 响应需求、提供咨询 | 服务水平 |
| 349 | 上周我在膜法世家旗舰店购买面膜，活动价第二件 0.1 元 | 折扣 | 产品价格 |
| 350 | 京东服务好，快递快，出现问题退货也快 | 提供良好的服务，物流快，处理退换货 | 服务水平，交货及时性，退换货处理 |
| 351 | 今年我在淘宝网购买一件 T 恤衫，卖家服务态度好 | 服务态度 | 服务水平 |
| 352 | 我在淘宝买到实体店断码的鞋 | 有线下商店没有的产品 | 产品选择 |
| 353 | 我网购被子，卖家发错颜色和尺寸，反馈后全额退，被子也送我了 | 错误补偿 | 补偿 |
| 354 | 京东购物质量好，快递也快 | 商品质量符合预期或兑现承诺，物流快 | 商品质量，交货及时性 |
| 355 | 最近我在淘宝购买了一件紫色 T 恤，客服很好沟通，物流很快，衣服质量也很好 | 服务态度，物流快，商品质量符合预期或兑现承诺 | 服务水平，交货及时性，商品质量 |
| 356 | 6 月我在淘宝购买了一个泡泡器，到货后发现不能正常使用，跟卖家反馈后，卖家马上让退回重新发货 | 问题响应，处理退换货 | 服务水平 |
| 357 | 今年 5 月我在淘宝购买了一条裙子，款式很适合我，我特别喜欢 | 交付的产品正确 | 订单准确性 |
| 358 | 前天我在天猫购买洗头膏，快递速度快 | 物流快 | 交货及时性 |
| 359 | 半年前我在淘宝购买衣服，客服态度好 | 服务态度 | 服务水平 |
| 360 | 前天我在京东购买大米和零食，价格便宜，配送速度快，上午购买，下午就送到 | 价格，物流快 | 产品价格，交货及时性 |
| 361 | 2018 年 7 月 10 日，我在淘宝网购买了一个钱包，感觉还是可以的 | 商品质量符合预期或兑现承诺 | 商品质量 |
| 362 | 这个月我在拼多多购买衣服，很合身 | 交付的产品正确 | 订单准确性 |

续表

| 序号 | 事件描述 | 子类别 | 类别 |
|---|---|---|---|
| 363 | 去年我在京东购买空气净化器，申请保价成功 | 保价补偿 | 补偿 |
| 364 | 2017 年我在淘宝网购买护肤品，客服很亲切，服务很好 | 服务态度 | 服务水平 |
| 365 | 2018 年 4 月我在淘宝购买衣服，因为质量问题卖家及时给予了退货更换 | 处理退换货 | 退换货处理 |
| 366 | 京东服务态度特别好 | 服务态度 | 服务水平 |
| 367 | 半个月前我在淘宝购买食品，很好吃 | 交付的产品正确 | 订单准确性 |
| 368 | 前天我网购外穿短裤，质量好，穿着舒服，我非常满意 | 商品质量符合预期或兑现承诺 | 商品质量 |
| 369 | 2018 年 6 月我在京东购买了抽油烟机，对售后服务感到非常满意 | 售后服务 | 服务水平 |
| 370 | 昨天我在淘宝购买了一件衣服，对客服特别满意 | 服务态度 | 服务水平 |
| 371 | 我经常在淘宝网购买游戏币，客服态度好 | 服务态度 | 服务水平 |
| 372 | 大约一年前我在淘宝购买了手机充电器，价格便宜，店家服务态度还特别好。总之，现在我们是朋友 | 价格便宜，服务态度 | 产品价格，服务水平 |
| 373 | 前两天我在淘宝买衣服，卖家的服务态度很好，衣服性价比高 | 服务态度，性价比 | 服务水平，产品价格 |
| 374 | 上个月我在淘宝购买电动自行车，物流特别快，卖家服务态度好 | 物流快，服务态度 | 交货及时性，服务水平 |
| 375 | 2016 年我在淘宝购买品牌电池和座充，电池非常耐用，用座充充电非常快，很满意的一次购物 | 商品质量符合预期或兑现承诺 | 商品质量 |
| 376 | 2018 年 7 月 10 日，我在淘宝网买了一件连衣裙，客服服务特别好，买回来的衣服很满意 | 服务态度，交付的产品正确 | 服务水平，订单准确性 |
| 377 | 上周我在“天狮陶瓷礼品批发”批量购买 30 套茶具，质优价廉，卖家服务很好 | 价格便宜，商品质量符合预期或兑现承诺，提供良好的服务 | 产品价格，商品质量，服务水平 |

续表

| 序号 | 事件描述 | 子类别 | 类别 |
|---|---|---|---|
| 378 | 2015 年我在淘宝买了一条皮带，客服的态度很好，快递非常快，我特别满意 | 服务态度，物流快 | 服务水平，交货及时性 |
| 379 | 我曾经在淘宝购买拖鞋，购买时地址选错了，向卖家反馈后，卖家帮我改送到家 | 对客户造成问题的处理 | 服务水平，配送服务 |
| 380 | 世界杯期间我在天猫购买德国队球迷服，价格便宜 | 价格便宜 | 产品价格 |
| 381 | 去年我在天猫购买电脑配件，店家详细地说明了配件信息，耐心地给我解释注意事项，我觉得卖家服务很好 | 问题响应，响应需求、提供咨询，服务态度 | 服务水平 |
| 382 | 2018 年 6 月我在淘宝网购买洗衣液，对包装很满意 | 商品包装 | 交货状态 |
| 383 | 上个月我网购了一瓶卸妆水，包装结实又好看 | 商品包装 | 交货状态 |
| 384 | 几天前我在淘宝购买充电器，卖家服务好 | 提供良好的服务 | 服务水平 |
| 385 | 前天我在淘宝购买眉笔，卖家发货很快 | 发货快 | 发货及时性 |
| 386 | 上个月我在淘宝购买压缩袋，快递很快 | 物流快 | 交货及时性 |
| 387 | 两个月前我在淘宝购买一套衣服，当时没注意可以使用优惠券，向客服反馈后，客服让我退掉重拍 | 响应需求，问题响应 | 服务水平 |
| 388 | 半个月前我在淘宝购买衣服，到货后发现和网上描述的没有差别 | 交付的产品正确 | 订单准确性 |
| 389 | 我最近在拼多多购买零食，还在京东购买保健品，对商品和物流都满意 | 网购便利，物流快 | 网站便利性/易用性，交货及时性 |
| 390 | 前段时间我在淘宝购买蜂蜜柠檬片，卖家附送一次性袋子和封口夹子，非常实用 | 赠品，贴心服务 | 产品价格，灵活性 |
| 391 | 一年前我在淘宝购物，客服好 | 提供良好的服务 | 服务水平 |

续表

| 序号 | 事件描述 | 子类别 | 类别 |
|---|---|---|---|
| 392 | 2017 年我在天猫购买了一个小米手环，向客服了解产品信息以及使用方法，客服非常耐心地讲解，让人感到很愉快 | 响应需求、提供咨询，服务态度 | 服务水平 |
| 393 | 4 月我在淘宝买到几件适合自己的衣服 | 交付的产品尺寸合适 | 订单准确性 |
| 394 | 我经常网购衣服和生活用品，最近一次是在淘宝购买吸水拖把，到货挺快，而且比实体店便宜 | 物流快，低于线下商品价格 | 交货及时性，产品价格 |
| 395 | 5 月我在淘宝购买衣服，卖家服务态度好 | 服务态度 | 服务水平 |
| 396 | 上个月我网购了一套碗，到货时被损坏了一个，联系售后，卖家第二天就补发了，这让我很满意 | 响应问题，损坏赔偿 | 服务水平，补偿 |
| 397 | 不久前我在淘宝购买了与偶像相关的东西 | 特殊商品 | 产品选择 |
| 398 | 两天前我在京东商城购买飞跃的鞋子，之前也买过同品牌鞋，质量很好 | 商品质量符合预期或兑现承诺 | 商品质量 |
| 399 | 1 个月前我在良品铺子购买猪肉脯，包装满意，速度快 | 商品包装，物流快 | 交货状态，交货及时性 |
| 400 | 3 天前我在淘宝购买点心，快递出了问题，向客服反馈后马上补发，今天收到了 | 响应需求、提供咨询，问题补偿 | 服务水平，补偿 |
| 401 | 7 月 15 日我在京东购买茶叶，质量很好 | 商品质量符合预期或兑现承诺 | 商品质量 |
| 402 | 7 月 16 日我在纯制旗舰店购买了一件女 T 恤，客服服务态度很好，物流很快 | 服务态度，物流快 | 服务水平，交货及时性 |
| 403 | 网购的商品质量很好 | 商品质量符合预期或兑现承诺 | 商品质量 |
| 404 | 我在淘宝买东西，发货速度和东西质量都不错 | 发货快，商品质量符合预期或兑现承诺 | 发货及时性，商品质量 |
| 405 | 我在淘宝购买内衣，卖家服务很好 | 提供良好的服务 | 服务水平 |

续表

| 序号 | 事件描述 | 子类别 | 类别 |
|---|---|---|---|
| 406 | 2018年4月我在淘宝购买芒果，活动价比较便宜，质量也好。我第二次购买价格上涨，向客服反馈后按原价卖给我，到货后发现芒果被损坏，与客服沟通后，客服进行了赔付，态度很好，很有耐心 | 价格便宜，商品质量符合预期或兑现承诺，问题响应，损坏赔偿，服务态度 | 产品价格，商品质量，补偿，服务水平 |
| 407 | 一年前我在淘宝购买鞋子，快递很快 | 物流快 | 交货及时性 |
| 408 | 上个月我在罗莱家纺购买床垫，到货后发现和商家描述的一致 | 交付的产品正确 | 订单准确性 |
| 409 | 上个月我在淘宝购买面膜，质量很好 | 商品质量符合预期或兑现承诺 | 商品质量 |

表3－5　不满意事件分类

| 序号 | 事件描述 | 子类别 | 类别 |
|---|---|---|---|
| 1 | 2017年4月27日，我在天猫购买了一件连体阔腿裤套装，质量很差，才穿了一次就开线了 | 商品质量没有达到预期或没有兑现承诺 | 商品质量 |
| 2 | 1年前我在京东购买了一个套子，产品有味道，导致买了从来没用过 | 商品质量没有达到预期或没有兑现承诺 | 商品质量 |
| 3 | 2018年6月我在淘宝购买了一对耳环，根据商品图片和描述感觉还不错，到货后物品有瑕疵，后来给了差评，东西没退，太麻烦 | 商品和描述不符 | 订单准确性 |
| 4 | 2018年2月11日，我在淘宝购买了一双NIKE球鞋，到货后发现是假冒的，以后不打算买了 | 假货 | 商品质量 |
| 5 | 我在拼多多拼购零食，实物与描述差距太大，质量、口感都太差 | 商品和描述不符，商品质量没有达到预期或没有兑现承诺 | 订单准确性，商品质量 |
| 6 | 最近，我在淘宝购买了一条裙子，到货后发现有问题，客服很难联系，联系上后回复不及时，态度消极，也没有对问题做出处理，我就给了差评 | 商品质量没有达到预期或没有兑现承诺，不积极响应问题，不尊重客户 | 商品质量，服务水平 |

续表

| 序号 | 事件描述 | 子类别 | 类别 |
|---|---|---|---|
| 7 | 去年12月我在淘宝购买运动裤，到货后发现褪色严重，但客服不给更换，投诉也没有结果 | 商品质量没有达到预期或没有兑现承诺，退换货问题 | 商品质量，退换货处理 |
| 8 | 7月10日我在淘宝购买东西，发现实物和网站图片有色差，自己承担运费退货 | 商品和描述不符，退换货问题 | 订单准确性，退换货处理 |
| 9 | 2个月前我在淘宝购买水果，到货后发现有坏果，联系客服处理，对方服务态度不好 | 商品质量没有达到预期或没有兑现承诺，服务态度 | 商品质量，服务水平 |
| 10 | 上个月我在淘宝购买去黑头仪器，到货后发现使用效果不好，引起皮肤不良反应，实物和网站宣传的完全不一样，只能退货 | 商品质量没有达到预期或没有兑现承诺，商品和描述不符 | 商品质量，订单准确性 |
| 11 | 我在唯品会购买的衣服感觉质量不太好，很多都退货了 | 商品质量没有达到预期或没有兑现承诺 | 商品质量 |
| 12 | 我在淘宝购买的衣服质量很差，实物与图片严重不符，退货退款，店家很快解决了这一问题 | 商品质量没有达到预期或没有兑现承诺，商品和描述不符 | 商品质量，订单准确性 |
| 13 | 最近我在淘宝购书，物流比较慢 | 物流慢 | 交货及时性 |
| 14 | 我在淘宝购买打印的资料，到货后发现印刷质量不好，很模糊 | 商品质量没有达到预期或没有兑现承诺 | 商品质量 |
| 15 | 我在淘宝购买零食，包装很简陋 | 包装简陋 | 商品质量 |
| 16 | 2018年6月1日，我在淘宝购买固态硬盘，卖家专业知识水平不高，出现问题我自己解决 | 商品质量没有达到预期或没有兑现承诺 | 商品质量 |
| 17 | 几个月前我在微信推广的网站购买运动衣，到货后发现尺码有差别，只好转送他人 | 交付的产品尺寸不对 | 订单准确性 |
| 18 | 我最近网购衣服，到货后发现和图片不符，不满意，只好退货 | 商品和描述不符 | 订单准确性 |
| 19 | 商家服务态度不好 | 服务态度 | 服务水平 |

续表

| 序号 | 事件描述 | 子类别 | 类别 |
|---|---|---|---|
| 20 | 我在淘宝网购买苹果，到货后发现被损坏 | 商品质量没有达到预期或没有兑现承诺 | 商品质量 |
| 21 | 2018年3月我在淘宝购买3件物品，2件型号发错，1件型号不对，于是给了差评，感觉有欺骗顾客的嫌疑 | 交付的产品尺寸不对 | 订单准确性 |
| 22 | 去年11月我在淘宝购买电动工具，到货时发现商品有轻微问题，与客服沟通更换，但客服拒绝包邮更换，只好退货 | 商品质量没有达到预期或没有兑现承诺，退换货问题 | 商品质量，退换货处理 |
| 23 | 去年冬天我在淘宝购买一件大衣，到货后发现和实体店同款质量差别很大，联系卖家退货 | 商品和描述不符，商品质量没有达到预期或没有兑现承诺 | 订单准确性，商品质量 |
| 24 | 我在淘宝购买芒果，到货后发现芒果被损坏 | 商品质量没有达到预期或没有兑现承诺 | 商品质量 |
| 25 | 我网购的衣服质量不好 | 商品质量没有达到预期或没有兑现承诺 | 商品质量 |
| 26 | 3个月前我在淘宝购买衣服，卖家未在规定时间内发货，只能退货，客服不顾事实要求修改退货原因 | 不按时发货，客服态度 | 发货及时性，服务水平 |
| 27 | 几天前我在淘宝购买情侣装，到货后发现尺码不对，只能退货 | 收到的产品尺寸不对 | 订单准确性 |
| 28 | 上周我在淘宝购买茶叶，物流信息更新不及时，没有按时配送 | 买的东西没有按时送到 | 交货及时性 |
| 29 | 这个月我在淘宝购买衣服，卖家少发货，一开始不承认，后来查清后补发给我 | 少发货 | 发货及时性 |
| 30 | 10年前我在淘宝购买了一个硬盘，到家后才发现是假货，无法使用，无法联系卖家，造成了损失 | 假货，赔偿问题 | 商品质量，补偿 |
| 31 | 3月我在淘宝购买一套衣服，质量较差，我很不满意，申请退货了 | 商品质量没有达到预期或没有兑现承诺 | 商品质量 |
| 32 | 2018年6月3日，我在淘宝购买电饭锅，运输途中被损坏 | 交付的商品被损坏 | 交货条件 |
| 33 | 2018年4月我在淘宝购买一本书，到货后不喜欢，和商家沟通退货，卖家态度不好，我很不满意 | 不积极响应问题，服务态度差 | 服务水平 |

续表

| 序号 | 事件描述 | 子类别 | 类别 |
|---|---|---|---|
| 34 | 3 周前我在唯品会购买两件衣服，穿上后效果不好，最近在唯品会买的东西都不太满意，几乎都退货了，感觉没有以前好了，不想用唯品会了 | 商品质量没有达到预期或没有兑现承诺 | 商品质量 |
| 35 | 今年 3 月我在淘宝网购买一件风衣，到货后发现和网上差别很大，质量很差，退货了 | 商品和描述不符，商品质量没有达到预期或没有兑现承诺 | 订单准确性，商品质量 |
| 36 | 上周我在天猫购买了一款女式凉鞋，换了两次还是有质量问题，虽然商家很热情，但还是影响了我的购物心情 | 购买的产品质量低劣 | 商品质量 |
| 37 | 我在网上买的东西质量不好，尺码不对，只能换货 | 商品质量没有达到预期或没有兑现承诺，交付的产品尺寸不对 | 商品质量，订单准确性 |
| 38 | 我网购了衣服，之后申请退货，卖家说是我把衣服弄脏了，实际上收到货时就是脏的 | 退换货处理，服务态度，商品质量没有达到预期或没有兑现承诺 | 服务水平，商品质量，退换货处理 |
| 39 | 我网购了一个耳机不能用，只能退了 | 商品质量没有达到预期或没有兑现承诺，退换货问题 | 商品质量，退换货处理 |
| 40 | 我网购衣服，卖家态度差 | 态度差 | 服务水平 |
| 41 | 月初我在天猫购买德亚脱脂牛奶，到货后发现有蜘蛛，客服服务态度不好，我给了差评 | 商品质量没有达到预期或没有兑现承诺，服务态度差 | 商品质量，服务水平 |
| 42 | 我在淘宝购买羽绒服，上身效果不好，和网上描述不符，退货了 | 商品和描述不符 | 订单准确性 |
| 43 | 今年夏天我在淘宝购买外穿搭配服饰，到货后发现质量、样式与图片相差太大 | 商品和描述不符，商品质量没有达到预期或没有兑现承诺 | 订单准确性，商品质量 |
| 44 | 两年前我在淘宝购买鞋子，质量太差 | 商品质量没有达到预期或没有兑现承诺 | 商品质量 |

续表

| 序号 | 事件描述 | 子类别 | 类别 |
|---|---|---|---|
| 45 | 上周我在拼多多购买贴纸，到货后发现质量不好 | 商品质量没有达到预期或没有兑现承诺 | 商品质量 |
| 46 | 7月我在淘宝买包，质量不行，退货 | 商品质量没有达到预期或没有兑现承诺 | 商品质量 |
| 47 | 上周我在拼多多购买耳机，到货后发现接触不良、质量很差。我向商家反馈后补偿了2元，商家表示可以退货但是需要自行承担邮费，我觉得太贵了 | 商品质量没有达到预期或没有兑现承诺，商品赔偿，退换货问题 | 商品质量，补偿，退换货处理 |
| 48 | 7月5日我在淘宝购买一个电脑桌，使用现金红包支付，到货后发现桌子尺寸不合适，于是联系商家换货，货退回后卖家不发货，只能申请退款，损失了现金红包，向平台投诉，平台回复卖家不存在违约行为 | 商品质量没有达到预期或没有兑现承诺，退换货问题 | 商品质量，退换货处理 |
| 49 | 2018年2月我在淘宝购买了一条裤子，快递丢件而且一直不处理，投诉后卖家补发了 | 快递丢件，补发货物 | 交货及时性，补偿 |
| 50 | 我在淘宝购买了体重秤，因为质量问题我感到很生气 | 商品质量没有达到预期或没有兑现承诺 | 商品质量 |
| 51 | 我买了百香果，质量不好，个头小 | 商品质量没有达到预期或没有兑现承诺 | 商品质量 |
| 52 | 2018年1月我在淘宝购买衣服，到货后发现有瑕疵，申请退货，客服态度不好，找借口推托 | 商品质量没有达到预期或没有兑现承诺，不积极响应问题，退货处理 | 商品质量，服务水平，退换货处理 |
| 53 | 我在淘宝购买衣服，尺码不对 | 收到的产品尺寸不对 | 订单准确性 |
| 54 | 我网购的衣服颜色有差异，退换后发现有缝，我只好拿去缝纫店加工 | 商品和描述不符，商品质量没有达到预期或没有兑现承诺 | 订单准确性，商品质量 |
| 55 | 今年年初我在淘宝购买零食，到货后卖家联系我让给好评，多次骚扰，不胜其烦 | 糟糕的客户服务支持 | 服务水平 |
| 56 | 去年我在淘宝购买香水，到货后发现破损，拍照向店家投诉，但对方不予理会 | 交付的商品损坏，不积极响应问题 | 服务水平，交货条件 |

续表

| 序号 | 事件描述 | 子类别 | 类别 |
| --- | --- | --- | --- |
| 57 | 5 月我在淘宝购买了一件衣服，质量不好，不喜欢 | 商品质量没有达到预期或没有兑现承诺 | 商品质量 |
| 58 | 快递未联系我，推迟送货 | 延迟配送，虚假联系收货人 | 交货及时性，配送服务 |
| 59 | 2017 年 8 月我在拼多多购买筛粉器，使用体验不好 | 商品质量没有达到预期或没有兑现承诺 | 商品质量 |
| 60 | 我在淘宝购买一款带风扇的帽子，下单两次卖家都告知无货，很生气，感到很不满意 | 网站上列出的商品已经脱销 | 库存可用性 |
| 61 | 上个月我网购鞋子，因为质量问题退换 | 商品质量没有达到预期或没有兑现承诺 | 商品质量 |
| 62 | 5 月我在淘宝购买衣服，因为质量不好退款 | 商品质量没有达到预期或没有兑现承诺 | 商品质量 |
| 63 | 上周我在拼多多购买毯子，质量不好 | 商品质量没有达到预期或没有兑现承诺 | 商品质量 |
| 64 | 上周我在淘宝购买衣服，因为尺码不合适退货 | 交付的产品尺寸不对 | 订单准确性 |
| 65 | 我曾经在淘宝网购，因为客服态度不好下单后退款，感觉不满意 | 服务态度不好 | 服务水平 |
| 66 | 上个月我在拼多多购买了水果，到货后发现被损坏很多，包装也破损，与卖家沟通赔偿很少 | 交付的产品被损坏，商品质量没有达到预期或没有兑现承诺，补偿不合理 | 商品质量，交货条件，补偿 |
| 67 | 去年我在唯品会购买的衣服质量与实体店相比差距很大 | 商品质量没有达到预期或没有兑现承诺 | 商品质量 |
| 68 | 一个月前我在拼多多买纸，配送很慢，客服态度差，投诉之后结果有好有坏 | 物流速度慢，服务态度差，问题响应 | 交货及时性，服务水平 |
| 69 | 本月我在淘宝购买一件衣服，到货后不喜欢，退货退款 | 商品与预期不符 | 订单准确性 |
| 70 | 去年我在淘宝购买了一瓶脱毛膏，不好用，评价时发现产品已经下架，我给了卖家一个差评 | 商品质量没有达到预期或没有兑现承诺 | 商品质量 |
| 71 | 2018 年 2 月我在淘宝购买衣服，衣服与描述不符，商家百般推脱责任，服务态度不好，于是我向平台投诉 | 商品和描述不符，推卸责任，服务态度差 | 订单准确性，服务水平 |

续表

| 序号 | 事件描述 | 子类别 | 类别 |
|---|---|---|---|
| 72 | 我网购的东西过了一个月还没发货 | 不发货 | 发货及时性 |
| 73 | 1 个月前我在淘宝购买水果，近一周才收到货，我催促客服发货，可对方敷衍了事 | 买的东西没按时到达，敷衍顾客 | 交货及时性，服务水平 |
| 74 | 2017 年我网购睡衣，质量不好 | 商品质量没有达到预期或没有兑现承诺 | 商品质量 |
| 75 | 客服态度不好，产品有问题，售后服务不好 | 服务态度差，商品质量没有达到预期或没有兑现承诺，糟糕的客户服务支持 | 服务水平，商品质量 |
| 76 | 我曾经在淘宝购买一件球衣，质量不好，客服态度很差，投诉无门 | 服务态度差，商品质量没有达到预期或没有兑现承诺，糟糕的客户服务支持 | 商品质量，服务水平 |
| 77 | 2017 年 3 月我在贝店购买红薯，到货后发现红薯被损坏 | 商品质量没有达到预期或没有兑现承诺 | 商品质量 |
| 78 | 1 个月前我在淘宝购买衣服，卖家发错货，客服态度不好，投诉后卖家包邮退回 | 交付的产品不对，服务态度差 | 订单准确性，服务水平 |
| 79 | 2017 年 9 月我在淘宝购买牛仔裤，到货后发现质量很差，和商家协商退货、退款 | 商品质量没有达到预期或没有兑现承诺，交付的产品尺寸不对 | 商品质量，订单准确性 |
| 80 | 上半年我在淘宝购买丝袜，到货后发现质量没有以往好，向卖家反馈，但没有得到妥善解决 | 商品质量没有达到预期或没有兑现承诺，交付的产品不对 | 商品质量，订单准确性 |
| 81 | 发货慢 | 发货慢 | 发货及时性 |
| 82 | 2 个月前我网购洗衣机排水管，卖家发错货，我退回后卖家迟迟不发货，淘宝介入后，卖家找借口拖延，直到最后期限才退款 | 交付的产品不对，换货问题，问题响应，欺骗发货，没收到货，投诉商家 | 订单准确性，退换货处理，服务水平，发货及时性，交货及时性 |
| 83 | 4 月我网购了一批垃圾袋，到货后发现和预期的不一样，网页上没有说明，我很不满意 | 商品质量没有达到预期或没有兑现承诺 | 订单准确性 |

续表

| 序号 | 事件描述 | 子类别 | 类别 |
|---|---|---|---|
| 84 | 上个月我在美团团购午饭，实物与网页说明不符，向商家反馈，商家把责任推给我 | 商品和描述不符、推卸责任 | 订单准确性，服务水平 |
| 85 | 我曾经在淘宝购买沙琪玛，到货后发现变质 | 商品质量没有达到预期或没有兑现承诺 | 商品质量 |
| 86 | 5 月我在阿里巴巴购买两套童装，到货后发现色差很大，商家推卸责任，退货要自行承担运费，我很不满意 | 商品和描述不符，推卸责任，退换货问题 | 订单准确性，服务水平，退换货处理 |
| 87 | 我在京东购买了一部华为手机，到货后发现不是新机，而且物流时效慢，客服态度不好，我很不满意 | 商品质量没有达到预期或没有兑现承诺，发货慢，不回应问题 | 商品质量，发货及时性，服务水平 |
| 88 | 3 个月前我在拼多多购买床上用品，客服态度不好 | 服务态度不好 | 服务水平 |
| 89 | 卖家发错货，态度还不好，让我承担退货运费 | 态度不好，交付的产品不对，退换货问题 | 服务水平，订单准确性，退换货处理 |
| 90 | 去年年底我在淘宝购买拖鞋，到货后发现有异味，向客服反馈后，对方给予了补偿 | 商品质量没有达到预期或没有兑现承诺 | 商品质量 |
| 91 | 一周前我在淘宝购买哑铃，到货后发现和预期的不一样，东西太重，退货不划算，我很不满意 | 商品质量没有达到预期或没有兑现承诺，退换货处理 | 商品质量，退换货处理 |
| 92 | 今年我在淘宝购买衣服，尺码偏大，卖家服务态度不好，直接退货 | 交付的产品尺寸不对，服务态度差 | 订单准确性，服务水平 |
| 93 | 我曾经在淘宝购买了一件衣服，到货后发现和网页说明不一样，只能退货，购物体验很不好 | 商品和描述不符 | 订单准确性 |
| 94 | 我在天猫购买水果，商家不按时发货，上传虚假发货信息 | 不及时发货，虚假发货 | 发货及时性 |
| 95 | 今年我在拼多多购买了一双鞋，到货后发现配件不全，特别不满意，果断退货 | 商品质量没有达到预期或没有兑现承诺 | 商品质量 |

续表

| 序号 | 事件描述 | 子类别 | 类别 |
| --- | --- | --- | --- |
| 96 | 2016年4月我网购书，到货后发现包装破损，与卖家协商，对方给予换货处理 | 交付的商品被损坏 | 交货条件 |
| 97 | 本周我在拼多多购买了一双鞋子，到货后发现有质量问题，我很不满意，卖家拒绝退货，态度极差 | 商品质量没有达到预期或没有兑现承诺，退换货问题，态度差 | 商品质量，退换货处理，服务水平 |
| 98 | 2011年我第一次网购，在淘宝购买情侣装，到货后发现尺码太小，只能转送他人 | 交付的产品尺寸不对 | 订单准确性 |
| 99 | 5月我在淘宝购买衣服，到货后发现质量问题，申请退货 | 商品质量没有达到预期或没有兑现承诺 | 商品质量 |
| 100 | 不久前我网购了一件衣服，到货后发现衣服皱，颜色和图片不一样 | 商品质量没有达到预期或没有兑现承诺，商品和描述不符 | 商品质量，订单准确性 |
| 101 | 5月21日我在淘宝购买鳄鱼龟，到货后发现已死亡，只能退款 | 商品质量没有达到预期或没有兑现承诺 | 商品质量 |
| 102 | 7月10日我在淘宝购买牛仔裙，却被告知一周之后才有货，只能退款 | 网站上列出的商品已经脱销 | 库存可用性 |
| 103 | 去年我在京东购买了一双鞋，到货后发现降价，于是联系卖家补差价 | 价格贵，补偿问题 | 产品价格，补偿 |
| 104 | 4月我网购了婴儿裤子，到货后发现质量不好，感觉很不满意 | 商品质量没有达到预期或没有兑现承诺 | 商品质量 |
| 105 | 半年前我在淘宝购买了一条裤子，到货后发现质量问题，于是退货 | 商品质量没有达到预期或没有兑现承诺 | 商品质量 |
| 106 | 我在淘宝购买手机壳，卖家却没更新物流信息，态度也不好，只能退货、退款 | 未及时发货，态度差 | 发货及时性，服务水平 |
| 107 | 几年前我在淘宝购买一双鞋子，遭遇诈骗，损失了几百元 | 银行卡诈骗 | 安全性 |
| 108 | 我在淘宝网购，发现假货比较多 | 假货 | 商品质量 |
| 109 | 1个月前我在淘宝购买裙子，到货后发现质量不好，向卖家反馈后，对方补偿了几元钱，我很不满意 | 商品质量没有达到预期或没有兑现承诺 | 商品质量 |

续表

| 序号 | 事件描述 | 子类别 | 类别 |
|---|---|---|---|
| 110 | 5 月我在淘宝购买鞋子，尺码太大，但卖家不让换货 | 退换货问题 | 退换货处理 |
| 111 | 2013 年我第一次网购，购买了一个 U 盘，使用后发现是假货，经与卖家沟通，对方同意退货、退款 | 商品质量没有达到预期或没有兑现承诺 | 商品质量 |
| 112 | 我曾经在淘宝购买车挂饰，卖家服务态度不好，延迟发货，我很不满意 | 未按承诺发货，服务态度 | 发货及时性，服务水平 |
| 113 | 2017 年我在淘宝购买一条裤子，咨询客服不回复，态度敷衍，我投诉之后给了差评 | 不积极回应客户咨询、需求 | 服务水平 |
| 114 | 我在淘宝购物，卖家服务态度差 | 服务态度差 | 服务水平 |
| 115 | 快递公司把我的货弄丢了 | 丢件 | 交货及时性 |
| 116 | 两个月前我网购的东西与图片差别很大，给了差评，后来客服联系我删差评 | 商品和描述不符，服务态度差 | 订单准确性，服务水平 |
| 117 | 几天前我网购了字帖，卖家发货慢，物流也慢，以后不打算光顾这家店 | 发货慢，快递慢 | 发货及时性，交货及时性 |
| 118 | 前年我在淘宝购买棉服，退货后卖家打电话辱骂我，人品不好 | 服务态度差 | 服务水平 |
| 119 | 2018 年我在淘宝购买小黄车月卡，到货后发现不能使用，和网页说明不符 | 商品和描述不符 | 订单准确性 |
| 120 | 我在淘宝购买衣服，不喜欢，退货要承担运费 | 退换货问题 | 退换货处理 |
| 121 | 半年前我在淘宝购买了一条裤子，质量太差，退货给差评 | 商品质量没有达到预期或没有兑现承诺 | 商品质量 |
| 122 | 7 月 10 日我在淘宝购买了一条牛仔裙，一天后被告知缺货，让我选择等待一周发货或退款，我很生气 | 网站上列出的商品已经脱销，问题响应慢 | 库存可用性 |

续表

| 序号 | 事件描述 | 子类别 | 类别 |
|---|---|---|---|
| 123 | 3 个月前我在拼多多购买衣服，质量不好却不可以退货 | 商品质量没有达到预期或没有兑现承诺，退换货问题 | 商品质量，退换货处理 |
| 124 | 网购的东西与网上说明不符 | 商品质量没有达到预期或没有兑现承诺 | 商品质量 |
| 125 | 2018 年 3 月我在淘宝购买外套，到货后发现质量很差，与店家协商后退货 | 商品质量没有达到预期或没有兑现承诺 | 商品质量 |
| 126 | 今年我在淘宝购买了一件衣服，质量不好，于是选择退货 | 商品质量没有达到预期或没有兑现承诺 | 商品质量 |
| 127 | 上周我在淘宝购买了一件衣服，时间过了一周还没发货，卖家态度不好，到货后发现是旧衣服，于是果断退货 | 发货慢，不响应客户咨询，态度差，商品质量没有达到预期或没有兑现承诺 | 服务水平，商品质量，发货及时性 |
| 128 | 我在淘宝购买上衣，到货后发现质量不好，于是退货 | 商品质量没有达到预期或没有兑现承诺 | 商品质量 |
| 129 | 我在淘宝购买一条裤子，尺码不合适，打算换货，可是店家一直不同意，最后只能强制退款 | 退换货问题 | 退换货处理 |
| 130 | 1 个月前我网购衣服，物流出现问题，联系商家解决 | 物流问题 | 交货及时性 |
| 131 | 两个月前我网购鞋子，到货后发现尺码不合适 | 交付的产品尺寸不对 | 订单准确性 |
| 132 | 3 个月前我在淘宝购买衣服，商家发错货 | 交付的产品不对 | 订单准确性 |
| 133 | 5 月我在拼多多购买沥水篮，到货后发现质量问题，向卖家反馈后，对方退款 | 商品质量没有达到预期或没有兑现承诺 | 商品质量 |
| 134 | 最近我在淘宝购买儿童表演服，卖家发错货，换货再次寄错，太粗心 | 交付的产品不对，态度差 | 订单准确性，服务水平 |
| 135 | “双 11”我在淘宝买衣服，卖家发错款式，反馈但是没有回复，只能电话投诉退货 | 交付的产品不对，不响应问题 | 订单准确性，服务水平 |

续表

| 序号 | 事件描述 | 子类别 | 类别 |
|---|---|---|---|
| 136 | 本月我在淘宝购买一条裙子，很长时间没发货，发货也没有物流信息，联系卖家没有回复 | 不按时发货，虚假发货，不回应客户咨询 | 发货及时性，服务水平 |
| 137 | 6 月我在淘宝购买婴儿玩具，卖家态度不好 | 态度不好 | 服务水平 |
| 138 | 前两天我在淘宝买衣服，到货后发现质量特别差，于是退货 | 商品和描述不符，商品质量没有达到预期或没有兑现承诺 | 商品质量，订单准确性 |
| 139 | 2017 年我在淘宝购买衣服，到货后发现尺码太小，联系客服更换，对方态度不好 | 态度不好 | 服务水平 |
| 140 | 网购的书破损 | 交付的商品被损坏 | 交货条件 |
| 141 | 我在淘宝购物退货，给了卖家中评，卖家电话骚扰我 | 糟糕的客户服务 | 服务水平 |
| 142 | 今年我在淘宝购买了一条裤子，到货后发现质量问题，于是退货 | 商品质量没有达到预期或没有兑现承诺 | 商品质量 |
| 143 | 我在淘宝购物发现价格贵很多 | 价格贵 | 产品价格 |
| 144 | 5 月我在淘宝购买洗发水，发现是假货，但是卖家不予更换 | 商品质量没有达到预期或没有兑现承诺，退换货问题 | 商品质量，退换货处理 |
| 145 | 上周我在唯品会购买爬行垫，物流很慢，向客服反馈，对方态度敷衍，到货后发现被损坏，联系客服要求换货，却被告知不能更换 | 发货慢，配送慢，交付的商品被损坏，退换货问题 | 发货及时性，交货及时性，交货条件，退换货处理 |
| 146 | 去年 12 月我在淘宝购买衣服，尺码偏大，有色差，还掉色 | 交付的产品尺寸不对，商品和描述不符，商品质量没有达到预期或没有兑现承诺 | 订单准确性，商品质量 |
| 147 | 几天前我在淘宝购买鼠标，物流很慢，到货后使用中发现质量问题，于是退货 | 物流慢，商品质量没有达到预期或没有兑现承诺 | 交货及时性，商品质量 |

续表

| 序号 | 事件描述 | 子类别 | 类别 |
|---|---|---|---|
| 148 | 去年我在拼多多购买了一个玻璃杯，到货后发现被损坏 | 商品质量没有达到预期或没有兑现承诺 | 商品质量 |
| 149 | 今年3月我在天猫购买化妆品，不到一周价格下降，还附送赠品，联系客服要求退差价，客服拒绝了，我就给了中评，以后不会再光顾了 | 不补偿差价 | 补偿 |
| 150 | 今年我在淘宝网购买一件衣服，退货过程中因为客服没有及时提示，我没能享受运费险 | 糟糕的客户服务支持 | 服务水平 |
| 151 | 卖家服务态度不好 | 服务态度不好 | 服务水平 |
| 152 | 一个月前我网购东西，物流很慢 | 物流慢 | 交货及时性 |
| 153 | 我曾经在淘宝购买凉席，咨询客服，对方很久才回复 | 不积极回应客户咨询、需求 | 服务水平 |
| 154 | 5月我在淘宝网购买了一条裤子，质量与描述不符 | 商品质量没有达到预期或没有兑现承诺，商品和描述不符 | 商品质量，订单准确性 |
| 155 | 网购衣服，实物与描述差别太大，卖家不给退货，态度不好 | 商品和描述不符，退换货处理，态度差 | 订单准确性，退换货处理，服务水平 |
| 156 | 去年我在淘宝买衣服，到货后发现质量不好 | 商品质量没有达到预期或没有兑现承诺 | 商品质量 |
| 157 | 2016年我在淘宝购买了一件衣服，尺码太大，但是退不了，于是给了差评 | 退换货处理 | 退换货处理 |
| 158 | 7月我在苏宁易购买电视机挂架，到货后发现质量不好 | 商品质量没有达到预期或没有兑现承诺 | 商品质量 |
| 159 | 我在淘宝购买了雾化器，卖家说是静音的，但实物噪声大 | 商品质量没有达到预期或没有兑现承诺 | 商品质量 |
| 160 | 网页上衣服评价很好，到货后发现质量很差 | 商品和描述不符 | 订单准确性 |
| 161 | 7月20日我购买了一箱辣条，快递特别慢，45天还没到货 | 快递慢 | 交货及时性 |
| 162 | 7月我网购了一套背带裙，到货后发现扣子被损坏，卖家不承认有质量问题 | 商品质量没有达到预期或没有兑现承诺，问题响应差 | 商品质量，服务水平 |

续表

| 序号 | 事件描述 | 子类别 | 类别 |
|---|---|---|---|
| 163 | 今年7月我在淘宝购买了一台微波炉，到货后发现有刮痕，卖家推卸责任让我联系物流解决，于是我向平台投诉 | 交付的商品被损坏，商家推卸责任，投诉商家 | 交货条件，服务水平 |
| 164 | 2014年9月20日，我在淘宝购买衣服，到货后发现实物与描述不一致，于是退货，但卖家迟迟不予确认 | 商品质量没有达到预期或没有兑现承诺，商品和描述不符，退货处理慢 | 订单准确性，服务水平，商品质量 |
| 165 | 两个月前我在淘宝网购买一件夏装，卖家很长时间才发货，到货后发现发错货，于是退货退款 | 发货慢，交付的产品不对 | 发货及时性，订单准确性 |
| 166 | 我在淘宝购买的水果都坏掉了 | 商品被损坏 | 商品质量 |
| 167 | 7月2日我在淘宝购买裤子，咨询客服不回复，我特别生气 | 不回应客户咨询 | 服务水平 |
| 168 | 我曾经在淘宝购买裤子，尺码不合适，且质量不好，于是联系客服退换货 | 商品质量没有达到预期或没有兑现承诺，交付的产品尺寸不对 | 订单准确性，商品质量 |
| 169 | 2017年6月我网购了一个蓝牙耳机，到货后发现不好用 | 商品质量没有达到预期或没有兑现承诺 | 商品质量 |
| 170 | 1个月前我网购鞋子，到货后发现尺码不合适，很不满意 | 交付的产品不对 | 订单准确性 |
| 171 | 7月16日我在当当网购买了一本书，物流出现问题，从下单至到货花了4天 | 物流慢 | 交货及时性 |
| 172 | 去年我在淘宝购买毛巾，客服态度不好 | 服务态度不好 | 服务水平 |
| 173 | 去年我在拼多多购买一个杯子，到货后发现有破损 | 商品质量没有达到预期或没有兑现承诺 | 商品质量 |
| 174 | 3个月前我在淘宝购买了一双按摩鞋，到货后发现和描述不符 | 商品和描述不符 | 订单准确性 |
| 175 | 几天前我在唯品会购买戒指，物流送货不及时 | 送货不及时 | 交货及时性 |
| 176 | 2月我在淘宝购买食品，卖家态度差，东西不好吃，于是给予差评、投诉 | 商品质量没有达到预期或没有兑现承诺，态度差 | 商品质量，服务水平 |

续表

| 序号 | 事件描述 | 子类别 | 类别 |
|---|---|---|---|
| 177 | 上个月我在淘宝买了一双鞋子，到货后发现与图片差别较大，但是客服不予退换，后来淘宝介入才退货、退款 | 商品和描述不符，退换货处理不好 | 订单准确性，退换货处理 |
| 178 | 我在淘宝买到过假货 | 假货 | 商品质量 |
| 179 | 去年我在美丽说购买鞋子，物流慢，鞋子尺码也不对 | 物流慢，交付的产品尺寸不对 | 交货及时性，订单准确性 |
| 180 | 我在淘宝购物，退货不方便，很不满意 | 退货不方便 | 退换货处理 |
| 181 | 我网购充电宝，到货后发现有质量问题，于是给差评，卖家让我改为好评并返现10元，我没有改 | 商品质量没有达到预期或没有兑现承诺，补偿没兑现 | 商品质量，补偿 |
| 182 | 网购退货难 | 退货难 | 退换货处理 |
| 183 | 我在淘宝买到了假货 | 假货 | 商品质量 |
| 184 | 我在淘宝买了鞋，质量很差 | 商品质量没有达到预期或没有兑现承诺 | 商品质量 |
| 185 | 网购退换货麻烦 | 退换货麻烦 | 退换货处理 |
| 186 | 我在拼多多购物，客服一直不在线，发货慢 | 发货慢，客服不在线 | 发货及时性，服务水平 |
| 187 | 苏宁售后很差，欺骗消费者 | 售后差 | 服务水平 |
| 188 | 网购的东西包装很差，产品也不好 | 包装差，商品质量没有达到预期或没有兑现承诺 | 交货状态，商品质量 |
| 189 | 网购退货麻烦 | 退货麻烦 | 退换货处理 |
| 190 | 我在淘宝买到假货，申请退货但是卖家不承担运费 | 假货，不承担退货运费 | 商品质量，退换货处理 |
| 191 | 网购退货慢 | 退货慢 | 退换货处理 |
| 192 | 3月我在拼多多购买搅拌器，发现是假货 | 假货 | 商品质量 |

续表

| 序号 | 事件描述 | 子类别 | 类别 |
|---|---|---|---|
| 193 | 去年我在淘宝买肥皂，发现是假货 | 假货 | 商品质量 |
| 194 | 网购价格高 | 价格高 | 产品价格 |
| 195 | 2017 年我在淘宝购买儿童跑鞋，质量极差，给了差评，卖家没同意退货 | 商品质量没有达到预期或没有兑现承诺，不能退货 | 商品质量，退换货处理 |
| 196 | 我在天猫网购，没确认收货但是系统自动签收 | 物流自动签收 | 配送服务 |
| 197 | 昨天我在淘宝购买桌垫，到货后发现有异味 | 商品质量没有达到预期或没有兑现承诺 | 商品质量 |
| 198 | 我曾经在淘宝购买口红，发现是假货，于是退货 | 假货 | 商品质量 |
| 199 | 我在淘宝购买的鞋子穿着不舒服，但是卖家不同意更换 | 商品质量没有达到预期或没有兑现承诺，不能更换 | 商品质量，退换货处理 |
| 200 | 1 周前我在淘宝购买的鞋子尺码不合适，换货了 | 交付的产品尺寸不对 | 订单准确性 |
| 201 | 我在考拉购买椰子，连续发货三次都是坏的，于是投诉到 12315，考拉赔付 50 元优惠券 | 商品质量没有达到预期或没有兑现承诺 | 商品质量 |
| 202 | 我在淘宝购买母婴用品，到货后发现有质量问题，于是申请退货，一开始卖家不承认是质量问题 | 商品质量没有达到预期或没有兑现承诺，推卸责任 | 商品质量，服务水平 |
| 203 | 我在淘宝买到假货 | 假货 | 商品质量 |
| 204 | 京东第三方卖家不发货 | 不发货 | 发货及时性 |
| 205 | 我在淘宝买鞋子，发现是假货，于是退货 | 假货 | 商品质量 |
| 206 | 我在京东购买配件，到货后发现故障，然后换货、退货 | 商品质量没有达到预期或没有兑现承诺 | 商品质量 |
| 207 | 2015 年我在京东购买开心果，到货后发现东西是坏的，不能食用，于是向消保委投诉 | 购买的产品质量低劣 | 商品质量 |

续表

| 序号 | 事件描述 | 子类别 | 类别 |
|---|---|---|---|
| 208 | 我在淘宝购买了一个手机支架，到货后发现不能用，卖家不予退换 | 商品质量没有达到预期或没有兑现承诺，不能退货 | 商品质量，退换货处理 |
| 209 | 网购后卖家不发货 | 不发货 | 发货及时性 |
| 210 | 2018年6月18日，我在京东购买斐讯的产品，但是卖家注销了 | 商家失踪 | 补偿 |
| 211 | 我在淘宝买到假货，退货了 | 假货 | 商品质量 |
| 212 | 我在当当购物，卖家不发货 | 不发货 | 发货及时性 |
| 213 | 2018年3月8日，我在淘宝购买鲜花，没有附送便签 | 赠品问题 | 产品价格 |
| 214 | 去年我在淘宝购买沙发，质量非常不好 | 商品质量没有达到预期或没有兑现承诺 | 商品质量 |
| 215 | 我在淘宝购买衣服，发现上当了 | 商品质量没有达到预期或没有兑现承诺 | 商品质量 |
| 216 | 5月我在京东购买衣服，卖家发错货，于是投诉 | 交付的产品不对 | 订单准确性 |
| 217 | 网购的商品收到时被损坏，质量不好，颜色对不上 | 商品质量没有达到预期或没有兑现承诺，和描述不符 | 商品质量，订单准确性 |
| 218 | 去年“双12”我在淘宝购买鞋子，是仿冒的，质量不好 | 商品质量没有达到预期或没有兑现承诺 | 商品质量 |
| 219 | 我网购买到坏水果，于是退款了 | 商品质量没有达到预期或没有兑现承诺 | 商品质量 |
| 220 | 上周我在淘宝购买电线，卖家发错货，于是更换 | 交付的产品不对 | 订单准确性 |
| 221 | 半年前我在淘宝购买衣服，卖家发错货，质量不好 | 交付的产品不对，商品质量没有达到预期或没有兑现承诺 | 订单准确性，商品质量 |
| 222 | 卖家发错货 | 交付的产品不对 | 订单准确性 |
| 223 | 2009年我在苏宁购买吸尘器，但是商家不发货，投诉后苏宁赔付了30元钱 | 不发货 | 发货及时性 |

续表

| 序号 | 事件描述 | 子类别 | 类别 |
|---|---|---|---|
| 224 | 我网购牛奶，到货后发现是临期奶 | 商品质量没有达到预期或没有兑现承诺 | 商品质量 |
| 225 | 去年我在淘宝购买扫描器，使用 15 天后损坏，没有保修 | 商品质量没有达到预期或没有兑现承诺，售后服务 | 商品质量，服务水平 |
| 226 | 我曾经在淘宝购买饰品盒，质量不好，不能正常使用 | 商品质量没有达到预期或没有兑现承诺 | 商品质量 |
| 227 | 2018 年 4 月 11 日，我在淘宝购买一台风扇，到货后发现被损坏了，于是退货 | 交付的商品被损坏 | 商品质量 |
| 228 | 7 月我在淘宝购买芒果，质量不好，有异味，很多不能食用 | 商品质量没有达到预期或没有兑现承诺 | 商品质量 |
| 229 | 3 月我在拼多多购买搅拌机，发现是假货 | 假货 | 商品质量 |
| 230 | 我在京东网购，卖家虚假发货 | 虚假发货 | 发货及时性 |
| 231 | 我在天猫购买学习桌，物流没有送货上门 | 不送货上门 | 配送服务 |
| 232 | 上周我在京东购买图书，延期送达 | 物流推迟 | 交货及时性 |
| 233 | 商家虚假发货，涉嫌欺诈 | 虚假发货 | 发货及时性 |
| 234 | 我在淘宝购物，咨询客服不回复 | 不响应客户需求、不提供咨询 | 服务水平 |
| 235 | 网购的水果迟迟不发货，只能退款 | 不发货 | 发货及时性 |
| 236 | 网购退货麻烦 | 退货麻烦 | 退换货处理 |
| 237 | 我在淘宝买水，卖家发错货 | 交付的产品不对 | 订单准确性 |
| 238 | 网购的东西与描述不一样 | 商品和描述不符 | 订单准确性 |
| 239 | 3 月我在天猫买衣服，发现是假货，于是投诉、退款 | 假货 | 商品质量 |
| 240 | “6·18”期间，我在淘宝买到假货 | 假货 | 商品质量 |
| 241 | “6·18”期间，我在京东购买的路由器，卖家不让退货，举报没成功 | 不退货 | 退换货处理 |

续表

| 序号 | 事件描述 | 子类别 | 类别 |
|---|---|---|---|
| 242 | 不久前我在饿了么点餐，餐食不好不能食用，于是向平台投诉了，平台补偿10元券，这次购物让我很不满意 | 商品质量没有达到预期或没有兑现承诺 | 商品质量 |
| 243 | 今年“6·18”我在京东购买路由器，商家店铺注销了，投诉无门 | 商家失踪 | 补偿 |
| 244 | 7月我网购手机，卖家发错货，只能退换 | 交付的产品不对 | 订单准确性 |
| 245 | 去年“双11”，我在淘宝购买袜子，质量差，物流慢 | 商品质量没有达到预期或没有兑现承诺，物流慢 | 商品质量，交货及时性 |
| 246 | 去年我在淘宝购买衣服，实物与图片不符，只能退货 | 商品和描述不符 | 订单准确性 |
| 247 | 我在淘宝买到假货 | 假货 | 商品质量 |
| 248 | 2018年5月7日我在淘宝购买充电宝，卖家延迟发货，客服态度差，商品有质量问题不能使用，联系客服后自行承担运费退回 | 商品质量没有达到预期或没有兑现承诺，推迟发货，退货问题，态度差 | 商品质量，发货及时性，服务水平，退换货处理 |
| 249 | 我在京东购买化妆品，退款慢 | 退货慢 | 退换货处理 |
| 250 | 网购的衣服质量和实体店有差异 | 商品质量没有达到预期或没有兑现承诺 | 商品质量 |
| 251 | 网购的东西质量不好，卖家服务态度差 | 商品质量没有达到预期或没有兑现承诺，服务态度差 | 商品质量，服务水平 |
| 252 | 我在天猫购买了一面旗子，到货后发现被损坏，卖家不予处理 | 商品质量没有达到预期或没有兑现承诺，不回应问题 | 商品质量，服务水平 |
| 253 | 上个月我在天猫购买短裤，尺码不合适，于是退货、退款 | 交付的产品尺寸不对 | 订单准确性 |
| 254 | 我在淘宝购买家具，到货后发现被损坏，但是商家推脱责任，维权难，只能向平台投诉 | 交付的商品被损坏，不回应问题，投诉商家 | 交货条件，服务水平 |

续表

| 序号 | 事件描述 | 子类别 | 类别 |
|---|---|---|---|
| 255 | 物流慢 | 快递慢 | 交货及时性 |
| 256 | 2017 年我在京东购买体脂秤，到货后发现被损坏 | 商品质量没有达到预期或没有兑现承诺 | 商品质量 |
| 257 | 最近我在天猫购物，物流没能送货到家 | 不送货上门 | 配送服务 |
| 258 | 几年前我的一位朋友在亚马逊购买扫地机，卖家不发货，也不赔偿，只能去法院起诉，最后胜诉了 | 不发货，赔偿问题 | 发货及时性，补偿 |
| 259 | 昨天我在当当网购物，发现商品有效期有误，需要调整购买数量，卖家没按约定发货 | 网站上不正确信息 | 网站信息质量，服务水平 |
| 260 | 我在淘宝网购，但卖家店铺倒闭，未能发货 | 商家倒闭 | 补偿 |
| 261 | 7 月 5 日我在淘宝购买鞋子，卖家地址填错，平台介入后，卖家进行了赔付 | 商家错误 | 订单准确性 |
| 262 | 今年 6 月我在淘宝购买了一件衣服，到货后发现尺码不合适，但卖家不予退换，只能重新购买，向平台投诉，之后经常被卖家骚扰 | 退换货处理，态度差 | 退换货处理，服务水平 |
| 263 | 去年我在淘宝购买水果，到货后发现整箱被损坏，投诉卖家 | 交付的商品被损坏 | 商品质量，交货状态 |
| 264 | 物流没送货上门 | 不送货上门 | 配送服务 |
| 265 | 5 月我在淘宝购买食品，包装破裂，于是申请退款 | 交付的商品被损坏，退款 | 交货条件，退换货处理 |
| 266 | 1 个月前我在淘宝购买了衣服，尺码太大，质量也不好 | 交付的产品尺寸不对，商品质量没有达到预期或没有兑现承诺 | 订单准确性，商品质量 |
| 267 | 网购的花盆被损坏 | 交付的商品被损坏 | 交货条件 |
| 268 | “6・18”我买了辣条，快递丢单，但是卖家不予退货 | 丢件，不退货 | 交货及时性，退换货处理 |

续表

| 序号 | 事件描述 | 子类别 | 类别 |
|---|---|---|---|
| 269 | 我在淘宝购买针织衬衫，到货后发现有破损 | 商品质量没有达到预期或没有兑现承诺 | 商品质量 |
| 270 | 今年我在京东购买爱奇艺会员，没获得承诺附送的京东会员，涉嫌欺诈，但投诉无果 | 买到的商品与承诺不符，投诉没结果 | 订单准确性，服务水平 |
| 271 | 今年 3 月 6 日我在淘宝购买图书，印刷质量不好，投诉无效 | 商品质量没有达到预期或没有兑现承诺，不回应问题 | 商品质量，服务水平 |
| 272 | 卖家不发货 | 故意不发货 | 发货及时性 |
| 273 | 我在淘宝网购，物流慢 | 物流慢 | 交货及时性 |
| 274 | 2 个月前我在淘宝购买衣服，穿上效果不好 | 商品和描述不符 | 订单准确性 |
| 275 | 上个月我在淘宝购买了一个储物箱，到货后发现箱子变形，很不满意，只能联系卖家重新发货 | 交付的商品破损 | 交货条件 |
| 276 | 我在国美网购，东西破损，多次联系客服但没有处理 | 交付的商品破损，不回应问题 | 交货条件，服务水平 |
| 277 | 我在淘宝购物，商品质量不好 | 商品质量没有达到预期或没有兑现承诺 | 商品质量 |
| 278 | 我在淘宝购买鞋子，质量不好，只能投诉 | 商品质量没有达到预期或没有兑现承诺 | 商品质量 |
| 279 | 我在淘宝买到假货 | 假货 | 商品质量 |
| 280 | 几天前我在淘宝购买学步车，卖家发货慢 | 发货慢 | 发货及时性 |
| 281 | 网购发货慢 | 发货慢 | 发货及时性 |
| 282 | 2017 年我在当当网购买一件衣服，卖家发错货，联系客服处理，迟迟没有结果，特别不满意 | 交付的产品不对，不回应问题 | 订单准确性，服务水平 |
| 283 | 5 月 25 日我在淘宝买了一个手机支架，质量不好 | 商品质量没有达到预期或没有兑现承诺 | 商品质量 |
| 284 | 去年我在苏宁易购买沙发，卖家不发货 | 不发货，不回应问题 | 发货及时性，服务水平 |

续表

| 序号 | 事件描述 | 子类别 | 类别 |
|---|---|---|---|
| 285 | 我在淘宝购物，卖家不予退货 | 不退货 | 退换货处理 |
| 286 | “6·18”我在京东购买芒果，质量不好，于是投诉，卖家赔付了损失 | 商品质量没有达到预期或没有兑现承诺 | 商品质量 |
| 287 | 半年前我在淘宝购买礼盒，卖家没有发货，只能退货 | 延迟发货 | 发货及时性 |
| 288 | 上个月我在淘宝购买饼干，到货后发现是临期商品，向卖家要求换货，卖家借口缺货 | 商品质量没有达到预期或没有兑现承诺，换货问题 | 商品质量，退换货处理 |
| 289 | 网购的东西有问题，客服不予处理 | 商品质量没有达到预期或没有兑现承诺，不回应问题 | 商品质量，服务水平 |
| 290 | 2017年10月我在京东购买了一台跑步机，物流很慢，安装调试后发现机器被损坏了，联系客服更换整机被拒，只同意更换零件 | 商品质量没有达到预期或没有兑现承诺，换货问题 | 商品质量，退换货处理 |
| 291 | 最近我在淘宝购买课本，卖家发错货，态度不好，只能退货、退款 | 交付的产品不对，态度不好 | 订单准确性，服务水平 |
| 292 | 我在淘宝购买的商品缺货，卖家通知我退款 | 列出的商品已脱销 | 库存可用性 |
| 293 | 前天我在苏宁购买保鲜盒，物流慢 | 物流慢 | 交货及时性 |
| 294 | 网购的商品丢失 | 丢件 | 交货及时性 |
| 295 | 我在淘宝网购的商品质量差 | 商品质量没有达到预期或没有兑现承诺 | 商品质量 |
| 296 | 不久前我在淘宝购买防晒喷雾，附送的赠品破损，客服态度不好，于是我申请退款并向平台投诉 | 交付的商品破损，态度不好 | 服务水平，商品质量 |
| 297 | 2018年“6·18”我在京东购买了一个苏泊尔电磁炉，质量不好，只能退款、退货 | 商品质量没有达到预期或没有兑现承诺 | 商品质量 |
| 298 | 7月我在淘宝购买电动牙刷，实物使用效果和网页介绍不一致 | 商品和描述不符 | 订单准确性 |

续表

| 序号 | 事件描述 | 子类别 | 类别 |
|---|---|---|---|
| 299 | “6·18”我在京东购买显示器，退货遇到问题 | 退货问题 | 退换货处理 |
| 300 | 6月19日我在蘑菇街购买手机，发货速度慢了 | 发货慢 | 发货及时性 |
| 301 | 2018年7月我在淘宝购买商务英语教材，商家所在地和发货地不一致，物流慢 | 买的东西比计划或承诺的晚到 | 交货及时性 |
| 302 | 我在淘宝买的水果被损坏，卖家将责任推卸给物流 | 商品质量没有达到预期或没有兑现承诺，卖家推卸责任 | 商品质量，服务水平 |
| 303 | 2016年我在淘宝购买衣服，卖家发货慢，物流暴力配送 | 发货慢，物流服务不好 | 发货及时性，配送服务 |
| 304 | 不久前我网购的东西质量不好，退货并投诉 | 商品质量没有达到预期或没有兑现承诺 | 商品质量 |
| 305 | 网购的水果有一半被损坏 | 商品质量没有达到预期或没有兑现承诺 | 商品质量 |
| 306 | 昨天我网购的榨汁机，质量不好不能正常使用，申请退款 | 商品质量没有达到预期或没有兑现承诺 | 商品质量 |
| 307 | 去年我在淘宝购买牛排，收到货后发现过了食用有效期，只能联系卖家退款 | 过期商品 | 商品质量 |
| 308 | 我在苏宁购买了一个路由器，配送慢，电话催送，物流让自取 | 送货慢，物流服务不好 | 交货及时性，配送服务 |
| 309 | 网购的商品有质量问题，于是退货 | 商品质量没有达到预期或没有兑现承诺 | 商品质量 |
| 310 | 我在淘宝购买的电脑散热器出现问题，卖家不予处理 | 商品质量没有达到预期或没有兑现承诺，不回应问题 | 商品质量，服务水平 |
| 311 | 2013年我在当当购买电脑椅，出现质量问题，只能联系厂家维修 | 商品质量没有达到预期或没有兑现承诺 | 商品质量 |
| 312 | 2018年2月4日我在苏宁购买运动鞋，质量差、开胶，只能退货 | 商品质量没有达到预期或没有兑现承诺 | 商品质量 |

续表

| 序号 | 事件描述 | 子类别 | 类别 |
|---|---|---|---|
| 313 | 我在淘宝购买了一双鞋，质量不好 | 商品质量没有达到预期或没有兑现承诺 | 商品质量 |
| 314 | 去年我在淘宝购买帆布鞋，到货后发现色差大 | 商品和描述不符 | 订单准确性 |
| 315 | 前年我在唯品会购买了一件T恤，到货后发现质量差，与描述严重不符，于是退货 | 商品质量没有达到预期或没有兑现承诺，商品和描述不符 | 商品质量，订单准确性 |
| 316 | 2天前我在淘宝买纸，物流很慢 | 物流慢 | 交货及时性 |
| 317 | 今年我在京东购买Q币，无端被退款 | 糟糕的客户服务支持 | 服务水平 |
| 318 | 去年我在淘宝购买了一条牛仔裤，尺码不合适申请换货，但卖家不予更换，要求重新下单 | 不退货 | 退换货处理 |
| 319 | 2018年4月7日我网购了一个手机壳，到货后发现破损，向客服反馈，对方态度恶劣，不予退货，且对我进行电话骚扰 | 购买的产品质量低劣，不退货，服务态度差，不回应问题 | 商品质量，退换货处理，服务水平 |
| 320 | 几天前我网购衣服，到货后因不喜欢颜色选择退货，但受理时间很长 | 退换货时间长 | 退换货处理 |
| 321 | 去年我参加了一个聚划算秒杀活动，秒杀到了1元匹克T恤，卖家推托缺货不予发货，投诉到天猫客服也未能得到妥善处理 | 故意不发货，糟糕的客户支持 | 发货及时性，服务水平 |
| 322 | 我曾经在淘宝购买面条机，质量不好，不能退换，我很生气 | 商品质量没有达到预期或没有兑现承诺，退货问题 | 商品质量，退换货处理 |
| 323 | 半年前我在淘宝购买鞋子，收到货不满意，联系客服处理，对方不积极，于是拒收 | 收到的商品破损，不响应客户需求、不提供咨询 | 交货条件，服务水平 |
| 324 | 2018年1月5日我网购耳机，使用不久出现质量问题，向客服反馈，对方不予回复，于是给了差评 | 商品质量没有达到预期或没有兑现承诺，不回应客户需求、不提供咨询 | 商品质量，服务水平 |
| 325 | 我在淘宝买到假货 | 假货 | 商品质量 |

续表

| 序号 | 事件描述 | 子类别 | 类别 |
|---|---|---|---|
| 326 | 两个月前我在淘宝用优惠券购买戒指，卖家虚假发货逼我退款，我很不满意 | 虚假发货 | 发货及时性 |
| 327 | 我在国美购买电视，网站以售价低为由拒不发货，私自取消订单，投诉无果 | 故意不发货，网站不回应问题 | 发货及时性，服务水平 |
| 328 | 上个月我在淘宝购买衣服，商家发货慢，衣服质量差 | 发货慢，商品质量没有达到预期或没有兑现承诺 | 发货及时性，商品质量 |
| 329 | 上个月我在京东购买路由器，出现问题京东不予处理，推脱责任 | 商品质量没有达到预期或没有兑现承诺，商家推卸责任 | 服务水平，商品质量 |
| 330 | 上个月我在京东购买了一个剃须刀，因充电线被损坏申请退换，商家让我承担邮费，只能投诉 | 商品质量没有达到预期或没有兑现承诺，退换货问题 | 商品质量，退换货处理 |
| 331 | 物流配送人员态度不好 | 物流服务不好 | 配送服务 |
| 332 | 去年我在淘宝购买桌布，实物与描述不符，咨询客服，对方无答复 | 商品与描述不符，不回应客户咨询 | 订单准确性，服务水平 |
| 333 | 2018 年 3 月我在淘宝买到假货 | 假货 | 商品质量 |
| 334 | 网购的衣服掉色 | 商品质量没有达到预期或没有兑现承诺 | 商品质量 |
| 335 | 我在淘宝购买衣服，出现质量问题，卖家找借口推托，不予退换，处理了很长时间 | 商品质量没有达到预期或没有兑现承诺，不给退货，推卸责任 | 商品质量，退换货处理，服务水平 |
| 336 | 去年我在淘宝购买一件大衣，实物有色差，我不满意 | 商品与描述不符 | 订单准确性 |
| 337 | 我在淘宝购买的旅行箱，运输途中被损坏，我申请退款 | 交付的商品破损 | 交货条件 |
| 338 | 我在淘宝网购买洗发水，卖家发错货 | 交付的产品不对 | 订单准确性 |

续表

| 序号 | 事件描述 | 子类别 | 类别 |
|---|---|---|---|
| 339 | 我曾经申请退货但商家不同意，处理了很长时间才得以解决 | 退货问题 | 退换货处理 |
| 340 | 我在淘宝买了一条牛仔超短裤，我的天啊！那个色差……简直无语，而且还有怪味，客服回答也是一套一套的，可怕 | 商品与描述不符，商品质量没有达到预期或没有兑现承诺，推卸责任 | 订单准确性，商品质量，服务水平 |
| 341 | 5 月我在淘宝购买一双童鞋，实物与描述不符，于是退货、退款，卖家很长时间才同意，后向客服反映才解决 | 商品与描述不符，退货问题 | 订单准确性，退换货处理 |
| 342 | 去年我在淘宝购买一件衣服，到货后发现有破损，向客服反馈，对方推卸责任不予更换 | 购买的产品质量低劣，不换货 | 商品质量，退换货处理 |
| 343 | 今天我在淘宝购买零食，卖家发错地址，只能联系客服解决 | 商家错误 | 订单准确性 |
| 344 | 上周我在“工行融 e 购”购买食用油，很长时间不发货，联系不上客服，只能等待 | 不发货，不响应客户咨询 | 发货及时性，服务水平 |
| 345 | 去年 4 月我在拼多多购买套装，因为缺货，卖家不发货也不退款，电话无人接听 | 不发货，不退款 | 发货及时性，退换货处理 |
| 346 | 去年我在考拉购物，因价格变动问题投诉，但没效果 | 价格问题 | 产品价格 |
| 347 | 2016 年 7 月我在淘宝购买衣服，实物与描述不符，卖家不予退货，只能投诉 | 商品与描述不符，退货问题 | 订单准确性，退换货处理 |
| 348 | 我在淘宝购物，客服态度很差 | 服务态度差 | 服务水平 |
| 349 | 2 年前我在淘宝购买充电宝，实物与描述不符 | 商品质量没有达到预期或没有兑现承诺 | 商品质量 |
| 350 | 我在拼多多购买红薯，卖家发货慢 | 发货慢 | 发货及时性 |
| 351 | 2018 年 8 月我在淘宝购买婴儿玩具，到货后发现是二手的 | 商品质量没有达到预期或没有兑现承诺 | 商品质量 |
| 352 | 上个月我在淘宝购买一件衣服，因为弄错尺码，下单后申请退货，客服置之不理，很长时间才处理好 | 退货问题，不响应客户需求、不提供咨询 | 退换货处理，服务水平 |

续表

| 序号 | 事件描述 | 子类别 | 类别 |
|---|---|---|---|
| 353 | 商品和描述不符 | 商品与描述不符 | 订单准确性 |
| 354 | 我在淘宝购买游戏币，客服不回应，态度不好，于是投诉，之后客服道歉并说明情况 | 不响应客户需求、不提供咨询，态度不好 | 服务水平 |
| 355 | 本月我在淘宝购买了一个行李箱，到货后感觉不满意，打算退货。我联系商家退货，但客服不同意退换。我寄回后，物流公司告知我：商家以我没收到货为借口投诉 | 不响应客户需求、不提供咨询，退货问题 | 服务水平，退换货处理 |
| 356 | 2013 年我在淘宝购买了一个移动电源，到货后发现实物与描述不符，质量不好，我非常不满意 | 购买的产品质量低劣 | 商品质量 |
| 357 | 上个月我网购工作服，到货后发现数量和款式不对，更换几次也未能妥善处理，卖家服务态度很差 | 交付的产品尺寸不对，服务态度差 | 订单准确性，服务水平 |
| 358 | 2016 年我在淘宝购买了一条数据线，咨询客服物流问题，对方迟迟不回复，且态度很差，只安排一家快递配送 | 不响应客户需求、不提供咨询，态度差 | 服务水平 |
| 359 | 我曾经在淘宝购买了一件衣服，因为瑕疵给了中评，客服电话联系我要求改评价并承诺返现，但修改了之后没有兑现承诺，我很生气 | 商品质量不好，虚假承诺 | 商品质量，补偿，服务水平 |
| 360 | 今年 3 月我在天猫购买鱼胶粉，到货后发现与描述不符，向客服反馈，对方回复很慢，允许退货却要自行承担运费，于是投诉，退款、退货 | 商品与描述不符，不回应客户咨询，退货问题 | 订单准确性，服务水平，退换货处理 |
| 361 | 2018 年 6 月我在淘宝网购买苹果，质量不好 | 商品质量没有达到预期或没有兑现承诺 | 商品质量 |
| 362 | 半个月前我在淘宝购买了一条连衣裙，到货后发现尺码不合适，但不让退货 | 产品尺寸描述不准，退货问题 | 网站信息质量，退换货处理 |
| 363 | 几天前我在淘宝购买玩具，卖家服务不好，客服不回应 | 服务态度差，不回应客户咨询 | 服务水平 |

续表

| 序号 | 事件描述 | 子类别 | 类别 |
|---|---|---|---|
| 364 | 上个月我在淘宝网购买裤子，物流很慢，只能退货 | 物流慢 | 交货及时性 |
| 365 | 今年 3 月我在京东购买了一双鞋子，因尺码不合适换货，到货后发现款式不对 | 交付的产品不对 | 订单准确性 |
| 366 | 上个月我在拼多多购买衬衫，实物和描述差异很大，只能退货 | 商品与描述不符 | 订单准确性 |
| 367 | 我在淘宝购买了一件衣服，觉得不满意，申请退货，客服态度很差，没退成功 | 商品质量没有达到预期或没有兑现承诺，退货问题，服务态度差 | 订单准确性，服务水平，退换货处理 |
| 368 | 我在淘宝购买的衣服不能穿 | 商品质量没有达到预期或没有兑现承诺 | 商品质量 |
| 369 | 上周我网购了一双拖鞋，咨询客服尺码问题，对方回复慢，客服推荐的尺码不合适，反馈后商家要求自行承担退货运费 | 不积极回应客户咨询、需求，退货运费自理 | 服务水平，退换货处理 |
| 370 | 我曾经在淘宝购买钢化膜，质量不好 | 商品质量没有达到预期或没有兑现承诺 | 商品质量 |
| 371 | 最近我在唯品会购买口红，到货后发现被损坏，向客服反馈后对方给予退货处理 | 商品质量没有达到预期或没有兑现承诺 | 商品质量 |
| 372 | 6 月我在淘宝购买食品，买错了，退货需自行承担邮费，我非常不满意 | 退货问题 | 退换货处理 |
| 373 | 上个月我在淘宝购买了锅，质量很差，售后不积极处理，只能投诉 | 购买的产品质量低劣，不积极响应问题 | 商品质量，服务水平 |
| 374 | 去年我在拼多多购买裤子，质量不好，运费贵，买了不能穿 | 商品质量没有达到预期或没有兑现承诺 | 商品质量 |
| 375 | 7 月 8 日我网购一条超短裤，质量很差，客服态度也不好 | 商品质量没有达到预期或没有兑现承诺，服务态度差 | 商品质量，服务水平 |
| 376 | 网购的商品质量不好 | 商品质量没有达到预期或没有兑现承诺 | 商品质量 |
| 377 | 我在淘宝购物，发货速度慢 | 发货慢 | 发货及时性 |

续表

| 序号 | 事件描述 | 子类别 | 类别 |
| --- | --- | --- | --- |
| 378 | 6月我在淘宝购买了一件裙子，商家承诺7～15天到货，实际1个月才到货，给了差评 | 买的东西到的比承诺的晚 | 交货及时性 |
| 379 | 2018年6月我在淘宝购买了两双儿童凉鞋，到货后不到一周出现质量问题，客服态度不好，补偿方案不合理 | 购买的产品质量低劣，不积极响应问题，赔偿不合理 | 商品质量，服务水平，补偿 |
| 380 | 上个月我网购头发整理器，到货后发现与期望不符且有瑕疵，向商家反馈后，对方补发 | 商品质量没有达到预期或没有兑现承诺 | 商品质量 |
| 381 | 上个月我在淘宝购买眉笔，到货后发现质量不好，于是给了差评 | 商品质量没有达到预期或没有兑现承诺 | 商品质量 |

### 3.2.5 结果讨论

#### 3.2.5.1 电子商务服务质量决定因素

根据关键事件的数据分析结果，网络购物服务质量的决定因素可分为16类，因素描述及频率统计见表3－6。16个决定因素在456份问卷中出现了1141次，在满意事件中出现的频数（603次）略高于不满意事件（538次），每份问卷平均涉及2.5个决定因素。从全部样本看，一些决定因素很普遍，其中前6个因素占消费者提到次数的85.7%，剩余10个因素只占14.3%，表明商品质量、服务水平、交货及时性、产品价格、订单准确性、退换货处理是网络零售服务质量的关键决定因素，而发货及时性、补偿、配送服务、交货状态、产品选择、网站便利性/易用性、灵活性、库存可用性、网站信息质量、安全性等因素对网络零售服务质量的影响不大。

商品质量和服务水平虽然同属满意事件和不满意事件的两大决定因素，但重要性有所不同。服务水平是满意事件的首要决定因素，其次是商品质量；不满意事件正好相反。产品价格和交货及时性对满意事件的影响仅次于商品质量和服务水平，前4类因素占满意事件的76.3%。不满意事件的第三、第四位决定因素是订单准确性和退换货处理，前4类因素占不满意事件的78.2%。

16个决定因素中有6个因素是独立的，只和满意或不满意相关：产品选择、网站便利性/易用性和灵活性只在满意事件中被提及；库存可用性、网站信息质量、安全性只在不满意事件中被提到。这意味着产品选择的多样性、网站使用方便程度以及服务人员的灵活性能够提升顾客的满意度，但缺少这些不会造成顾客不满意。库存的真实性、网站信息的准确性以及支付安全不会提升顾客的满意度，但缺乏这些则会让顾客感到不满意。这6个因素占满意事件和不满意事件的比例分别为4.6%和1.3%，在所有事件中的比例仅为3.1%，这意味着其余的10个因素是消费者满意和不满意的共同来源。

**表3-6　网络零售服务质量决定因素频率统计**

| 分类 | 定义 | 满意事件 | | | 不满意事件 | | | 合计 | | |
|---|---|---|---|---|---|---|---|---|---|---|
| | | 频数 | 百分比（%） | 排序 | 频数 | 百分比（%） | 排序 | 频数 | 百分比（%） | 排序 |
| 商品质量 | 商品质量与顾客期望或商家承诺的一致程度 | 119 | 19.7 | 2 | 185 | 34.3 | 1 | 304 | 26.6 | 1 |
| 服务水平 | 商家对顾客咨询、投诉的有用性响应以及售后服务 | 147 | 24.4 | 1 | 95 | 17.7 | 2 | 242 | 21.2 | 2 |
| 交货及时性 | 商品交付速度与预期或承诺的一致程度 | 98 | 16.3 | 3 | 28 | 5.2 | 6 | 126 | 11.0 | 3 |
| 订单准确性 | 交付的商品与网站/商家描述的相符程度 | 29 | 4.8 | 6 | 82 | 15.2 | 3 | 111 | 9.7 | 4 |
| 产品价格 | 顾客对商品价格的感知 | 96 | 15.9 | 4 | 5 | 0.9 | 10 | 101 | 8.9 | 5 |
| 退换货处理 | 退换货政策的合理性以及退换货处理的有效性 | 34 | 5.6 | 5 | 60 | 11.2 | 4 | 94 | 8.2 | 6 |
| 发货及时性 | 商家发货速度与预期或承诺的一致程度 | 10 | 1.7 | 10 | 39 | 7.2 | 5 | 49 | 4.3 | 7 |
| 补偿 | 网站/商家对顾客的赔偿或补偿 | 23 | 3.8 | 7 | 13 | 2.4 | 8 | 36 | 3.2 | 8 |
| 配送服务 | 物流配送范围及配送人员服务态度 | 12 | 2.0 | 8 | 8 | 1.5 | 9 | 20 | 1.8 | 10 |
| 交货状态 | 交付的商品是否被损坏 | 7 | 1.2 | 13 | 16 | 3.0 | 7 | 23 | 2.0 | 9 |
| 产品选择 | 产品的多样性 | 9 | 1.5 | 11 | 0 | 0.0 | 14 | 9 | 0.8 | 12 |
| 网站便利性/易用性 | 网站容易使用程度 | 8 | 1.3 | 12 | 0 | 0.0 | 14 | 8 | 0.7 | 13 |
| 灵活性 | 商家为了满足客户的需求而修改或改变服务或产品性质的意愿和能力 | 11 | 1.8 | 9 | 0 | 0.0 | 14 | 11 | 1.0 | 11 |
| 库存可用性 | 库存的真实性 | 0 | 0.0 | 14 | 4 | 0.7 | 11 | 4 | 0.4 | 14 |
| 网站信息质量 | 网站信息的准确性 | 0 | 0.0 | 14 | 2 | 0.4 | 12 | 2 | 0.2 | 15 |
| 安全性 | 银行卡支付安全程度 | 0 | 0.0 | 14 | 1 | 0.2 | 13 | 1 | 0.1 | 16 |

续表

| 分类 | 定义 | 满意事件 | | | 不满意事件 | | | 合计 | | |
|---|---|---|---|---|---|---|---|---|---|---|
| | | 频数 | 百分比（%） | 排序 | 频数 | 百分比（%） | 排序 | 频数 | 百分比（%） | 排序 |
| 合计 | | 603 | — | — | 538 | — | — | 1141 | — | — |
| 样本数 | | 409 | | | 381 | | | 456 | | |
| 均值（频数/样本） | | 1.5 | | | 1.4 | | | 2.5 | | |

#### 3.2.5.2　满意和不满意因素相关性

本书用斯皮尔曼等级相关系数和皮尔逊相关系数分别比较网络零售质量的 16 类决定因素在满意和不满意事件中的排序和频率差异。结果显示，斯皮尔曼等级相关系数和皮尔逊相关系数分别为 0.703 和 0.752，显著水平分别为 0.002 和 0.011，表明满意和不满意的决定因素显著相关（见表 3－7）。这一发现和 Berry 等（1985）、Bitner 等（1990）的观点相符，但和 Johnston（1995）、Holloway 等（2008）的观点不同。前两个研究认为满意因素和不满意因素正好相反，比如服务态度好会让顾客感到满意，态度不好就会不满意。后两个研究则认为满意的决定因素不一定是不满意的决定因素，比如态度友好会让顾客感到满意，但态度不友好不一定会导致其不满意；购物网站能正常使用不会让顾客感到非常满意，但网站不能正常使用会让顾客感到不满意。

**表 3－7　满意和不满意决定因素的相关系数**

| 指标 | 数值 | $p$ 值（双尾） |
|---|---|---|
| 斯皮尔曼等级相关系数 | 0.703 | 0.002 |
| 皮尔逊相关系数 | 0.752 | 0.011 |

#### 3.2.5.3　与相关量表的比较

表 3－8 将网络零售服务质量的 16 个决定因素与 Wolfinbarger 等（2003）的 eTailQ、Parasuraman 等（2005）的 E－S－QUAL 和 E－RecS－QUAL，以及 Holloway 等（2008）的分类进行比较，其中，量表题项做了简化处理，用关键词代替。Holloway 等（2008）利用 Wolfinbarger 等（2003）的 eTailQ 的维度结构，对所提出的在线服务接触满意和不满意因素进行了维度划分。本章只分析网络零售服务质量的决定因素，其维度分析在下一章进行探讨，因此不做维度划分。

网络零售服务质量的 16 个决定因素中，产品价格和交货状态在 eTailQ、E－S－QUAL 以及 E－RecS－QUAL 中没有涉及，这两个因素在所有事件中被提及的频率达到 10.9%。这表明当前应用最广泛的网络零售质量测量工具并没有包含这些重要的方面，量表设计如要涵盖服务交付的所有元素，应考虑纳入这两项因素。此外，eTailQ 的个性化和 E－S－QUAL 的系统可用性均未被提及；安全和隐私方面，只有一个消费者提到了银行卡诈骗问题，这表明这些因素不是消费者关注的主要问题。

**表 3－8　相关量表比较**

| Wolfinbarger 等（2003）的 eTailQ | Parasuraman 等（2005）的 E－S－QUAL 和 E－RecS－QUAL | 当前研究 | Holloway 等（2008）在线服务接触满意和不满意因素分类 |
|---|---|---|---|
| **网站设计** | **效率** | **—** | **网站设计/交互** |
| 信息发布 | 信息及其组织 | 信息质量 | 信息质量 |
| 易用性/方便性 | 使用简单/<br>快速登录 | 便利性/易于使用 | 组织/设计 |
| 不浪费时间 | 迅速完成交易 | — | 购买过程 |
| — | 导航好 | 便利/易于使用 | 便利性/易于使用 |
| 个性化 | — | — | — |
| 好的选择 | — | 产品选择 | 产品选择 |
| — | — | — | 运输跟踪 |
| — | — | 产品价格 | 产品价格 |
| **履行/可靠性** | **履行** | **—** | **履行/可靠性** |
| 得到订购的东西 | 准确的承诺 | 订单准确性 | 订单准确性 |
| 准确的展示<br>（符合预期/承诺） | 准确的交付，<br>真实的产品 | 商品质量 | 商品质量符合预期/<br>兑现承诺 |
| — | — | 及时发货 | — |
| — | — | 配送服务 | — |
| 按时交付 | 按承诺的交付，<br>快速交付 | 及时交付 | 及时交付 |
| — | 真实库存 | 库存可用性 | 库存可用性 |
| — | — | 交货状态 | 交货状态 |
| — | — | — | 账单准确性 |
| **安全性/隐私** | **隐私** | **—** | **安全性/隐私** |
| 隐私保护 | 个人信息保护 | — | 信息保护和电子邮件 |
| 感到安全 | — | — | 感到安全 |

续表

| Wolfinbarger 等（2003）的 eTailQ | Parasuraman 等（2005）的 E-S-QUAL 和 E-RecS-QUAL | 当前研究 | Holloway 等（2008）在线服务接触满意和不满意因素分类 |
| --- | --- | --- | --- |
| 充分的安全保护 | 信用卡信息保护 | 银行卡诈骗 | 信用卡诈骗 |
| **—** | **系统可用性** | **—** | **—** |
| — | 总是可用的 | — | — |
| — | 不崩溃 | — | — |
| **客户服务** | **响应、补偿及接触** | **—** | **客户服务** |
| — | — | 灵活性 | — |
| 响应需求、询问 | 接触的可能性 | 服务水平、支持 | 服务水平、支持 |
| 问题响应 | 问题响应 | 退货政策好/不公平/不清晰 | 退货政策好/不公平/不清晰 |
| — | 立即处理问题 | — | — |
| — | 方便的退货选择 | — | — |
| — | 补偿问题 | 补偿 | — |

本研究是基于 Holloway 等（2008）的架构对消费者的网购服务接触关键事件进行的分析，结果表明尽管部分服务质量的决定因素保持一致，但也有很多不同。比如本研究中消费者没有提及 Holloway 等（2008）的购买过程、运输跟踪、账单准确性、信息保护、安全感等因素，但强调了发货及时性、配送服务、服务人员的灵活性以及补偿等问题，这些在 Holloway 等（2008）中没有提及。本研究中，商品质量、服务水平、交货及时性是网购消费者满意和不满意的三大主要来源，分别占所有事件的 26.6%、21.2% 和 11.0%。而 Holloway 等（2008）的研究中，消费者提到最多的前三位因素是交货及时性（27.1%）、网站便利性（14.2%）和产品价格（11.1%）。这表明中美两国消费者对网购服务质量的关注点不完全一致。除了双方共同关注的物流配送时效外，中国的消费者更关注商品质量和服务人员的服务水平，美国消费者则对网站使用的便利性和产品价格更为敏感。

## 3.3 本章小结

本章采用关键事件法识别和确定电子商务服务质量的决定因素，有如下发现：①每个因素对消费者满意或不满意的影响程度不同；②对网购消费者而言，满意因素与不满意因素正好相反，独立因素（仅影响满意或不满意）所起的作用不大；③中外消费者对决定因素的理解既有重叠也有不同，对于不同国家的网购消费者来说，尽管可能存在相同的令人满意和不满意的因素，但一些因素相对于其他因素更重要。

# 第 4 章　电子商务服务质量测量

本章在上一章关键事件法分类的基础上开发了电子商务服务质量测量工具，用于评估客户的网络零售服务质量感知。量表开发的流程和步骤（见图 4－1）遵循 Churchill（1979）和 Gerbing 等（1988）提出的准则。

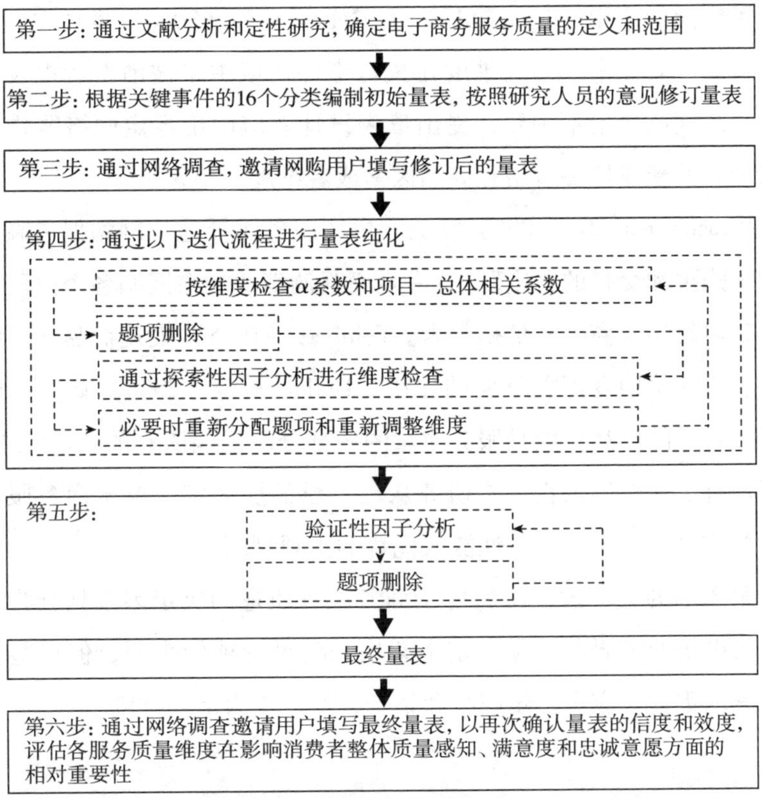


图 4－1　量表开发流程

## 4.1 电子商务服务质量的定义和范围

21 世纪以来，随着电子商务的飞速发展，电子商务服务质量的维度和测量引起了人们广泛的关注，研究人员开发了一系列的测量工具（见表 2 –2）。早期的电子商务服务质量测量局限于消费者与网站界面的交互（比如 Loiacono et al. ，2000；Yoo et al. ，2001；Barnes et al. ，2002），而 Wolfinbarger 等（2003）和 Parasuraman 等（2005）则认为应从消费者全部的网购过程来评价网络零售质量，并分别开发了测量工具 eTailQ 和 E – S – QUAL。这两个量表得到了广泛的应用（见 3. 2. 1），但 Holloway 等（2008）发现它们并未涵盖服务交付的所有元素，个别维度在关键事件访谈中未被消费者提及，相同题项的量表维度归属也不一致，提出量表设计者应明确界定网络购物服务质量的定义域，并建议增加价格和商品因素或者维度。

Parasuraman 等（2005）认为，电子服务质量是“网站促进高效和有效的购物、购买和交付的程度”。这一定义强调消费者在网购各个阶段与网站的交互性，但忽略了商品和价格因素。Feinberg（1995）发现商品和价格在消费者服务质量评价中发挥着重要的作用。Holloway 等（2008）认为，以合适的价格提供合适的产品可能是服务质量的一部分，强调所有的营销元素都是服务。鉴于现有定义的局限性，本研究从更广泛的层面定义电子商务服务质量：消费者对购物网站整体卓越性能或优势的主观判断或评价。

第 3 章的关键事件法将电子商务服务质量的决定因素划分为 16 个类别，可作为电子商务服务质量的基本架构和测量题项的来源，但这些分类存在一定程度的重叠，应进一步归纳和整合，使之成为量表维度。

## 4.2　题项生成和数据收集

电子商务服务质量量表的初始题项，来源于关键事件分类以及消费者的描述，共 106 项，代表网络零售服务质量的 16 个决定因素。研究人员分别对各个题项的长度、格式以及清晰度进行评估，重新编写部分题项，并且删除了一些容易混淆以及重复的题项，形成初始量表。初始量表有 78 个题项，采用李克特量表格式，量表等级从 1（非常不同意）到 7（非常同意），各题项与电子商务服务质量决定因素的关系以及题项代码如表 4－1 所示。

**表 4－1　初始量表题项**

| 电子商务服务质量决定因素与题项 | 题项代码 | 电子商务服务质量决定因素与题项 | 题项代码 |
|---|---|---|---|
| 商品质量 | | 退换货处理 | |
| 在这家网站购买的产品质量符合我的预期 | *ZL*1 | 这家网站有明确的退换货政策 | *TH*1 |
| 在这家网站购买的产品质量和商家承诺的一样 | *ZL*2 | 这家网站的退换货政策合理 | *TH*2 |
| 在这家网站购买的产品质量很好 | *ZL*3 | 这家网站/网站的商家退换货处理快 | *TH*3 |
| 在这家网站购买的产品是正品 | *ZL*4 | 这家网站/网站的商家迅速响应顾客的退换货需求 | *TH*4 |
| 在这家网站购买的产品质量和实体店的一样 | *ZL*5 | 在这家网站退换货很方便 | *TH*5 |
| 在这家网站购买的产品很好用 | *ZL*6 | 发货及时性 | |
| 服务水平 | | 网站/商家发货快 | *FH*1 |
| 网站/商家迅速回复我的咨询 | *FW*1 | 网站/商家在承诺的时间内发货 | *FH*2 |
| 网站/商家提供有效的帮助 | *FW*2 | 网站/商家虚假发货（反向题） | *FH*3 |
| 网站/商家能提供良好的售后服务 | *FW*3 | 网站/商家延迟发货（反向题） | *FH*4 |
| 网站/商家重视和我的交易 | *FW*4 | 网站/商家故意不发货（反向题） | *FH*5 |
| 网站/商家服务态度很好 | *FW*5 | 补偿 | |
| 出现问题时，网站/商家不推卸责任 | *FW*6 | 网站/商家对自身造成的问题给我补偿 | *BC*1 |

续表

| 电子商务服务质量决定因素与题项 | 题项代码 |
| --- | --- |
| 如果有问题，可以方便地向网站投诉 | *FW*7 |
| 网站迅速处理客户投诉 | *FW*8 |
| 交货及时性 | |
| 买的东西比预期或计划的要早到 | *SH*1 |
| 买的东西很快就收到了 | *SH*2 |
| 快递延迟送货（反向题） | *SH*3 |
| 快递超出配送时效（反向题） | *SH*4 |
| 买的东西一直没有收到（反向题） | *SH*5 |
| 买的东西比预期或计划的晚到（反向题） | *SH*6 |
| 订单准确性 | |
| 收到的商品和网站/商家描述的一致 | *DD*1 |
| 收到商品的尺寸和网站/商家描述的一致 | *DD*2 |
| 收到的商品就是我想要的 | *DD*3 |
| 收到的商品和网站/商家宣传的不一样（反向题） | *DD*4 |
| 网站/商家按订单正确地发送商品 | *DD*5 |
| 网站信息质量 | |
| 这家网站的商品信息正确 | *XX*1 |
| 这家网站提供了详细的商品信息 | *XX*2 |
| 这家网站提供了足够的信息，这样我就可以像在商店里一样选购商品 | *XX*3 |
| 产品价格 | |
| 这家网站的商品价格优惠 | *JG*1 |
| 在这家网站买东西有折扣 | *JG*2 |
| 这家网站/网站的商家经常做促销 | *JG*3 |
| 在这家网站买东西免运费 | *JG*4 |

| 电子商务服务质量决定因素与题项 | 题项代码 |
| --- | --- |
| 价格变动时，网站/商家在规定的期限内给我差价补偿 | *BC*2 |
| 收到的商品损坏，网站/商家给我补偿 | *BC*3 |
| 配送服务 | |
| 在这家网站买东西，快递送货上门 | *PS*1 |
| 在这家网站买东西，快递人员服务态度好 | *PS*2 |
| 在这家网站买东西，偏远地区也送货 | *PS*3 |
| 在这家网站买东西，快递人员送货时没有联系收货人（反向题） | *PS*4 |
| 在这家网站买东西，快递自动签收（反向题） | *PS*5 |
| 交货状态 | |
| 在这家网站购物，收到的商品完好 | *JH*1 |
| 在这家网站购物，收到的商品包装很结实 | *JH*2 |
| 在这家网站购物，收到的商品包装破损（反向题） | *JH*3 |
| 产品选择 | |
| 这家网站有很多产品可供选择 | *CP*1 |
| 这家网站有实体商店没有的产品 | *CP*2 |
| 这家网站有很多我感兴趣的产品 | *CP*3 |
| 这家网站有很难找到的产品 | *CP*4 |
| 这家网站可以找到独特的产品 | *CP*5 |
| 网站便利性/易用性 | |
| 这家网站购物很方便 | *BL*1 |
| 这家网站容易使用 | *BL*2 |
| 这家网站很容易找到我想要的东西 | *BL*3 |
| 在这家网站很快就完成交易 | *BL*4 |

续表

| 电子商务服务质量决定因素与题项 | 题项代码 | 电子商务服务质量决定因素与题项 | 题项代码 |
|---|---|---|---|
| 这家网站的商品比实体店便宜 | *JG*5 | 库存可用性 | |
| 这家网站的商品比其他网站便宜 | *JG*6 | 这家网站销售的商品都有货 | *KC*1 |
| 在这家网站买东西很划算 | *JG*7 | 这家网站列出的商品已经缺货（反向题） | *KC*2 |
| 灵活性 | | 这家网站的库存没有及时更新（反向题） | *KC*3 |
| 这家网站/网站的商家主动向我介绍商品性能 | *LH*1 | 这家网站的库存是真实的 | *KC*4 |
| 这家网站/网站的商家主动跟踪商品使用情况 | *LH*2 | 安全性 | |
| 这家网站/网站的商家提供细心、贴心的服务 | *LH*3 | 这家网站有足够的安全保障 | *AQ*1 |
| 这家网站/网站的商家主动提供商品运输保护措施 | *LH*4 | 我觉得在这家网站提供银行卡信息是安全的 | *AQ*2 |
| 这家网站/网站的商家主动提示商品使用注意事项 | *LH*5 | 我觉得在这家网站进行交易是安全的 | *AQ*3 |
| — | — | 我觉得可以信任这家网站 | *AQ*4 |

数据收集采用网络调查方式，通过微信邀请高校学生填写问卷。鉴于淘宝网和京东商城在网购用户中的使用频率占绝对优势（见表3－2），为使数据具有足够的差异性，数据收集过程尽可能扩大样本类型，将其他购物网站用户纳入调查范围，因此在调查问卷中使用甄别题项对受访者进行筛选。每个受访者首先被询问是否有非淘宝（天猫）网、京东商城网购经历。如果受访者近三个月有在淘宝网和京东商城之外的网站购物经历，就会被进一步询问常用的购物网站，并就这个网站的购物体验填写问卷。如果受访者近三个月没有在淘宝网和京东商城以外的网站购物，会被进一步询问网站的使用情况。只在淘宝网购物的受访者填写淘宝购物体验问卷，只在京东商城购物的受访者填写京东购物体验问卷，没有在淘宝网或京东商城购物的受访者结束作答，在淘宝网和京东商城都有购物经历的受访者会被询问网站偏好。偏好

淘宝网的受访者填写淘宝购物体验问卷；偏好京东商城的受访者填写京东购物体验问卷。由于淘宝网的使用频率高于京东，为使京东有足够的样本，对淘宝网和京东商城没有明显偏好的受访者填写京东体验问卷。不喜欢淘宝网和京东商城的受访者填写人口特征题项并结束作答。成功提交问卷的受访者可获得随机金额的微信红包，这一过程共回收911份完整问卷。问卷详情参见附录B。

## 4.3 数据分析和量表纯化

### 4.3.1 样本特征

回收的问卷涉及各种类型的购物网站（见表4-2），这些网站在运营方式、销售产品种类以及目标客户定位等方面都有所不同。回收的911份问卷中，剔除近三个月没有网购经历以及有网购经历但不喜欢任一购物网站的受访者答卷，剩余845份有效问卷，有效问卷回收率达92.8%。问卷回收渠道以微信为主，占有效问卷来源的98.6%；少量问卷通过手机提交，占1.4%（见图4-2）。受访者来自28个省（自治区、直辖市），有1位受访者来自中国香港，有10位受访者来自国外，来自江苏、四川、河南三省的占多数（见表4-3、图4-3）。

受访者以学生为主，女性（52.4%）略多于男性（47.6%），多数人有2年以上的网购经历（84.4%），将近90%的人每月最少网购一次，常用购物网站是淘宝/天猫（95.0%）、京东（75.3%）和唯品会（30.9%）。

**表 4-2　样本特征**

| 变量 | 属性 | 数量（人） | 比例（%） | 变量 | 属性 | 数量（人） | 比例（%） |
|---|---|---|---|---|---|---|---|
| 性别 | 男 | 402 | 47.6 | 网购历史 | 半年以下 | 68 | 8.0 |
| | 女 | 443 | 52.4 | | 半年至 1 年 | 64 | 7.6 |
| 年龄 | 18 岁以下 | 40 | 4.7 | | 2～5 年 | 421 | 49.8 |
| | 18～25 岁 | 425 | 50.3 | | 6～10 年 | 240 | 28.4 |
| | 26～30 岁 | 190 | 22.5 | | 11～15 年 | 42 | 5.0 |
| | 31～40 岁 | 97 | 11.5 | | 15 年以上 | 10 | 1.2 |
| | 41～50 岁 | 69 | 8.2 | 网购频率 | 每月不到 1 次 | 94 | 11.1 |
| | 51～60 岁 | 21 | 2.5 | | 每月 1～4 次 | 409 | 48.4 |
| | 60 岁以上 | 3 | 0.3 | | 每月 5～8 次 | 207 | 24.5 |
| 学历 | 研究生及以上 | 280 | 33.1 | | 每月 9～15 次 | 87 | 10.3 |
| | 大学本科 | 285 | 33.7 | | 每月 16～20 次 | 28 | 3.3 |
| | 大学专科 | 106 | 12.5 | | 每月 21～30 次 | 9 | 1.1 |
| | 高中/中专 | 123 | 14.6 | | 每月 30 次以上 | 11 | 1.3 |
| | 初中及以下 | 51 | 6.1 | 常用网站 | 淘宝/天猫 | 803 | 95.0 |
| 职业 | 全日制学生 | 350 | 41.4 | | 京东 | 636 | 75.3 |
| | 公司职员 | 254 | 30.1 | | 唯品会 | 261 | 30.9 |
| | 党政机关事业单位员工 | 70 | 8.3 | | 苏宁易购 | 214 | 25.3 |
| | | | | | 拼多多 | 201 | 23.8 |
| | 自由职业者 | 146 | 17.3 | | 微店 | 72 | 8.5 |
| | 其他 | 25 | 2.9 | | 亚马逊 | 60 | 7.1 |
| 收入水平（月薪） | 2000 元及以下 | 339 | 40.1 | | 当当 | 95 | 11.2 |
| | 2001～3000 元 | 117 | 13.9 | | 考拉海购 | 44 | 5.2 |
| | 3001～5000 元 | 193 | 22.8 | | 小红书 | 72 | 8.5 |
| | 5001～10000 元 | 152 | 18.0 | | 蘑菇街 | 41 | 4.9 |
| | 10001～20000 元 | 30 | 3.5 | | 其他 | 36 | 4.3 |
| | 20001～50000 元 | 5 | 0.6 | | | | |
| | 50000 元以上 | 9 | 1.1 | | | | |

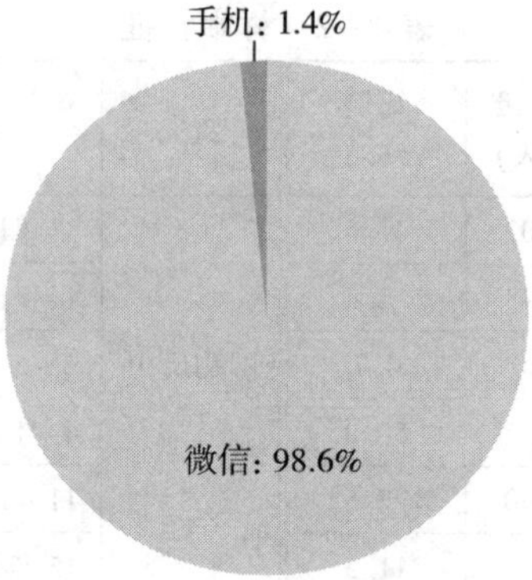


图 4－2　问卷回收渠道

表 4－3　问卷地域分布

| 省（自治区、直辖市）或地区 | 数量（份） | 省（自治区、直辖市）或地区 | 数量（份） |
|---|---|---|---|
| 江苏 | 313 | 福建 | 7 |
| 四川 | 110 | 贵州 | 6 |
| 河南 | 72 | 天津 | 6 |
| 山东 | 62 | 新疆 | 5 |
| 北京 | 61 | 吉林 | 5 |
| 安徽 | 25 | 宁夏 | 5 |
| 山西 | 21 | 湖南 | 4 |
| 湖北 | 19 | 辽宁 | 4 |
| 重庆 | 19 | 江西 | 4 |
| 河北 | 19 | 内蒙古 | 3 |
| 浙江 | 16 | 陕西 | 3 |
| 上海 | 15 | 云南 | 2 |
| 广西 | 14 | 西藏 | 1 |
| 广东 | 12 | 香港 | 1 |
| 国外 | 10 | 青海 | 1 |

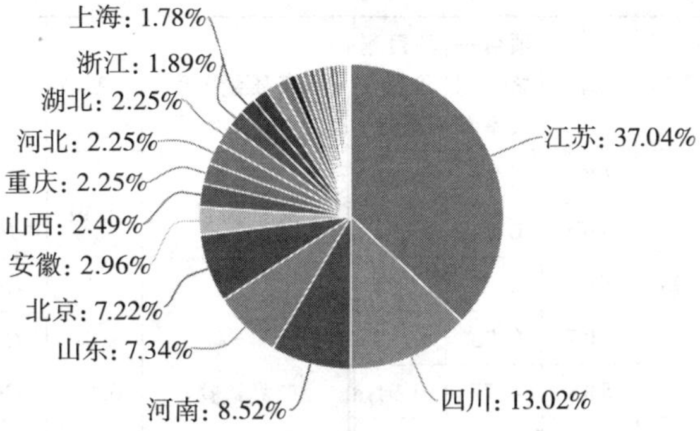


**图 4－3　受访者地域分布**

### 4.3.2　量表纯化

按照图 4－1 的量表开发流程，数据收集之后是量表纯化，即用问卷数据对量表进行简化和提炼。根据 Churchill（1979）的建议，量表纯化从计算 α 系数开始（Cronbach，1951）。由于电子商务服务质量有多个决定因素，需要分别计算这些因素的 α 系数，以此来确定同一个因素的题项共享一个核心概念的程度。16 个决定因素的 α 系数值在 0. 34 ~0. 93（见表 4－4）。

**表 4－4　初始量表 α 系数**

| 服务质量因素 | α 系数 | 指标 | 项目—总体相关系数 | 项目删除后 α 系数 | 服务质量因素 | α 系数 | 指标 | 项目—总体相关系数 | 项目删除后 α 系数 |
|---|---|---|---|---|---|---|---|---|---|
| 商品质量 | 0. 93 | *ZL*1 | 0. 73 | 0. 93 | 补偿 | 0. 83 | *BC*1 | 0. 67 | 0. 93 |
| | | *ZL*2 | 0. 79 | 0. 92 | | | *BC*2 | 0. 71 | 0. 77 |
| | | *ZL*3 | 0. 86 | 0. 91 | | | *BC*3 | 0. 68 | 0. 74 |
| | | *ZL*4 | 0. 80 | 0. 92 | 配送服务 | 0. 35 | *PS*1 | 0. 25 | 0. 24 |
| | | *ZL*5 | 0. 82 | 0. 92 | | | *PS*2 | 0. 35 | 0. 18 |
| | | *ZL*6 | 0. 82 | 0. 92 | | | *PS*3 | 0. 07 | 0. 37 |
| 服务水平 | 0. 93 | *FW*1 | 0. 71 | 0. 92 | | | *PS*4 | 0. 08 | 0. 39 |
| | | *FW*2 | 0. 76 | 0. 91 | | | *PS*5 | 0. 16 | 0. 31 |
| | | *FW*3 | 0. 79 | 0. 91 | 交货状态 | 0. 40 | *JH*1 | 0. 39 | 0. 08 |

续表

| 服务质量因素 | α 系数 | 指标 | 项目—总体相关系数 | 项目删除后 α 系数 | 服务质量因素 | α 系数 | 指标 | 项目—总体相关系数 | 项目删除后 α 系数 |
|---|---|---|---|---|---|---|---|---|---|
| 服务水平 | 0.93 | FW4 | 0.76 | 0.91 | 交货状态 | 0.40 | JH2 | 0.44 | -0.05 |
| | | FW5 | 0.74 | 0.92 | | | JH3 | 0.01 | 0.85 |
| | | FW6 | 0.70 | 0.92 | 产品选择 | 0.80 | CP1 | 0.54 | 0.78 |
| | | FW7 | 0.73 | 0.92 | | | CP2 | 0.62 | 0.75 |
| | | FW8 | 0.77 | 0.91 | | | CP3 | 0.66 | 0.74 |
| 交货及时性 | 0.75 | SH1 | 0.00 | 0.81 | | | CP4 | 0.48 | 0.81 |
| | | SH2 | 0.09 | 0.79 | | | CP5 | 0.67 | 0.74 |
| | | SH3 | 0.72 | 0.64 | 网站便利性 | 0.89 | BL1 | 0.75 | 0.85 |
| | | SH4 | 0.69 | 0.65 | | | BL2 | 0.79 | 0.84 |
| | | SH5 | 0.65 | 0.66 | | | BL3 | 0.73 | 0.86 |
| | | SH6 | 0.76 | 0.63 | | | BL4 | 0.74 | 0.86 |
| 订单准确性 | 0.64 | DD1 | 0.62 | 0.47 | 灵活性 | 0.88 | LH1 | 0.68 | 0.86 |
| | | DD2 | 0.65 | 0.47 | | | LH2 | 0.75 | 0.85 |
| | | DD3 | 0.65 | 0.47 | | | LH3 | 0.75 | 0.85 |
| | | DD4 | -0.07 | 0.86 | | | LH4 | 0.70 | 0.86 |
| | | DD5 | 0.47 | 0.56 | | | LH5 | 0.71 | 0.86 |
| 产品价格 | 0.89 | JG1 | 0.70 | 0.87 | 库存可用性 | 0.34 | KC1 | 0.07 | 0.38 |
| | | JG2 | 0.66 | 0.87 | | | KC2 | 0.29 | 0.13 |
| | | JG3 | 0.67 | 0.87 | | | KC3 | 0.26 | 0.16 |
| | | JG4 | 0.57 | 0.88 | | | KC4 | 0.09 | 0.36 |
| | | JG5 | 0.71 | 0.86 | 信息质量 | 0.84 | XX1 | 0.71 | 0.77 |
| | | JG6 | 0.71 | 0.86 | | | XX2 | 0.75 | 0.73 |
| | | JG7 | 0.73 | 0.86 | | | XX3 | 0.64 | 0.84 |
| 退换货处理 | 0.90 | TH1 | 0.65 | 0.91 | 安全性 | 0.89 | AQ1 | 0.87 | 0.91 |
| | | TH2 | 0.79 | 0.88 | | | AQ2 | 0.85 | 0.88 |
| | | TH3 | 0.80 | 0.87 | | | AQ3 | 0.84 | 0.87 |
| | | TH4 | 0.79 | 0.88 | | | AQ4 | 0.86 | 0.88 |
| | | TH5 | 0.78 | 0.88 | | | | | |
| 发货及时性 | 0.72 | FH1 | 0.13 | 0.78 | | | | | |

续表

| 服务质量因素 | α 系数 | 指标 | 项目—总体相关系数 | 项目删除后 α 系数 | 服务质量因素 | α 系数 | 指标 | 项目—总体相关系数 | 项目删除后 α 系数 |
|---|---|---|---|---|---|---|---|---|---|
| 发货及时性 | 0.72 | *FH*2 | 0.17 | 0.76 | | | | | |
| | | *FH*3 | 0.66 | 0.59 | | | | | |
| | | *FH*4 | 0.73 | 0.56 | | | | | |
| | | *FH*5 | 0.71 | 0.56 | | | | | |

较低的 α 系数值意味着可以删除题项，删除的依据之一是项目—总体相关性（题项分值与所属因素的所有题项分值之和的相关性）。删除那些项目—总体相关性非常低且删除之后能大幅改善所属因素 α 值的题项（如 *SH*1），然后重新计算 α 值，重复此过程直到 α 系数达到 0.7 的门槛值（Nunnally，1978）。删除题项的另一个依据是缺失值，问卷数据中 13 项反向题除一项（*SH*5）外，其余题项选择“不确定”的比例均在 16% 以上，有的甚至高达 32%，表明受访者没有经历过题项描述的事件。参照 Parasuraman 等（2005）的做法，删除这些题项。经过以上步骤，量表剩余 11 个因素、54 个题项，α 系数在 0.80～0.93（见表 4－5）。

**表 4－5　新量表 α 系数**

| 服务质量因素 | 指标 | α 系数 | 项目—总体相关系数 | 项目删除后 α 系数 | 服务质量因素 | 指标 | α 系数 | 项目—总体相关系数 | 项目删除后 α 系数 |
|---|---|---|---|---|---|---|---|---|---|
| 商品质量 | *ZL*1 | 0.93 | 0.73 | 0.93 | 补偿 | *BC*1 | 0.83 | 0.67 | 0.77 |
| | *ZL*2 | | 0.79 | 0.92 | | *BC*2 | | 0.71 | 0.74 |
| | *ZL*3 | | 0.86 | 0.91 | | *BC*3 | | 0.68 | 0.77 |
| | *ZL*4 | | 0.80 | 0.92 | 产品选择 | *CP*1 | 0.80 | 0.54 | 0.78 |
| | *ZL*5 | | 0.82 | 0.92 | | *CP*2 | | 0.62 | 0.75 |
| | *ZL*6 | | 0.82 | 0.92 | | *CP*3 | | 0.66 | 0.74 |
| 服务水平 | *FW*1 | 0.93 | 0.71 | 0.92 | | *CP*4 | | 0.48 | 0.81 |
| | *FW*2 | | 0.76 | 0.91 | | *CP*5 | | 0.67 | 0.74 |
| | *FW*3 | | 0.79 | 0.91 | 网站便利性 | *BL*1 | 0.89 | 0.75 | 0.85 |
| | *FW*4 | | 0.76 | 0.91 | | *BL*2 | | 0.79 | 0.84 |

续表

| 服务质量因素 | 指标 | α 系数 | 项目—总体相关系数 | 项目删除后 α 系数 | 服务质量因素 | 指标 | α 系数 | 项目—总体相关系数 | 项目删除后 α 系数 |
|---|---|---|---|---|---|---|---|---|---|
| 服务水平 | FW5 | 0.93 | 0.74 | 0.92 | 网站便利性 | BL3 | 0.89 | 0.73 | 0.86 |
| | FW6 | | 0.70 | 0.92 | | BL4 | | 0.74 | 0.86 |
| | FW7 | | 0.73 | 0.92 | 灵活性 | LH1 | 0.88 | 0.68 | 0.86 |
| | FW8 | | 0.77 | 0.91 | | LH2 | | 0.75 | 0.85 |
| 订单准确性 | DD1 | 0.86 | 0.70 | 0.82 | | LH3 | | 0.75 | 0.85 |
| | DD2 | | 0.77 | 0.79 | | LH4 | | 0.70 | 0.86 |
| | DD3 | | 0.78 | 0.79 | | LH5 | | 0.71 | 0.86 |
| | DD4 | | 0.57 | 0.87 | 信息质量 | XX1 | 0.84 | 0.71 | 0.77 |
| 产品价格 | JG1 | 0.89 | 0.70 | 0.87 | | XX2 | | 0.75 | 0.73 |
| | JG2 | | 0.66 | 0.87 | | XX3 | | 0.64 | 0.84 |
| | JG3 | | 0.67 | 0.87 | 安全性 | AQ1 | 0.89 | 0.71 | 0.87 |
| | JG4 | | 0.57 | 0.88 | | AQ2 | | 0.77 | 0.85 |
| | JG5 | | 0.71 | 0.86 | | AQ3 | | 0.78 | 0.84 |
| | JG6 | | 0.71 | 0.86 | | AQ4 | | 0.74 | 0.86 |
| | JG7 | | 0.73 | 0.86 | | | | | |
| 退换货处理 | TH1 | 0.90 | 0.65 | 0.91 | | | | | |
| | TH2 | | 0.79 | 0.88 | | | | | |
| | TH3 | | 0.80 | 0.87 | | | | | |
| | TH4 | | 0.79 | 0.88 | | | | | |
| | TH5 | | 0.78 | 0.88 | | | | | |

接下来对新量表进行探索性因子分析。在进行探索性因子分析之前要先进行 Kaiser – Meyer – Olkin（KMO）检验和巴特利特球形检验。KMO 是抽样适合性检验，KMO 值越大，表明变量间的共同因素越多，越适合进行因子分析。根据 Kaiser（1974）的观点，KMO 的值小于 0.5 时，较不适合进行因子分析。巴特利特球形检验是判断变量之间相关性程度的方法，值越大，越适合进行因子分析。新量表各变量的 KMO 值为 0.97，大于 0.5，适宜进行因子分析；巴特利特球形检验的值为 34438.18，自由度为 1431，达到显著，表明

变量的相关矩阵间有共同因素存在，适合进行因子分析（见表 4 -6）。

**表 4 -6　KMO 和巴特利特球形检验**

| 检验类型 | 参数名称 | 数值 |
|---|---|---|
| KMO 检验 | KMO | 0.97 |
| 巴特利特球形检验 | 近似卡方值 | 34438.18 |
| | 自由度 | 1431 |
| | 显著性 | 0.000 |

探索性因子分析使用主成分分析法抽取因子，采用正交旋转法，根据因子分析结果的特征值来确定保留因子数量。按照 Hair 等（1998）的建议，因子载荷小于 0.5，以及两个及以上因素的因子载荷大于 0.5 的题项被删除，然后重新计算各因素 $\alpha$ 系数和项目—总体相关系数。新量表因子分析的结果显示，9 个成分的初始特征值大于 1，累计解释方差达到 68.57%（见表 4 -7）。9 个成分的指标及因子载荷如表 4 -8 所示，*DD5* 在任一成分的因子载荷均低于 0.5，予以删除。

**表 4 -7　总体解释方差**

| 成分 | 初始特征值 | | | 旋转载荷平方和 | | | 抽取载荷平方和 | | |
|---|---|---|---|---|---|---|---|---|---|
| | 总方差 | 方差百分比（%） | 累计方差百分比（%） | 总方差 | 方差百分比（%） | 累计方差百分比（%） | 总方差 | 方差百分比（%） | 累计方差百分比（%） |
| 1 | 23.74 | 43.96 | 43.96 | 23.74 | 43.96 | 43.96 | 6.71 | 12.44 | 12.44 |
| 2 | 2.80 | 5.19 | 49.16 | 2.80 | 5.19 | 49.16 | 4.83 | 8.94 | 21.37 |
| 3 | 2.44 | 4.51 | 53.67 | 2.44 | 4.51 | 53.67 | 4.81 | 8.91 | 30.29 |
| 4 | 1.88 | 3.47 | 57.14 | 1.88 | 3.47 | 57.14 | 4.62 | 8.56 | 38.84 |
| 5 | 1.60 | 2.96 | 60.11 | 1.60 | 2.96 | 60.11 | 4.55 | 8.43 | 47.27 |
| 6 | 1.37 | 2.55 | 62.65 | 1.37 | 2.55 | 62.65 | 3.56 | 6.60 | 53.87 |
| 7 | 1.13 | 2.09 | 64.75 | 1.13 | 2.09 | 64.75 | 3.43 | 6.36 | 60.22 |
| 8 | 1.06 | 1.96 | 66.70 | 1.06 | 1.96 | 66.70 | 2.34 | 4.34 | 64.56 |
| 9 | 1.01 | 1.87 | 68.57 | 1.01 | 1.87 | 68.57 | 2.17 | 4.01 | 68.57 |

表 4-8 旋转成分矩阵

| 变量 | 成分 | | | | | | | | |
|---|---|---|---|---|---|---|---|---|---|
| | 1 | 2 | 3 | 4 | 5 | 6 | 7 | 8 | 9 |
| *ZL*3 | 0.76 | | | | | | | | |
| *ZL*5 | 0.75 | | | | | | | | |
| *ZL*4 | 0.75 | | | | | | | | |
| *ZL*2 | 0.72 | | | | | | | | |
| *ZL*1 | 0.71 | | | | | | | | |
| *ZL*6 | 0.70 | | | | | | | | |
| *DD*3 | 0.62 | | | | | | | | |
| *DD*1 | 0.60 | | | | | | | | |
| *DD*2 | 0.58 | | | | | | | | |
| *JG*6 | | 0.71 | | | | | | | |
| *JG*5 | | 0.70 | | | | | | | |
| *JG*1 | | 0.68 | | | | | | | |
| *JG*7 | | 0.68 | | | | | | | |
| *JG*3 | | 0.66 | | | | | | | |
| *JG*2 | | 0.65 | | | | | | | |
| *JG*4 | | 0.62 | | | | | | | |
| *BL*2 | | | 0.74 | | | | | | |
| *BL*4 | | | 0.73 | | | | | | |
| *BL*3 | | | 0.70 | | | | | | |
| *BL*1 | | | 0.69 | | | | | | |
| *CP*3 | | | 0.61 | | | | | | |
| *CP*1 | | | 0.61 | | | | | | |
| *DD*5 | | | | | | | | | |
| *FW*2 | | | | 0.70 | | | | | |
| *FW*1 | | | | 0.67 | | | | | |
| *FW*5 | | | | 0.65 | | | | | |
| *FW*3 | | | | 0.60 | | | | | |
| *FW*7 | | | | 0.60 | | | | | |
| *FW*4 | | | | 0.59 | | | | | |
| *FW*8 | | | | 0.57 | | | | | |

续表

| 变量 | 成分 | | | | | | | | |
|---|---|---|---|---|---|---|---|---|---|
| | 1 | 2 | 3 | 4 | 5 | 6 | 7 | 8 | 9 |
| *FW*6 | | | | 0. 52 | | | | | |
| *AQ*3 | | | | | 0. 74 | | | | |
| *AQ*2 | | | | | 0. 71 | | | | |
| *AQ*4 | | | | | 0. 63 | | | | |
| *AQ*1 | | | | | 0. 60 | | | | |
| *XX*1 | | | | | 0. 59 | | | | |
| *XX*3 | | | | | 0. 58 | | | | |
| *XX*2 | | | | | 0. 56 | | | | |
| *TH*3 | | | | | | 0. 70 | | | |
| *TH*5 | | | | | | 0. 68 | | | |
| *TH*4 | | | | | | 0. 66 | | | |
| *TH*2 | | | | | | 0. 64 | | | |
| *TH*1 | | | | | | 0. 56 | | | |
| *LH*2 | | | | | | | 0. 75 | | |
| *LH*1 | | | | | | | 0. 71 | | |
| *LH*5 | | | | | | | 0. 62 | | |
| *LH*4 | | | | | | | 0. 60 | | |
| *LH*3 | | | | | | | 0. 59 | | |
| *BC*2 | | | | | | | | 0. 72 | |
| *BC*1 | | | | | | | | 0. 72 | |
| *BC*3 | | | | | | | | 0. 67 | |
| *CP*4 | | | | | | | | | 0. 72 |
| *CP*2 | | | | | | | | | 0. 71 |
| *CP*5 | | | | | | | | | 0. 61 |

根据因子分析结果调整各因素的指标，并重新计算 $\alpha$ 系数和项目总体相关系数，结果如表 4 –9 所示。修正后的量表包含 9 个因素，订单准确性因素的 3 个指标并入产品质量因素，产品选择剩余 3 个指标，另外两个指标并入网站便利性因素，网站信息质量因素的 3 个指标并入安全性因素。

**表 4-9　修正量表 $\alpha$ 系数**

| 服务质量因素 | 指标 | $\alpha$ 系数 | 项目—总体相关系数 | 项目删除后 $\alpha$ 系数 | 服务质量因素 | 指标 | $\alpha$ 系数 | 项目—总体相关系数 | 项目删除后 $\alpha$ 系数 |
|---|---|---|---|---|---|---|---|---|---|
| 商品质量 | ZL1 | 0. 94 | 0. 74 | 0. 93 | 补偿 | BC1 | 0. 83 | 0. 67 | 0. 77 |
| | ZL2 | | 0. 78 | 0. 93 | | BC2 | | 0. 71 | 0. 74 |
| | ZL3 | | 0. 84 | 0. 93 | | BC3 | | 0. 68 | 0. 77 |
| | ZL4 | | 0. 78 | 0. 93 | 产品选择 | CP2 | 0. 72 | 0. 53 | 0. 65 |
| | ZL5 | | 0. 80 | 0. 93 | | CP4 | | 0. 51 | 0. 69 |
| | ZL6 | | 0. 81 | 0. 93 | | CP5 | | 0. 60 | 0. 57 |
| | DD1 | | 0. 71 | 0. 94 | 网站便利性 | BL1 | 0. 91 | 0. 77 | 0. 88 |
| | DD2 | | 0. 72 | 0. 93 | | BL2 | | 0. 79 | 0. 88 |
| | DD3 | | 0. 75 | 0. 93 | | BL3 | | 0. 73 | 0. 89 |
| 服务水平 | FW1 | 0. 93 | 0. 71 | 0. 92 | | BL4 | | 0. 75 | 0. 89 |
| | FW2 | | 0. 76 | 0. 91 | | CP1 | | 0. 68 | 0. 90 |
| | FW3 | | 0. 79 | 0. 91 | | CP3 | | 0. 72 | 0. 89 |
| | FW4 | | 0. 76 | 0. 91 | 灵活性 | LH1 | 0. 88 | 0. 68 | 0. 86 |
| | FW5 | | 0. 74 | 0. 92 | | LH2 | | 0. 75 | 0. 85 |
| | FW6 | | 0. 70 | 0. 92 | | LH3 | | 0. 75 | 0. 85 |
| | FW7 | | 0. 73 | 0. 92 | | LH4 | | 0. 70 | 0. 86 |
| | FW8 | | 0. 77 | 0. 91 | | LH5 | | 0. 71 | 0. 86 |
| 产品价格 | JG1 | 0. 89 | 0. 70 | 0. 87 | 安全性 | AQ1 | 0. 92 | 0. 76 | 0. 90 |
| | JG2 | | 0. 66 | 0. 87 | | AQ2 | | 0. 75 | 0. 90 |
| | JG3 | | 0. 67 | 0. 87 | | AQ3 | | 0. 77 | 0. 90 |
| | JG4 | | 0. 57 | 0. 88 | | AQ4 | | 0. 76 | 0. 90 |
| | JG5 | | 0. 71 | 0. 86 | | XX1 | | 0. 73 | 0. 91 |
| | JG6 | | 0. 71 | 0. 86 | | XX2 | | 0. 72 | 0. 91 |
| | JG7 | | 0. 73 | 0. 86 | | XX3 | | 0. 74 | 0. 91 |
| 退换货处理 | TH1 | 0. 90 | 0. 65 | 0. 91 | | | | | |
| | TH2 | | 0. 79 | 0. 88 | | | | | |
| | TH3 | | 0. 80 | 0. 87 | | | | | |
| | TH4 | | 0. 79 | 0. 88 | | | | | |
| | TH5 | | 0. 78 | 0. 88 | | | | | |

使用软件 LISREL 8.8 对修正量表进行验证性因子分析，目的是检验各因素的单维性（Gerbing et al.，1988；Aderson et al.，1988）。首先，根据 LISREL 运行结果删除方差提取（$R^2$）低于 0.5 的指标，以使各因素具有良好的收敛效度；其次，计算各因素的平均提取方差和相关系数的平方，检验各因素的区分效度（Fornell et al.，1981），形成最终量表（见表 4－10）。最终量表所有指标的因子载荷均在 0.5 以上，$t$ 值在 0.01 的水平上显著，表明各因素通过收敛效度检验。验证性因子分析各拟合指标良好，近似误差均方根（RMSEA）略高于 0.05 的优秀值（Hu et al.，1999），但在 0.05～0.08 的良好值范围内（Browne et al.，1993）。这些统计量表明，量表的因子结构具有良好的稳健性。

**表 4－10　最终量表收敛效度检验结果**

| 因素 | 指标 | 因子载荷 | $t$ 值 | 方差提取比例指数（POVEI） | 因素 | 指标 | 因子载荷 | $t$ 值 | 方差提取比例指数（POVEI） |
|---|---|---|---|---|---|---|---|---|---|
| 商品质量 | *ZL*1 | 0.77 | — | 0.70 | 退换货处理 | *TH*2 | 0.82 | — | 0.71 |
| | *ZL*2 | 0.83 | 25.90 | | | *TH*3 | 0.84 | 28.59 | |
| | *ZL*3 | 0.89 | 28.50 | | | *TH*4 | 0.86 | 29.52 | |
| | *ZL*4 | 0.82 | 25.84 | | | *TH*5 | 0.84 | 28.38 | |
| | *ZL*5 | 0.85 | 26.85 | | 网站便利性 | *BL*1 | 0.83 | — | 0.67 |
| | *ZL*6 | 0.86 | 27.04 | | | *BL*2 | 0.86 | 29.22 | |
| 服务水平 | *FW*1 | 0.77 | — | 0.64 | | *BL*3 | 0.78 | 25.52 | |
| | *FW*2 | 0.83 | 25.64 | | | *BL*4 | 0.78 | 25.57 | |
| | *FW*3 | 0.84 | 26.02 | | 灵活性 | *LH*2 | 0.72 | — | 0.62 |
| | *FW*4 | 0.81 | 25.00 | | | *LH*3 | 0.85 | 23.32 | |
| | *FW*5 | 0.76 | 23.27 | | | *LH*4 | 0.80 | 22.03 | |
| 产品价格 | *JG*1 | 0.76 | — | 0.56 | | *LH*5 | 0.78 | 21.69 | |
| | *JG*2 | 0.73 | 21.46 | | | | | | |
| | *JG*3 | 0.72 | 21.21 | | | | | | |
| | *JG*5 | 0.75 | 22.09 | | | | | | |
| | *JG*6 | 0.73 | 21.49 | | | | | | |
| | *JG*7 | 0.80 | 23.78 | | | | | | |

续表

| 因素 | 指标 | 因子载荷 | $t$ 值 | 方差提取比例指数(POVEI) | 因素 | 指标 | 因子载荷 | $t$ 值 | 方差提取比例指数(POVEI) |
|---|---|---|---|---|---|---|---|---|---|
| 拟合优度统计量 | | | | | | | | | |
| $\chi^2=1345.16$ | | | | | | | | | |
| df = 362 | | | | | | | | | |
| CFI = 0.99 | | | | | | | | | |
| NFI = 0.98 | | | | | | | | | |
| RFI = 0.98 | | | | | | | | | |
| IFI = 0.99 | | | | | | | | | |
| RMSEA = 0.059 | | | | | | | | | |

注：①$\chi^2$表示卡方值；df 表示自由度；CFI 表示比较拟合指数；NFI 表示赋范拟合指数；RFI 表示相对拟合指数；IFI 表示增量拟合指数；RMSEA 表示近似误差均方根。
②因子载荷是指标准化因子载荷。
③根据单尾检验，$t$ 值大于 1.65 在 $p<0.05$ 时显著；$t$ 值大于 2.33 在 $p<0.01$ 时显著。
④载荷初始赋值 1。

在验证性因子分析中，因素间的相关系数在 0.53 ~ 0.8，将各因素的平方相关系数与其方差提取比例指数（POVEI）进行比较，来评估量表的区分效度（见表 4 – 11）。最终量表各因素的方差提取比例指数均高于因素平方相关系数，表明量表各因素通过区分效度检验。

**表 4 – 11　最终量表区分效度检验结果**

| | 商品质量 | 服务水平 | 产品价格 | 退换货处理 | 网站便利性 | 灵活性 |
|---|---|---|---|---|---|---|
| 商品质量 | 0.70 | | | | | |
| 服务水平 | 0.64 | 0.64 | | | | |
| 产品价格 | 0.28 | 0.40 | 0.56 | | | |
| 退换货处理 | 0.44 | 0.53 | 0.46 | 0.71 | | |
| 网站便利性 | 0.31 | 0.34 | 0.36 | 0.41 | 0.67 | |
| 灵活性 | 0.42 | 0.49 | 0.41 | 0.52 | 0.44 | 0.62 |

注：对角线为各因素方差提取比例指数，对角线下三角区域为各因素的平方相关系数。

量表纯化最终形成了电子商务服务质量量表，包含 6 个因素 29 个指标

（见表4－12），各维度具有良好的信度和效度。

**表4－12　最终量表维度与指标**

| 维度 | 定义 | 指标 | α系数 |
|---|---|---|---|
| 商品质量 | 商品质量与顾客期望或商家承诺的一致程度 | 1. 产品质量符合预期 | 0.93 |
| | | 2. 产品质量和商家承诺的一致 | |
| | | 3. 产品质量很好 | |
| | | 4. 产品是正品 | |
| | | 5. 产品质量和实体店的一样 | |
| | | 6. 产品很好用 | |
| 服务水平 | 网站/商家对顾客咨询、投诉的有用性响应以及售后服务 | 1. 迅速回复咨询 | 0.90 |
| | | 2. 提供有效的帮助 | |
| | | 3. 提供良好的售后服务 | |
| | | 4. 重视交易 | |
| | | 5. 服务态度很好 | |
| 产品价格 | 消费者对商品价格的感知 | 1. 商品价格优惠 | 0.88 |
| | | 2. 折扣 | |
| | | 3. 促销 | |
| | | 4. 比实体店便宜 | |
| | | 5. 比其他网站便宜 | |
| | | 6. 买东西很划算 | |
| 退换货处理 | 网站/商家退换货政策的合理性以及退换货处理的有效性 | 1. 退换货政策合理 | 0.91 |
| | | 2. 退换货处理快 | |
| | | 3. 迅速响应顾客的退换货需求 | |
| | | 4. 退换货很方便 | |
| 网站便利性 | 网站容易使用程度 | 1. 购物方便 | 0.89 |
| | | 2. 容易使用 | |
| | | 3. 网站很容易找到想要的东西 | |
| | | 4. 很快就完成交易 | |
| 灵活性 | 网站/商家为了满足客户的需求而修改或改变服务和产品性质的意愿和能力 | 1. 主动跟踪商品使用情况 | 0.86 |
| | | 2. 提供细心、贴心的服务 | |
| | | 3. 主动提供商品运输保护措施 | |
| | | 4. 主动提示商品使用注意事项 | |

## 4.4 量表评估

在建立收敛效度和区分效度之后，本书为评估理论效度和各维度的相对重要性，需要额外收集数据以进一步检查量表的结构和性能。

### 4.4.1 样本设计和数据收集

本书选择京东商城和淘宝/天猫网两个购物网站来验证电子商务服务质量量表的心理测量特性。网站的选择主要基于以下考虑：京东商城和淘宝/天猫网代表了我国网络零售的两种典型模式，二者在商业模式、盈利模式以及物流体系上有明显的不同。京东商城是典型的自营模式，依靠商品买卖差价赚取利润，自建物流配送体系。淘宝/天猫网则是开放性平台模式，通过为买卖双方提供在线交易的机会和条件获取佣金收入，完全依赖于第三方物流，网站本身并不参与商品的销售和服务。与单个网站或两个类似的网站相比，不同类型的购物网站为进一步检验提炼后的量表提供了更为稳健的背景环境。更重要的是，京东商城和淘宝/天猫网是网购消费者最常用的购物网站，95%的消费者使用过淘宝/天猫网，75%的消费者使用过京东商城（见表4-2）。网站的高使用率为样本的可用性和代表性提供了强大的支持和保障。

本次数据收集沿用有奖网络调查方式，通过发送二维码邀请受访者填写问卷，成功提交问卷的受访者可随机领取金额不等的微信红包。问卷分为三部分。第一部分是甄别题，目的是确保能够获得两类购物网站足够的样本。甄别题首先询问受访者近三个月是否有京东商城和淘宝/天猫网的网购经历，对于只有任何一个购物网站网购经历的受访者填写对应网站的购物体验问卷题项，二者兼而有之的则在进一步询问网站偏好后填写对应的网站购物体验问卷题项，没有在这两个购物网站购物的受访者结束作答。第二部分是量表题，包含 29 个电子商务服务质量题项、1 个整体质量题项（7 点量表：1 = 非常差，7 = 非常好）、4 个满意度题项（Oliver，1980，1997）和 5 个忠诚意愿题项（Zeithaml et al.，1996）。除整体质量外，其余题项均采用 7 点李克特量表。第三部分是人口特征题项。问卷详情参阅附录 C。

本次调查共回收问卷 785 份，剔除无效问卷（作答时间小于 180 秒且 90% 的量表题选择同一选项，或同一 IP、同一微信号多次作答）259 份，剩余有效问卷 526 份，有效问卷回收率约为 67%。有效问卷中，京东商城购物体验问卷 266 份，淘宝/天猫网购物体验问卷 260 份，问卷数量满足验证性因子分析的常规要求，即样本数量达到了量表题项 5 倍以上（Hair et al.，1998；Stevens，1996）。样本特征如表 4 - 13 所示，两个网站的样本特征类似，只是在性别比例上有所不同，淘宝/天猫网样本的女性比例远高于京东商城，意味着女性偏好淘宝/天猫网，男性则更倾向于京东商城。

表 4－13　样本概览

| 变量 | 属性 | 占比（%） | | 变量 | 属性 | 占比（%） | |
|---|---|---|---|---|---|---|---|
| | | 淘宝/天猫 | 京东 | | | 淘宝/天猫 | 京东 |
| 性别 | 男 | 29 | 42 | 网购历史 | 半年以下 | 2 | 5 |
| | 女 | 71 | 58 | | 半年至 1 年 | 8 | 9 |
| 年龄 | 18 岁以下 | 2 | 4 | | 2～5 年 | 45 | 38 |
| | 18～25 岁 | 20 | 17 | | 6～10 年 | 33 | 31 |
| | 26～30 岁 | 23 | 20 | | 11～15 年 | 10 | 16 |
| | 31～40 岁 | 36 | 35 | | 15 年以上 | 2 | 2 |
| | 41～50 岁 | 15 | 18 | 网购频率 | 每月不到 1 次 | 8 | 12 |
| | 51～60 岁 | 2 | 4 | | 每月 1～4 次 | 43 | 38 |
| | 60 岁以上 | 2 | 1 | | 每月 5～8 次 | 27 | 26 |
| 学历 | 初中及以下 | 10 | 7 | | 每月 9～15 次 | 13 | 12 |
| | 高中/中专 | 26 | 19 | | 每月 16～20 次 | 5 | 8 |
| | 大学专科 | 24 | 26 | | 每月 21～30 次 | 3 | 3 |
| | 大学本科 | 34 | 39 | | 每月 30 次以上 | 2 | 2 |
| | 研究生及以上 | 7 | 9 | 常用购物网站 | 淘宝/天猫 | 99 | 84 |
| 职业 | 全日制学生 | 8 | 6 | | 京东 | 40 | 94 |
| | 公司职员 | 39 | 35 | | 唯品会 | 22 | 25 |
| | 党政机关事业单位员工 | 12 | 22 | | 苏宁易购 | 16 | 22 |
| | 自由职业者 | 35 | 29 | | 拼多多 | 24 | 22 |
| | 其他 | 7 | 8 | | 微店 | 8 | 8 |
| 月收入 | 2000 元及以下 | 15 | 9 | | 亚马逊 | 4 | 9 |
| | 2001～3000 元 | 20 | 21 | | 当当 | 7 | 6 |
| | 3001～5000 元 | 32 | 35 | | 考拉海购 | 4 | 5 |
| | 5001～10000 元 | 27 | 23 | | 小红书 | 2 | 4 |
| | 10001～20000 元 | 4 | 6 | | 蘑菇街 | 3 | 3 |
| | 20001～50000 元 | 1 | 3 | | 其他 | 3 | 2 |
| | 50000 元以上 | 1 | 2 | | | | |

注：百分比基于对应网站的样本容量计算。

## 4.4.2　信度和效度

### 4.4.2.1　探索性因子分析和信度检验

表 4－14 是最终量表在淘宝/天猫网和京东商城两个样本的信度检验结果，所有维度的 α 系数值都超过了 0.7 的最低标准要求（Nunnally et al.，1994），表明测量是可靠的。

**表 4－14　量表信度**

| 电子商务服务质量维度 | α 系数 | |
|---|---|---|
| | 淘宝/天猫 | 京东 |
| 商品质量 | 0.91 | 0.92 |
| 服务水平 | 0.89 | 0.90 |
| 产品价格 | 0.89 | 0.91 |
| 退换货处理 | 0.90 | 0.93 |
| 网站便利性 | 0.91 | 0.83 |
| 灵活性 | 0.86 | 0.87 |
| 顾客满意度 | 0.92 | 0.92 |
| 忠诚意愿 | 0.93 | 0.93 |

### 4.4.2.2　内容效度和验证性因子分析

量表通过信度检验后，接下来是检查构念效度，即一个量表在多大程度上充分而明确地抓住了它要衡量的潜在的、不可直接观测的构念。量表必须满足一定的概念性和经验性标准，才能被认为具有良好的构念效度。与构念效度相关的概念性标准是表面效度或内容效度（量表看起来测量了它应该测量的东西了吗？量表题项是否捕捉了构念的关键方面？）。量表的内容效度评估是定性的，涉及两个方面：①对测量构念及其领域的详尽说明；②量表题项在多大程度上涵盖了构念领域。第 3 章的关键事件法和本章前几节的量表开发程序满足了这两个评价要求，因此可以认为电子商务服务质量量表具有内容效度。

接下来进一步检查量表在两个样本中的收敛效度和区分效度。表 4－15 是量表验证性因子分析结果，两个样本中所有指标的因子载荷均在 0.01 的水平上显著，且各因子的方差提取比例指数（POVEI）大于0.5，量表的收敛效度得到支持。所有维度的方差提取比例指数大于平方相关系数，支持区分效度（见表4－16）。

**表4－15 验证性因子分析结果**

| 因子 | 指标 | 淘宝/天猫 | | | 京东 | | |
|---|---|---|---|---|---|---|---|
| | | 因子载荷 | *t* 值 | 方差提取比例指数（POVEI） | 因子载荷 | *t* 值 | 方差提取比例指数（POVEI） |
| 商品质量 | *ZL*1 | 0.74 | — | 0.63 | 0.76 | — | 0.67 |
| | *ZL*2 | 0.76 | 12.34 | | 0.83 | 14.39 | |
| | *ZL*3 | 0.82 | 13.41 | | 0.86 | 14.79 | |
| | *ZL*4 | 0.85 | 13.84 | | 0.79 | 13.47 | |
| | *ZL*5 | 0.76 | 12.28 | | 0.79 | 13.42 | |
| | *ZL*6 | 0.81 | 13.17 | | 0.87 | 14.98 | |
| 服务水平 | *FW*1 | 0.74 | — | 0.63 | 0.77 | — | 0.65 |
| | *FW*2 | 0.73 | 12.13 | | 0.84 | 13.33 | |
| | *FW*3 | 0.82 | 14.27 | | 0.80 | 13.16 | |
| | *FW*4 | 0.80 | 13.56 | | 0.80 | 13.04 | |
| | *FW*5 | 0.81 | 13.50 | | 0.81 | 13.01 | |
| 产品价格 | *JG*1 | 0.81 | — | 0.58 | 0.77 | — | 0.63 |
| | *JG*2 | 0.76 | 13.33 | | 0.84 | 14.51 | |
| | *JG*3 | 0.68 | 11.75 | | 0.78 | 13.14 | |
| | *JG*4 | 0.76 | 13.45 | | 0.78 | 13.30 | |
| | *JG*5 | 0.75 | 13.21 | | 0.73 | 12.47 | |
| | *JG*6 | 0.79 | 14.18 | | 0.86 | 14.99 | |
| 退换货处理 | *TH*1 | 0.77 | — | 0.69 | 0.85 | — | 0.76 |
| | *TH*2 | 0.84 | 14.55 | | 0.89 | 19.38 | |
| | *TH*3 | 0.87 | 15.28 | | 0.90 | 19.92 | |
| | *TH*4 | 0.84 | 14.55 | | 0.85 | 17.78 | |
| 网站便利性 | *BL*1 | 0.85 | — | 0.73 | 0.75 | — | 0.57 |
| | *BL*2 | 0.86 | 17.19 | | 0.77 | 12.06 | |
| | *BL*3 | 0.84 | 16.92 | | 0.79 | 12.29 | |
| | *BL*4 | 0.87 | 17.89 | | 0.72 | 11.37 | |

续表

| 因子 | 指标 | 淘宝/天猫 | | | 京东 | | |
|---|---|---|---|---|---|---|---|
| | | 因子载荷 | $t$ 值 | 方差提取比例指数（POVEI） | 因子载荷 | $t$ 值 | 方差提取比例指数（POVEI） |
| 灵活性 | *LH*1 | 0. 74 | — | 0. 61 | 0. 78 | — | 0. 65 |
| | *LH*2 | 0. 84 | 13. 43 | | 0. 88 | 14. 96 | |
| | *LH*3 | 0. 77 | 12. 21 | | 0. 74 | 12. 90 | |
| | *LH*4 | 0. 78 | 12. 31 | | 0. 81 | 13. 97 | |
| 拟合优度统计量 | | | | | | | |
| $\chi^2$ | | 812. 31 | | | 900. 88 | | |
| df | | 362 | | | 362 | | |
| CFI | | 0. 98 | | | 0. 98 | | |
| NFI | | 0. 97 | | | 0. 96 | | |
| RFI | | 0. 96 | | | 0. 96 | | |
| IFI | | 0. 98 | | | 0. 98 | | |
| RMSEA | | 0. 066 | | | 0. 075 | | |

注：①$\chi^2$表示卡方值；df 表示自由度；CFI 表示比较拟合指数；NFI 表示赋范拟合指数；RFI 表示相对拟合指数；IFI 表示增量拟合指数；RMSEA 表示近似误差均方根。

②因子荷载是指标准化因子载荷。

③根据单尾检验，$t$ 值大于 1. 65 在 $p < 0.05$ 时显著；$t$ 值大于 2. 33 在 $p < 0.01$ 时显著。

④载荷初始赋值 1。

**表 4－16　区分效度检验结果**

| | 商品质量 | 服务水平 | 产品价格 | 退换货处理 | 网站便利性 | 灵活性 |
|---|---|---|---|---|---|---|
| 商品质量 | **0. 63/0. 67** | 0. 56 | 0. 34 | 0. 45 | 0. 42 | 0. 26 |
| 服务水平 | 0. 58 | **0. 59/0. 65** | 0. 40 | 0. 61 | 0. 42 | 0. 55 |
| 产品价格 | 0. 58 | 0. 49 | **0. 5783/0. 63** | 0. 53 | 0. 48 | 0. 42 |
| 退换货处理 | 0. 45 | 0. 55 | 0. 44 | **0. 69/0. 76** | 0. 40 | 0. 58 |
| 网站便利性 | 0. 22 | 0. 23 | 0. 38 | 0. 34 | **0. 73/0. 57** | 0. 44 |
| 灵活性 | 0. 52 | 0. 56 | 0. 5776 | 0. 56 | 0. 36 | **0. 61/0. 65** |

注：①对角线加粗字为因子方差提取比例指数（POVEI），淘宝/天猫样本的估计量在前，京东在后。

②淘宝/天猫样本的因子平方相关系数在对角线下方，京东样本在上方。

#### 4.4.2.3 预测效度

预测效度的评估依据电子商务服务质量维度与整体服务质量、顾客满意度、忠诚意愿的相关性。每个维度的加总得分与整体服务质量得分、顾客满意度总得分、忠诚意愿总得分的相关系数矩阵如表 4 - 17 所示。电子商务服务质量的 6 个维度与整体服务质量（淘宝/天猫，0.5 ~ 0.69；京东，0.6 ~ 0.7）、顾客满意度（淘宝/天猫，0.65 ~ 0.69；京东，0.63 ~ 0.75）、忠诚意愿（淘宝/天猫，0.63 ~ 0.67；京东，0.63 ~ 0.7）有很强的正相关性，验证了量表的预测效度。

**表 4 - 17 相关分析结果**

| | 商品质量 | 服务水平 | 产品价格 | 退换货处理 | 网站便利性 | 灵活性 | 整体服务质量 | 顾客满意度 | 忠诚意愿 |
|---|---|---|---|---|---|---|---|---|---|
| 商品质量 | 1 | 0.68 | 0.53 | 0.62 | 0.58 | 0.47 | 0.63 | 0.66 | 0.65 |
| 服务水平 | 0.69 | 1 | 0.58 | 0.71 | 0.56 | 0.65 | 0.67 | 0.69 | 0.70 |
| 产品价格 | 0.68 | 0.63 | 1 | 0.68 | 0.59 | 0.60 | 0.60 | 0.64 | 0.63 |
| 退换货处理 | 0.61 | 0.66 | 0.62 | 1 | 0.55 | 0.68 | 0.67 | 0.69 | 0.67 |
| 网站便利性 | 0.43 | 0.43 | 0.57 | 0.54 | 1 | 0.58 | 0.69 | 0.75 | 0.65 |
| 灵活性 | 0.64 | 0.35 | 0.67 | 0.66 | 0.52 | 1 | 0.70 | 0.63 | 0.64 |
| 整体服务质量 | 0.68 | 0.69 | 0.58 | 0.66 | 0.50 | 0.65 | 1 | 0.81 | 0.74 |
| 顾客满意度 | 0.67 | 0.65 | 0.67 | 0.68 | 0.69 | 0.65 | 0.73 | 1 | 0.87 |
| 忠诚意愿 | 0.63 | 0.64 | 0.63 | 0.67 | 0.65 | 0.65 | 0.68 | 0.88 | 1 |

注：淘宝样本相关系数为表格对角线以下部分，京东样本为对角线以上部分。所有数值的显著水平为 $p < 0.01$（双尾）。

#### 4.4.2.4 因子结构

按照 Doll 等（1994）和 Dabholkar 等（1996）建议的方法，对量表的因子结构进行全样本验证性因子分析。六因子模型和一个高阶因子六因子模型的拟合优度指标如表 4 - 18 所示。两个因子模型虽然拟合优度指标较为接近，但卡方差在 0.005 的水平上显著，表明模型有显著差异。六因子模型的卡方值小于高阶因子模型且拟合优度更佳，表明六因子模型更接近真实模型。因此，因子结构采用六因子模型。

表 4－18　电子商务服务质量因子结构

| 拟合优度统计量 | 淘宝/天猫 | | 京东 | |
|---|---|---|---|---|
| | 六因子模型 | 一个高阶因子六因子模型 | 六因子模型 | 一个高阶因子六因子模型 |
| $\chi^2$ | 813.21 | 845.27 | 900.88 | 961.37 |
| df | 362.00 | 371.00 | 362.00 | 371.00 |
| NFI | 0.97 | 0.96 | 0.96 | 0.96 |
| CFI | 0.98 | 0.98 | 0.98 | 0.98 |
| RMSEA | 0.07 | 0.07 | 0.08 | 0.08 |
| GFI | 0.83 | 0.82 | 0.81 | 0.80 |
| AGFI | 0.79 | 0.79 | 0.77 | 0.77 |
| $\Delta\chi$ | $\Delta\chi_9^2$（32.06），$p<0.005$ | | $\Delta\chi_9^2$（60.49），$p<0.005$ | |

#### 4.4.2.5　理论效度

电子商务服务质量量表的理论效度检验，通过构建并检验量表各维度与顾客满意度、忠诚意愿的结构方程模型来进行。在结构方程模型中，电子商务服务质量的六个维度是外生变量，顾客满意度和忠诚意愿是内生变量，顾客满意度是各维度与忠诚意愿的中介变量。内生变量和外生变量都是潜变量，潜变量对应各自的测量题项（观测变量）。使用软件 LISREL 8.8 对结构方程模型进行分析，结果如表 4－19、表 4－20 所示。结构模型的判定系数（$R^2$）和拟合优度统计量表明，淘宝/天猫、京东以及全样本比较好地拟合了模型，拟合优度统计量除近似误差均方根（RMSEA）略高外①，所有的拟合指数都远高于传统截断值（Hu et al.，1999），意味着量表的理论效度得到支持。

① 近似误差均方根（RMSEA）低于 0.05，表示很好的拟合；0.05～0.08，表示好的拟合；0.08～0.1，表示适度拟合；大于 0.1，表示拟合不佳。

**表 4－19　结构模型统计值**

| 因变量及自变量 | 系数（$t$ 值） | | |
|---|---|---|---|
| | 全样本 | 淘宝/天猫 | 京东 |
| 顾客满意度 | | | |
| 商品质量 | 0.17（4.01） | 0.23（3.08） | 0.10（1.46） |
| 服务水平 | 0.21（3.59） | 0.18（2.31） | 0.22（2.56） |
| 产品价格 | 0.07（1.62） | 0.03（0.41） | 0.07（1.14） |
| 退换货处理 | 0.14（2.83） | 0.17（2.37） | 0.14（1.78） |
| 网站便利性 | 0.40（9.64） | 0.40（7.09） | 0.46（5.80） |
| 灵活性 | 0.06（1.08） | 0.06（0.66） | 0.02（0.25） |
| $R^2$ | 0.79 | 0.78 | 0.81 |
| 忠诚意愿 | | | |
| 顾客满意度 | 0.94（23.72） | 0.95（16.46） | 0.93（17.03） |
| $R^2$ | 0.89 | 0.9 | 0.87 |
| 拟合优度统计量 | | | |
| $\chi^2$ | 1823.52 | 1483.99 | 1649.77 |
| df | 643 | 643 | 643 |
| CFI | 0.99 | 0.98 | 0.98 |
| NFI | 0.98 | 0.97 | 0.97 |
| RFI | 0.98 | 0.96 | 0.96 |
| NNFI | 0.98 | 0.98 | 0.98 |
| RMSEA | 0.061 | 0.072 | 0.077 |

注：①$\chi^2$ 表示卡方值；df 表示自由度；CFI 表示比较拟合指数；NFI 表示赋范拟合指数；RFI 表示相对拟合指数；NNFI 表示非范拟合指数；RMSEA 表示近似误差均方根。
② 单尾检验 $t$ 值大于 1.65 在 $p < 0.05$ 时显著；$t$ 值大于 2.33 在 $p < 0.01$ 时显著。

**表 4－20　测量模型统计值**

| 维度 | 指标 | 因子载荷（$t$ 值） | | |
|---|---|---|---|---|
| | | 全样本 | 淘宝/天猫 | 京东 |
| 商品质量 | *ZL*1 | 0.77 | 0.74 | 0.76 |
| | *ZL*2 | 0.81（20.19） | 0.76（12.39） | 0.83（14.36） |
| | *ZL*3 | 0.86（21.67） | 0.82（13.48） | 0.86（14.89） |
| | *ZL*4 | 0.84（20.95） | 0.84（13.85） | 0.79（13.43） |
| | *ZL*5 | 0.79（19.58） | 0.76（12.30） | 0.78（13.37） |
| | *ZL*6 | 0.85（21.32） | 0.81（13.26） | 0.87（15.13） |

续表

| 维度 | 指标 | 因子载荷（t 值） | | |
|---|---|---|---|---|
| | | 全样本 | 淘宝/天猫 | 京东 |
| 服务水平 | FW1 | 0.76 | 0.76 | 0.76 |
| | FW2 | 0.79（18.58） | 0.73（12.06） | 0.84（14.55） |
| | FW3 | 0.83（19.75） | 0.85（14.16） | 0.80（13.71） |
| | FW4 | 0.80（18.97） | 0.81（13.47） | 0.80（13.74） |
| | FW5 | 0.82（19.32） | 0.81（13.44） | 0.81（13.93） |
| 产品价格 | JG1 | 0.78 | 0.80 | 0.77 |
| | JG2 | 0.80（19.71） | 0.76（13.30） | 0.84（14.47） |
| | JG3 | 0.74（17.78） | 0.68（11.70） | 0.78（13.22） |
| | JG4 | 0.77（18.79） | 0.76（13.46） | 0.78（13.29） |
| | JG5 | 0.74（17.84） | 0.75（13.19） | 0.74（12.43） |
| | JG6 | 0.83（20.48） | 0.80（14.19） | 0.86（14.92） |
| 退换货处理 | TH1 | 0.81 | 0.78 | 0.85 |
| | TH2 | 0.87（23.64） | 0.84（14.63） | 0.89（19.37） |
| | TH3 | 0.89（24.34） | 0.87（15.29） | 0.90（19.70） |
| | TH4 | 0.85（22.80） | 0.84（14.72） | 0.85（17.72） |
| 网站便利性 | BL1 | 0.80 | 0.85 | 0.73 |
| | BL2 | 0.81（20.28） | 0.85（17.32） | 0.74（11.38） |
| | BL3 | 0.80（19.94） | 0.84（16.93） | 0.79（12.16） |
| | BL4 | 0.81（20.24） | 0.88（18.12） | 0.75（11.53） |
| 灵活性 | LH1 | 0.77 | 0.74 | 0.78 |
| | LH2 | 0.87（20.82） | 0.85（13.44） | 0.88（15.41） |
| | LH3 | 0.77（18.05） | 0.77（12.09） | 0.74（12.66） |
| | LH4 | 0.79（18.60） | 0.77（12.12） | 0.81（13.96） |
| 顾客满意度 | MY1 | 0.82 | 0.82 | 0.82 |
| | MY2 | 0.87（24.94） | 0.87（17.33） | 0.89（18.35） |
| | MY3 | 0.90（26.08） | 0.90（18.50） | 0.89（18.41） |
| | MY4 | 0.86（24.47） | 0.87（17.45） | 0.85（16.89） |

续表

| 维度 | 指标 | 因子载荷（$t$ 值） | | |
|---|---|---|---|---|
| | | 全样本 | 淘宝/天猫 | 京东 |
| 忠诚意愿 | *ZC*1 | 0.89 | 0.88 | 0.9 |
| | *ZC*2 | 0.88（29.45） | 0.90（21.37） | 0.84（19.73） |
| | *ZC*3 | 0.87（28.66） | 0.85（18.97） | 0.88（21.90） |
| | *ZC*4 | 0.76（22.23） | 0.78（16.10） | 0.79（17.47） |
| | *ZC*5 | 0.85（27.44） | 0.82（17.47） | 0.89（22.29） |

注：单尾检验 $t$ 值大于 1.65 在 $p<0.05$ 时显著；$t$ 值大于 2.33 在 $p<0.01$ 时显著。无 $t$ 值的系数初始赋值为 1。

#### 4.4.2.6 维度相对重要性

为进一步了解电子商务服务质量各维度的相对重要性，本书将这些维度作为自变量，整体服务质量、顾客满意度以及忠诚意愿作为因变量分别进行回归分析。各维度用的数据为对应的指标分值加总，回归分析结果如表 4-21 所示。六个维度中，除了产品价格对整体服务质量的影响没有得到支持外，其余五个维度均对三个因变量有显著的正向影响。商品质量和灵活性对整体服务质量的影响最大，接下来依次是服务水平、网站便利性和退换货处理。对顾客满意度影响最大的是网站便利性，接下来是商品质量、退换货处理、服务水平，产品价格和灵活性的影响较小。忠诚意愿受网站便利性影响最大，之后是服务水平、退换货处理、商品质量、灵活性，产品价格对其影响较小。

**表 4-21　回归分析结果**

| 自变量 | 因变量 | | |
|---|---|---|---|
| | 整体服务质量 | 顾客满意度 | 忠诚意愿 |
| 商品质量 | 0.23（6.09） | 0.19（5.36） | 0.14（3.74） |
| 服务水平 | 0.19（4.46） | 0.15（3.97） | 0.19（4.59） |
| 产品价格 | -0.00（-0.16） | 0.08（2.41） | 0.09（2.47） |
| 退换货处理 | 0.15（3.61） | 0.17（4.40） | 0.15（3.77） |
| 网站便利性 | 0.17（5.04） | 0.37（12.07） | 0.29（8.50） |

续表

| 自变量 | 因变量 | | |
|---|---|---|---|
| | 整体服务质量 | 顾客满意度 | 忠诚意愿 |
| 灵活性 | 0.23（5.83） | 0.07（2.06） | 0.12（2.89） |
| 调整 $R^2$ | 0.64 | 0.71 | 0.64 |

注：括号内为 $t$ 值，单尾检验 $t$ 值大于 1.65 在 $p<0.05$ 时显著；$t$ 值大于 2.33 在 $p<0.01$ 时显著。

## 4.5　本章小结

本章在关键事件分析的基础上，概念化、构建、纯化和检验了电子商务服务质量量表。量表包含商品质量、服务水平、产品价格、退换货处理、网站便利性和灵活性6个维度29个指标。信度和效度检验显示，量表具有良好的心理测量特性。

# 第5章　结论和展望

## 5.1　学术贡献

### 5.1.1　丰富电子商务服务质量研究

本书从消费者感知的角度对电子商务服务质量进行概念化，在此基础上运用关键事件法提炼电子商务服务质量的决定因素，依据量表开发的准则对决定因素进行提炼、评估以及检验，形成了具有良好心理测量特性的电子商务服务质量测量工具，丰富和拓展了电子商务服务质量研究。学术贡献主要有以下几方面。

1. *研究方法的改进*

本书采用定性和定量结合的研究方法，使电子商务服务质量量表的开发更具合理性和科学性。围绕电子商务服务质量的定义，本书在量表开发的初始阶段使用关键事件法，根据消费者满意和不满意的网购体验自述提炼电子商务服务质量决定因素，而不是依据文献或管理人员和学者的观点等二手数据来确定质量评价标准，避免了从量表中创造量表。此外，消费者自述的网购经历能有效地避免先入之见，真实地反映消费者对服务质量的感知。关键事件法的核心是对消费者的描述进行内容分析，提炼电子商务服务质量的决定因素。而内容分析是一种介于主流定量研究（调查）和定性研究（焦点小组、观察和访谈）之间的研究方法，其优势在于通过量化调查和非量化方法相结合的方式获得丰富的细节。根据以往的研究，电子商务服务质量的定义应更为广泛和具体。关键事件法则有助于对概念进行操作化定义，正如 Flanagan（1954）所言，“（关键事件法）收集对人类行为的直接观察，使其在解决实际问题时发挥潜在的作用”。

2. 抽样方法的优化

由于无法获得网络购物用户的总体数据，本书的抽样方法是方便抽样。本书尽管不能做到随机抽样，但对抽样过程采取措施加以优化，以克服自主选择偏差，力争使研究结果更具通用性。抽样优化措施有二：一是样本多样化，在量表开发过程的两次抽样中，非学生样本比例分别为 58.6% 和 93%，避免了单纯使用学生样本造成的学历和年龄分布过于集中的现象，提高了量表的通用性；二是样本量合理化，两次抽样的样本量分别为 845 和 526，远大于经验法则要求的 300 的门槛值（Tabacnik et al.，1996），避免了小样本的局限性，为进行量表的全面心理测量评估提供了良好的样本基础。

3. 题项管理的合理化

量表题项的产生是基于对关键事件的内容分析，避免单纯从文献综述已经确定的维度中产生题项，有利于识别新的维度，使得每个因子的题项能更好地体现消费者对电子商务服务质量的共识、判断和反馈。在量表纯化过程中，题项取舍的原则是根据因子载荷和项目—总体相关系数是否大于 0.5，依据这一原则的取值高于 0.3（Cheng et al.，2008；Janda et al.，2002）和 0.4（Choi et al.，2004；Wolfinbarger et al.，2003）的参考值。电子商务服务质量量表题项的因子载荷均大于 0.7，各因子题项数均在 3 个以上，具有较稳定的因子结构。

4. 信度和效度的可靠性

量表信度通过 $\alpha$ 系数进行评估，电子商务服务质量量表各维度的 $\alpha$ 系数均大于0.7的门槛值（Nunnally et al.，1994），表明具备良好的内部一致性，量表可靠性得到支持。效度方面，逐一检验了量表的表面效度、内容效度、收敛效度、区分效度、预测效度和理论效度。关键事件法的运用使得量表题项能够较为全面地反映电子商务服务质量的内涵，从而具备良好的表面效度和内容效度。收敛效度和区分效度的评估通过验证性因子分析进行，结果显示量表题项的因子载荷均在0.01的水平上显著，各因子的解释方差大于0.5，因子的方差提取比例指数大于因子间平方相关系数，收敛效度和区分效度得到支持。电子商务服务质量各维度与整体服务质量、顾客满意度、忠诚意愿等外部指标的相关系数和结构方程模型实证结果，支持了预测效度和理论效度。

### 5.1.2 促进电子商务服务质量的跨文化研究

随着电子商务的国际化，顾客满意度和服务质量作为企业绩效的评价标准备受关注。不同文化背景的消费者对服务质量的看法变得越来越重要，因为事关企业服务的标准化和定制化决策。Constanza（2001）认为文化是决定顾客对服务交付的期望的重要因素。Sarjono等（2010）提出，不同价值观和生活方式的顾客以不同的方式感知服务质量。本书的研究表明，电子商务服务质量的测量可能存在文化差异。首先，从决定因素看，中国的消费者更关注商品质量和服务人员的服务水平，美国消费者则对网站使用的便利性和产品价格更为敏感，这一发现印证了Feinberg等（1995）的观点。Feinberg等学者发现，美国、荷兰和中国台湾地区的消费者对零售环境下的服务质量感知是有差异的，中国台湾地区的消费者更关注服务过程中的服务人员是否礼貌、友好以及对顾客是否尊重，美国消费者认为与商品相关的服务质量更重要，荷兰消费者则强调个性化服务以及提供信息的能力。其次，从维度看，电子商务服务质量量表的六个维度（商品质量、服务水平、产品价格、退换货处理、网站便利性、灵活性）与Wolfinbarger等（2003）的eTailQ量表的四个维度（网站设计、履行性/可靠性、安全性/隐私、客户服务），以及Parasuraman 等（2005）的 E - S - QUAL 和 E - RecS - QUAL 的六个维度（效率、履行、隐私、系统可用性、响应、补偿及接触）相比，电子商务服务质量量表多了商品质量和产品价格，少了安全性（隐私）。这一发现反映了中美电子商务行业发展的差异，美国电子商务网站的商品定价以一口价（如亚马逊）或拍卖（如 eBAY）为主，买方的议价空间有限。中国的第三方电子商务平台为买卖双方提供了即时通信工具（如旺旺），增强了买家的议价能力，因此中国消费者把产品价格作为评价网站服务质量的一个方面。由于尚未建立起完善的社会信用体系，中国电商平台销售的商品的质量难以得到全面的保证，对产品质量的把控成为消费者评价网站服务质量的重要依据。另外，西方国家的消费者更注重个人隐私的保护，并将此作为商务网站服务质量评价的重要方面。

以上发现表明，不同国家的消费者对电子商务服务质量的感知和评价有相似之处，也存在一定的差异，这些差异可能是由文化背景不同造成的，需进一步研究证实。

## 5.2　应用价值

本书通过对消费者网络购物的关键事件进行分析，识别了电子商务服务质量的决定因素，在此基础上开发了包含6个维度29个题项的测量工具，并对各维度的相对重要性进行了实证检验。了解消费者对网络购物服务的看法有助于确定影响服务质量的因素，也为电子商务管理制度和政策的制定提供了有价值的参考。对从业者而言，此研究为系统地评价和改进电子商务服务质量提供了依据和借鉴，有助于从业者制定战略、优化服务资源配置、改善服务水平，进而促进网络购物市场的健康发展。研究的应用价值主要体现在以下几个方面。

### 5.2.1 改善电子商务服务质量

商品质量和灵活性是购物网站服务质量最关键也是同等重要的影响因素。在电子商务服务质量的六个维度中，消费者对网站在这两个维度上的评价不仅对整体服务质量感知影响最大，而且对顾客满意度和忠诚意愿也有显著的正向影响。这一发现意味着，提升购物网站服务质量要特别关注与这两个维度相关的属性。值得注意的是，以往的研究对商品质量在消费者服务质量感知中的作用和影响关注不足，本书的研究发现支持了 Holloway 等（2008）的观点，即所有的营销元素都是服务，也印证了 Lusch 等（2006）的观点，“服务主导逻辑表明，由于商品实际上是服务供应的机制，客户总是购买服务流，而不是有形的东西”。《2019 年度中国电子商务用户体验与投诉检测报告》① 显示，商品质量位列零售电商十大热点投诉问题第 3 位，且有上升趋势，表明电商商品质量依旧难以保障。零售网站服务质量的提升要重视商品质量问题，网站要加强对假冒伪劣商品销售行为的打击力度，严把质量关。此外，与线下实体环境类似，服务人员的灵活性也影响消费者的网购服务质量感知（Johnston，1995）。灵活性反映了网站（商家）为了满足客户的需求而修改或改变服务和产品性质的意愿和能力，从研究结果看，网站（商家）应重视消费者的个性化服务需求，为他们提供细心、贴心的服务。零售网站服务质量的另一个重要影响因素是服务水平，表明即使在人机交互取代人际交互的网络环境中，必要的服务接触也不可少，尤其是客户遇到问题需要解决的时候。网站便利性和退换货处理也正向显著影响消费者的整体服务质量感知，网站便利性与网站界面设计相关；退换货处理事关网站/商家对消费者退换货的需求响应以及处理速度。产品价格对整体服务质量的影响没有得到支持，实际上价格因素也没有出现在零售电商十大热点投诉问题中，表明产品价格在消费者网购服务质量感知中不起主导作用。

---

① 引自 http://www.100ec.cn/zt/2019yhtsbg/。

### 5.2.2　提升电子商务顾客满意度

网站便利性是影响顾客满意度的首要的关键因素，也同等影响忠诚意愿。网站便利性包括购物方便性、网站易用性、产品搜索以及订单处理四个方面的内容。对此，零售网站应关注界面设计的友好性，主动识别并消除潜在的系统不利影响，让用户能够方便、快捷地完成交易，提升顾客满意度，吸引并留住顾客。商品质量、退换货处理以及服务水平也显著正向影响顾客满意度。网站可从加强产品质量检查、改善退换货流程以及提升客服人员的服务水平入手来提升顾客满意度。产品价格对顾客满意度有显著的正向影响，但影响力不如其他因素，表明在竞争激烈的网购环境中，价格不再是吸引和挽留用户的有效手段，网站应更多地考虑价格以外的因素。灵活性对顾客满意度的影响也较为有限，可能的原因是顾客把网站（商家）的主动服务视为保健因素而非激励因素（Herzberg et al.，1959），只能消除消费者的不满而不会提升满意度。对此，网站应继续加强主动服务，消除消费者的不满。

### 5.2.3　增强电子商务网站黏性

服务水平在挽留用户方面发挥着重要作用。服务水平对忠诚意愿的影响仅次于网站便利性。这个发现和 Feinberg 等（1995）的观点类似。他们发现在零售环境中，中国消费者和欧美消费者对服务质量感知的侧重点不同，后者更注重商品质量和价格，中国消费者则更关注服务人员的友好态度、礼貌以及在服务过程中是否受到尊重。因此，网站要挽留客户，除了做好界面设计、硬件建设外，还要加强客户服务的软环境建设。比如及时回复客户咨询，帮助客户解决购买过程中遇到的问题，提供必要的售后服务，尊重、关心客户。此外，与顾客满意度管理类似，还要进一步改进退换货处理流程，加强商品质量检查和监督，提升服务的积极性和主动性。

# 5.3 局限和展望

## 5.3.1 研究局限

电子商务质量量表经过各种信度和效度测试，显示出良好的心理测量特性，但只能视为初步量表，其普遍适用性还需进一步检验和证实。

首先，量表开发的一个主要假设是电子商务服务质量可以由 16 个决定因素描述和概括，这有可能导致其他决定因素在关键事件分析时被忽略，或者与研究的特定服务情境无关的因素也被排除在外。比如，零售网站的垄断地位或者网站的形象等因素，都可能影响消费者的期望或者对服务质量的看法。另一个潜在假设是服务过程中的关键事件会导致消费者满意或不满意。但满意或不满意的来源可能并非关键事件，而是可能来自服务流程中没有让顾客感到非常满意或者非常不满意程度的事件，这些虽然不是关键事件，但也可能会影响整体的满意度。

其次，由于人力和时间因素，数据收集采用了方便样本，使得量表的通用性受到一定的限制。尽管在关键事件分析和量表纯化阶段使用了多样化的购物网站资料，在一定程度上避免了受访者的服务质量感知集中于个别代表性网站，但在量表评估阶段，出于样本数量的考虑，选择了淘宝/天猫网和京东商城这两个购物网站进行量表验证，因为这两个网站的访问量最高。在无法获取特定网站客户名单的情况下，网站的访问量虽然有助于提高抽样效率，但也使得量表验证结果只局限于两类主流网站，其他网站能否得到一致的结果还有待验证。

最后，本书的量表开发和相关的研究结论基于静态的截面数据进行分析，难以反映长期动态的变化和发展过程，量表的长期稳定性有待进一步检验。

### 5.3.2　未来研究方向

鉴于研究的局限性，后续研究拟从以下几方面着手：首先，改进抽样方法。采用随机抽样方式，以所有网购用户为总体，随机抽取受访者收集数据，检验量表的稳定性和通用性。其次，完善研究内容。本书对量表的验证只考虑其作为前因变量对结果变量的影响，没有考虑中介变量和调节变量的作用。例如，网购经验调节服务质量对结果变量的影响程度，除了顾客满意度外，感知价值作为中介变量也会影响服务质量和忠诚意愿的关系（Parasuraman et al.，2005）。后续研究可构建并检验电子商务服务质量的综合关系模型，深化和拓展研究框架。最后，优化定性研究。本书在量表开发初期的定性研究采用关键事件法，鉴于关键事件法的局限性，后续研究可考虑采用方法—目的链（Olson et al.，1983；Young et al.，1975），配合访谈、焦点小组等多样化方法，优化定性研究，使量表建立在更加可靠和稳健的基础之上。

## 5.4　本章小结

本章从拓展本领域研究和跨文化研究两方面总结了电子商务服务质量研究的学术贡献，分析研究对业界改善服务质量、提升顾客满意度、增强网站黏性的应用价值，针对研究的局限性，提出了未来研究方向。

# 参考文献


［1］邓之宏，郑伟亮，秦军昌．C2C 电子商务服务质量评价实证研究：基于中国 C2C 市场的问卷调查［J］．图书情报工作，2012，56（14）：141－147.

［2］方宇通．顾客感知服务质量评价方法的实证比较：对 SERVPERF 和 SERVQUAL 的再探讨［J］．宁波工程学院学报，2012，24（4）：53－57.

［3］龚奇峰．教育服务品质、学员满意度和忠诚度：SERVQUAL 还是 SERVPERF？——来自上海教育服务行业的证据［J］．中国软科学增刊（下），2011（S2）：1－26.

［4］马鹏，王天佑．SERVQUAL 质量测评量表在饭店业的适用性研究［J］．北京第二外国语学院学报（旅游版），2007，（1）：15－19.

［5］戚牧．SERVQUAL 模型对 C2C 电子商务服务质量评价的实证研究［J］．中国商论，2011，（3）：110－111.

［6］商务部电子商务和信息化司．中国电子商务报告（2017）［R/OL］．（2018－05－31）［2018－06－25］，http：//images.mofcom.gov.cn/dzsws/201807/20180704151703283.pdf.

［7］申文果，谢礼珊，张秀娟．B2C 电子商务环境中顾客满意感的形成机理研究［J］．消费经济，2006，23（1）：48－51.

［8］施国洪，王晓燕，岳江君．基于 SERVQUAL 的非营利性组织服务质量评价模型研究［J］．华东经济管理，2011，25（2）：147－150.

［9］史晓丹，李波．B2C 电子商务服务质量评价研究［J］．商业经济，2014，（2）：85－86.

［10］苏秦，刘野逸，曹鹏．C2C 电子商务服务质量实证研究［J］．商业研究，2010，395（3）：214－216.

［11］王高山，张新，徐峰等．基于因子分析的 B2C 电子商务服务质量评价研究［J］．标准科学，2016，（11）：92－96.

［12］王明明，赵国伟．B2C 移动电子商务服务质量评价体系研究［J］．科技管理研究，2015，（3）：142－145.

［13］王伟军，汤璐，侯银秀等．基于语言评价信息的移动电子商务服务质量评价研究［J］．图书情报工作，2017，61（4）：83－89.

［14］吴冠之，张艳妍．B2C 环境下感知服务质量与顾客满意度的关系研究［J］．电子商务，2008，10（5）：1－36.

［15］余佳．电子商务环境下顾客满意度和忠诚度的研究［J］．科技情报开发与经济，2009，9（30）：101－103.

［16］于良芝，王雅尊，洪秋兰．SERVQUAL 与我国高校图书馆服务质量评价：关于 SERVQUAL 适用性的定量研究［J］．图书情报工作，2005，49（6）：91－94.

［17］查金祥，陈明亮．网络商店服务质量与消费者购物意愿关系［J］．市场营销，2005，19（8）：51－55.

［18］张新安，田澎．基于 SERVQUAL 的供电服务质量测量标尺研究［J］．管理工程学报，2005，19（4）：1－8.

［19］张妍妍．SERVQUAL 模型在高职院校教学质量评价中的应用［J］．现代教育管理，2016，（1）：107－111.

［20］庄美男，赵玉欣，关蕾．电子商务服务质量评价模型研究［J］．全国流通经济，2016，（25）：110－112.

［21］中国国际电子商务中心研究院．2017 年世界电子商务报告［R/OL］．（2018－04－12）［2018－06－25］．http：//www. 100ec. cn/detail－－6444577. html.

［22］中国互联网信息中心．第 41 次中国互联网络发展状况统计报告

[R/OL]. (2018-03-05) [2018-06-25]. http://www.cnnic.net.cn/hlwfzyj/hlwxzbg/hlwtjbg/201803/P020180305409870339136.pdf.

[23] AHMAD A, RAHMAN O, KHAN M N. Consumer's perception of website service quality: An empirical study [J]. Journal of Internet Commerce, 2016, 15 (2): 125-141.

[24] AKAN P. Dimensions of service quality: A study in Istanbul [J]. Managing Service Quality, 1995, 5 (6): 39-43.

[25] AKTER S, D'AMBRA J, RAY P. Service quality of mhealth platforms: Development and validation of a hierarchical model using PLS [J]. Electron Markets, 2010, 20 (3): 209-227.

[26] ALEXANDRIS K, DIMITRIADIS N, MARKATA D. Can perceptions of service quality predict behavioral intentions? An exploratory study in hotel sector in Greece [J]. Managing Service Quality, 2002, 12 (4): 39-43.

[27] ANDERSON J C, GERBING D W. Structural equation modeling in practice: A review and recommended two-step approach [J]. Psychological Bulletin, 1988, 103 (3): 411-423.

[28] ARNOULD E J, LINDA L P. River magic: Extraordinary experience and the extended service encounter [J]. Journal of Consumer Research, 1993, 20 (June): 24-45.

[29] ASUBONTENG A, MCCLEARY K J, SWAN J E. SERVQUAL revisited: A critical review of service quality [J]. The Journal of Services Marketing, 1996, 10 (6): 62-81.

[30] BABAKUS E, BOLLER G W. An empirical assessment of the servqual scale [J]. Journal of Business Research, 1992, 24 (3): 253-268.

[31] BAGOZZI R P, PHILLIPS L W. Representing and testing organizational theories: A holistic construal [J]. Administrative Science Quarterly, 1982, 27 (3): 459-489.

[32] BANDYOPADHYAY N. Exploring service quality: A critical review of literature [J]. Int. J. Indian Culture and Business Management, 2016, 13 (3): 358 -377.

[33] BARNES S J, RICHARD T V. An integrative approach to the assessment of e - commerce quality [J]. Journal of Electronic Commerce Research, 2002, 3 (3): 114 -127.

[34] BARNES S, VIDGEN R. WebQual: An exploration of web - site quality [A] // Proceedings of the eighth European conference on information systems [C]. Vienna, 2000.

[35] BAUER H H, FALK T, HAMMERSCHMIDT M. Etransqual: A transaction process - basedapproach for capturing service quality in online shopping [J]. Journal of Business Research, 2006, 59 (7): 866 -875.

[36] BELL J, GILBERT D, LOCKWOOD A. Service quality in food retailing operations: A critical incident analysis [J]. International Review of Retail, Distribution, and Consumer Research, 1997, 7 (4): 405 -423.

[37] BERRY L L ZEITHAML V A, PARASURAMAN A. Quality counts in services too: Quality is essential when service is what is being sold [J]. Business Horizons, 1985, 28 (3): 44 -52.

[38] BITNER M J, BERNARD H B, MARY S T. The service encounter: Diagnosing favorable and unfavorable incidents [J]. Journal of Marketing, 1990, 54 (1): 71 -84.

[39] BITNER M J, HUBBERT A R. Encounter satisfaction versus overall satisfaction versus quality: The customer's voice [A] //RUST R T, OLIVER R L. Service quality - new directions in theory and practice [M]. California: Sage Publications, 1994: 72 -94.

[40] BOLLEN K A. Structural equations with latent variables [M]. New York: Wiley, 1989.

[41] BOJANIC D C. Quality measurement in professional service firms [J]. Journal of Professional Services Marketing, 1991, 7 (2): 27 –36.

[42] BORGEN W A, HATCH W E, AMUNDSON N E. The experience of unemployment for university graduates: An exploratory study [J]. Journal of Employment Counseling, 1990, 27 (3): 104 –112.

[43] BOUMAN M, VAN DER W T. Measuring service quality in the car services industry: Building and testing an instrument [J]. International Journal of Service Industry Management, 1992, 3 (4): 4 –16.

[44] BRADY M K, CRONIN J J. Customer orientation: Effects on customer service perceptions and outcome behaviors [J]. Journal of Service Research, 2001, 3 (3): 241 –251.

[45] BROWNE M W, ROBERT C. Alternative ways of assessing model fit [A] // KENNETH A. BOLLEN K A, LONG J S. Testing structural equation models [M]. Newbury Park, CA: Sage, 1993: 136 –162.

[46] BURNS A C, LAURA A W, JAMES T M. Narrative text biases attending the critical incidents technique [J]. Qualitative Market Research: An International Journal, 2000, 3 (4): 178 –186.

[47] BUTTERFIELD L D, BORGEN W A, AMUNDSON N E, et al. Fifty years of the technique: 1954—2004 and beyond [J]. Qualitative Research, 2005, 5 (4): 475 –497.

[48] BUZZELL R, GALE B. The PLMS principles: Linking strategy to performance [M]. New York: The Free Press, 1987.

[49] CAI S, JUN M. Internet users' perceptions of online service quality: A comparison of online buyers and information searchers [J]. Managing Service Quality, 2003, 3 (6): 504 –519.

[50] CAMPBELL D T, FISKE D W. Convergent and discriminant validation by themultitrait – multimethod matrix [J]. Psychological Bulletin, 1959, 56

(2): 81 -105.

[51] CARMAN J M. Consumers' perceptions of service quality: An assessment of the servqual dimensions [J]. Journal of Retailing, 1990, 66 (1): 33 -55.

[52] CARUANA A, EWING M T. The psychometric properties of etail quality [J]. International Marketing Review, 2006, 23 (4): 353 -370.

[53] CHAHAL H, KUMARI N. Development of multidimensional scale for healthcare servicequality (HCSQ) in indian context [J]. Journal of Indian Business Research, 2010, 2 (4): 230 -255.

[54] CHANDON J L, PIERRE - YVES L, PHILIPPE J. Service encounter dimensions - a dyadic perspective: Measuring the dimensions of service encounters as perceived by customers and personnel [J]. International Journal of Service Industry Management, 1997, 8 (1): 65 -86.

[55] CHANG H H, WANG Y H, YANG W Y. The impact of e - service quality, customer satisfaction and loyalty on e - marketing: Moderating effect of perceived value [J]. Total Quality Management, 2009, 20 (4): 423 -433.

[56] CHAU V S, NGAI L W L C. The youth market for internet banking services: Perceptions, attitude and behaviour [J]. Journal of Services Marketing, 2010, 24 (1): 42 -60.

[57] CHAPMAN A B. Self - efficacious Behavior of African - American Women [D]. Fielding Institute, Santa Barbara, California, 1994.

[58] CHEEK J, O'BRIEN B, BALLANTYNE A, et al. Using critical incident technique to informed aged and extended care nursing [J]. Western Journal of Nursing Research, 1997, 19 (5): 667 -682.

[59] CHELL E. Critical incident technique [A] //SYMON G, CASSELL C. Qualitative Methods and Analysis in Organizational Research: A Practical Guide [M]. Thousand Oaks, CA: Sage, 1998: 51 -72.

[60] CHENG J M S, WANG E S T, LIN J Y C, et al. Do extrinsiccues affect

purchase risk at international e – tailers: The mediating effect of perceived e – tailerservice quality [J] . Journal of Retailing and Consumer Services, 2008, 15 (5): 420 –428.

[61] CHOI B, LEE C, LEE H, et al. Effects of web retail service quality and product categories on consumer behavior: A research model and empirical exploration [C] . Hawaii International Conference on Information Sciences, 2004.

[62] CHO N, PARK S. Development of electronic commerce user – consumer satisfactionindex (ECUSI) for internet shopping [J] . Industrial Management & Data Systems, 2001, 101 (8): 400 –405.

[63] CHOWDHURI K. Service quality dimensionality: A study of the Indian banking sector [J] . Journal of Asia Pacific Business, 2007, 8 (4): 21 –38.

[64] CHURCHILL G A. A paradigm for developing better measures of marketing constructs [J] . Journal of Marketing Research, 1979, 16 (1): 64 –73.

[65] COLLIER J E, BIENSTOCK C C. Measuring service quality in e – retailing [J] . Journal of Service Research, 2006, 8 (3): 260 –275.

[66] COMREY A L, LEE H B. A first course in factor analysis [M] . $2^{nd}$ ed. Hillsdale, NJ: Lawrence Erlbaum Associates, 1992.

[67] CONSTANZA B. The effect of cultural differences on service encounter satisfaction [C] . 2001 AMA Winter Educator' s Conference, Scottsdale, Arizona, 2001.

[68] COSTELLO A B, OSBORNE J W. Best practices in exploratory factor analysis: Fourrecommendations for getting the most from your analysis [J] . Practical Assessment, Research & Evaluation, 2005, 10 (7): 1 –9.

[69] CRONBACH L J. Coefficient alpha and the internal structure of tests [J] . Psychometrika, 1951, 16 (3): 297 –334.

[70] CRONIN J J, TAYLOR S A. Measuring service quality: A reexamination of extension [J] . Journal of Marketing, 1992, 56 (3): 55 –68.

[71] CRONIN J J, TAYLOR S A. SERVPERF versus SERVQUAL – reconciling performanc – basedand perceptions – minus – expectations measurement of service quality [J] . Journal of Marketing, 1994, 58 (1): 125 – 131.

[72] CROSBY P B. Quality is free: The art of marketing quality certain [M] . New York: New American Library, 1979.

[73] CURRAN P J. The robustness of confirmatory factor analysis to model misspecificationand violations of normality, personality and individual differences [D] . Phoenix: Arizona State University, 1994.

[74] CRISTOBAL E, FLAVIAN C, GUINALIU M. Perceived e – service quality (PeSQ) measurement validation and effects on consumer satisfaction and web site loyalty [J] . Managing Service Quality, 2007, 17 (3): 317 – 340.

[75] DABHOLKAR P A. Consumer evaluations of new technology – based self – service options: An investigation of alternative models of service quality [J] . International Journal of Research in Marketing, 1996, 13 (1): 29 – 51.

[76] DABHOLKAR P A, THORP D I, RENTZ J O. A measure of service quality for retailstores: Scale development and validation [J] . Journal of the Academy of Marketing Science, 1996, 24 (1): 3 – 16.

[77] DAI H, HARIED P, SALAM A F. Antecedents of online service quality, commitmentand loyalty [J] . Journal of Computer Information Systems, 2011, 52 (2): 1 – 11.

[78] DE RUYTER K, KASPER H, WETZELS M. Internal service quality in a manufacturing firm: A review of critical encounters [J] . New Zealand Journal of Business, 1995, 17 (2): 67 – 80.

[79] DING D X, HU P J H, SHENG O R L. E – selfqual: A scale for measuring onlineself – service quality [J] . Journal of Business Research, Elsevier Inc, 2011, 64 (5): 508 – 515.

[80] DISALVO V S, NIKKEL E, MONROE C. Theory and practice: A field

investigation and identification of group members' perceptions of problems facing natural work groups [J]. Small Group Behavior, 1989, 20 (4): 551 - 567.

[81] DROST E A. Validity and reliability in social science research [J]. Education Researchand Perspectives, 2004, 38 (1): 105 - 123.

[82] DOLL W J, XIA W D, TORKZADEH G. A confirmatory factor analysis of the end - user computing satisfaction instrument [J]. MIS Quarterly, 1994, 18 (4): 453 - 461.

[83] EDVARDSSON B. Service quality in customer relationships: A study of critical incidents in mechanical engineering companies [J]. Service Industries Journal, 1988, 8 (4): 427 - 445.

[84] EDVARDSSON B. Service breakdowns: A study of critical incidents in an airline [J]. International Journal of Service Industry Management, 1992, 3 (4): 17 - 29.

[85] EDVARDSSON, ROOS I. Critical incident techniques: Towards a framework for analyzing the criticality of critical incidents [J]. International Journal of Service Industry Management, 2001, 12 (3): 251 - 268.

[86] ELLINGER A D, BOSTROM R P. An examination of managers' beliefs about their roles as facilitators of learning [J]. Management Learning, 2002, 33 (2): 147 - 179.

[87] EILBERT L R. A study of emotional immaturity utilizing the critical incident technique [J]. University of Pittsburgh Bulletin, 1953, (49): 199 - 204.

[88] EIGLIER P, LANGEARD E. Servuction, le marketing des services [M]. Paris: McGraw - Hill, 1987.

[89] FEINBERG R A, RUYTER K D, TRAPPEY C, et al. Consumer - defined service quality in international retailing [J]. Total Quality Management, 1995, 6 (1): 61 - 67.

[90] FLANAGAN J C. The critical incident technique [J]. Psychological

Bulletin, 1954, 51 (4): 327 - 358.

[91] FLY B J, VAN BARK W P, WEINMAN L, et al. Ethical transgressions of psychology graduate students: Critical incidents with implications for training [J]. Professional Psychology: Research and Practice, 1997, 28 (5): 492 - 495.

[92] FINN D W, LAMB JR C W. An evaluation of the servqual scales in a retailing settings [A] //HOLMAN R H, SOLOMON M R. Advances in consumer research [M]. Provo, UT: Association for Consumer Research, 1991: 483 - 490.

[93] FORNELL C, LARCKER D F. Evaluating structural equation models with unobservable variables and measurement error [J]. Journal of Marketing Research, 1981, 18 (1): 39 - 50.

[94] FRANCIS J, WHITE L. Pirqual: A scale for measuring customer expectations andperceptions of quality in internet retailing [C]. Ama Winter Educators' Conference: Marketingtheory and Applications, 2002.

[95] FRANCIS J E. Internet retailing quality: One size does not fit all [J]. Managing Servicequality, 2007, 17 (3): 341 - 355.

[96] GABBOTT M, GILLIAN H. The glory of stories: Using critical incidents to understand service evaluation in the primary healthcare context [J]. Journal of Marketing Management, 1996 (12): 493 - 503.

[97] GAGLIANO K B, HATHCOTE J. Customer expectations and perceptions of service quality in apparel retailing [J]. Journal of Services Marketing, 1994, 8 (1): 60 - 69.

[98] GANGULI S, HUBAUX J P, HAMDI M, et al. A programmable architecture for the provision of hybrid services [J]. IEEE Communications Magazine, 1999, 37 (7): 110 - 116.

[99] Gefen D. Customer loyalty in e - commerce [J]. Journal of the Association for Information Systems, 2002, 3 (3): 27 - 51.

[100] GERBING D W, ANDERSON J C. An updated paradigm for scale de-

velopment incorporating unidimensionality and its assessment [J]. Journal of Marketing Research, 1988, 25 (2): 186 - 192.

[101] GREMLER, D D. The critical incident technique in service research [J]. Journal of Service Research, 2004, 7 (1): 65 - 89.

[102] GREMLER D D, MARY J B. Classifying service encounter satisfaction across industries [A] //ALLEN C T, MADDEN T J. AMA winter educators' conference proceedings: Marketing theory and applications [M]. Chicago: American Marketing Association, 1992.

[103] GRÖNROOS C. Strategic Management and marketing in the service sector [M]. 1st ed. Helsingfors: Swedish School of Economics and Business Administration, 1982.

[104] GRÖNROOS C. A service quality model and its marketing implications [J]. European Journal of Marketing, 1984, 18 (4): 36 - 44.

[105] GRÖNROOS C. The rise and fall of modern marketing - and its rebirth [A] // SHAW S A, HOOD N. Marketing in evolution: Essays in honor of Michael J [M]. Baker, London: Macmillan Press, 1996: 14 - 35.

[106] GRÖNROOS C. The perceived service quality concept - a mistake [J]. Managingservice Quality, 2001, 11 (3): 150 - 152.

[107] GOTTMAN J M, CLASEN R E. Evaluation in education: A practitioner's guide [M]. Itasca, IL: F. E. Peacock, 1972.

[108] GOUNARIS S, DIMITRIADIS S, STATHAKOPOULOS V. Antecedents of perceived qualityin the context of internet retail stores [J]. Journal of Marketing Management, 2005, 21 (7 - 8): 669 - 700.

[109] GUMMESSON E. The new marketing - developing long term interactive relationships [J]. Long Range Planning, 1987, 20 (4): 10 - 20.

[110] HA S, STOEL L. Consumer e - shopping acceptance: Antecedents in a technology acceptance model [J]. Journal of Business Research, Elsevier Inc,

2009, 62 (5): 565 -571.

[111] HAIR J F, ANDERSON R E, TATHAM R L, et al. Multivariate data analysis [M] . 5th ed. Upper Saddle River, NJ: Prentice Hall, 1998.

[112] HAIR J F, BLACK W, BABIN B, et al. Multivariate data analysis [M] . 7 edition. Upper Saddle River, NJ: Prentice Hall, 2009.

[113] HERZBERG F, MAUSNER B, SNYDERMAN B L. The motivation to work [M] . $2^{nd}$ ed. New York: John Wiley and Sons, 1959.

[114] HOLBROOK M B, CORFMAN K P. Quality and value in the consumption experience: Phaedrus rides again [A] //JACOBY J, OLSON J. Percieved quality [M] . MA: Lexington Books, 1985.

[115] HOLLOWAY B B, BEATTY S E. Satisfiers and dissatisfiers in the online environment: A critical incident assessment [J] . Journal of Service Research, 2008, 10 (4): 347 -364.

[116] HU L, BENTLER P M. Cutoff criteria for fit indexes in covariance structure analysis: Conventional criteria versus new alternatives [J] . Structural Equation Modeling, 1999, 6 (1): 1 -55.

[117] HUMPHERY S, NAZARETH I. Gps' view on their management of sexual dysfunction [J] . Family Practice, 2001, 18 (5): 516 -518.

[118] IACOBUCCI D, OSTROM A, GRAYSON K. Distinguishing service quality and customer satisfaction: The voice of the consumer [J] . Journal of Consumer Psychology, 1995, 4 (3): 277 -303.

[119] IGBARIA M, PARASURARNAN S. A path analytic study of individual characteristics, computer anxiety and attitudes toward microcomputers [J] . Journal of Management, 1989, 15 (3): 373 -388.

[120] JANDA S, TROCCHIA P J, GWINNER K P. Consumer perceptions of internet retailservice quality [J] . International Journal of Service Industry Management, 2002, 13 (5): 412 -431.

[121] JAIN S K, GUPTA G. Measuring service quality: SERVQUAL vs. SERVPERF scales [J]. Vikalpa, 2004, 29 (2): 25-37.

[122] JOHNSTON R. The service quality factors: Satisfaction, dissatisfaction and recovery [D]. Coventry: University of Warwick, 1993.

[123] JOHNSTON R. The determinants of service quality: Satisfiers and dissatisfiers [J]. International Journal of Service Industry Management, 1995, 6 (5): 53-71.

[124] JOHNSTON R. Identifying the critical determinants of service quality in retail banking: Importance and effect [J]. International Journal of Bank Marketing, 1997, 15 (4): 111-116.

[125] JUN M, SHAOHAN C. The key determinants of internet banking service quality: A content analysis [J]. International Journal of Bank Marketing, 2001, 19 (7): 276-291.

[126] JUN M, YANG Z, KIM D. Customers' perceptions of online retailing servicequality and their satisfaction [J]. International Journal of Quality & Reliability Management, 2004, 21 (8): 817-840.

[127] JURAN J M. Juran on planning for quality [M]. New York: The Free Press, 1988.

[128] KALIA P. Service quality scales in online retail: Methodological issues [J]. International Journal of Operations & Production Management, 2017, 37 (5): 630-663.

[129] KEAVENEY S M. Customer switching behavior in service industries: An exploratory study [J]. Journal of Marketing, 1995, 59 (4): 71-82.

[130] KELLEY S W, HOFFMAN K D, DAVIS M A. A typology of retail failures and recoveries [J]. Journal of Retailing, 1993, 69 (4): 429-454.

[131] KENT G, WILLS G, FAULKNER A, et al. Patient reactions to met and unmet psychological need: A critical incident analysis [J]. Patient Education and

Counseling, 1996, 28 (2): 187 -190.

[132] KHARE A. Retail service quality in small retail sector: The indian experience [J]. Facilities, 2013, 31 (5/6): 208 -222.

[133] KIM M, KIM J H, LENNON S J. Online service attributes available on apparelretail web sites: An e - s - qual approach [J]. Managing Service Quality, 2006, 16 (1): 51 -77.

[134] KIM J, JIN B, SWINNEY J L. The role of etail quality, e - satisfaction and e - trust inonline loyalty development process [J]. Journal of Retailing and Consumer Services, 2009, 16 (4): 239 -247.

[135] KIM S, STOEL L. Apparel retailers: Website quality dimensions and satisfaction [J]. Journal of Retailing and Consumer Services, 2004, 11 (2): 109 -117.

[136] KIRK R H. A study of academic resiliency in African - American children [D]. Los Angeles, California: University of Southern California, 1995.

[137] KOLBE R H, BURNETT M S. Content - analysis research: An examination of applications with directives for improving research reliability and objectivity [J]. Journal of Consumer Research, 1991, 18 (2): 243 -250.

[138] KORTUNAY N. Measuring internet service quality of e - commerce web sites by using e - s - qual in turkey [J]. European Scientific Journal, 2016, 390 -401.

[139] KLUENDER D E. Job Analysis [A] //MORE H W, UNSINGER P C. The Police Assessment Center [M]. Springfield, IL: Charles C. Thomas, 1987.

[140] LAHEY B B, MCNEALY K, KNODT A, et al. Using confirmatory factor analysis to measure contemporaneous activation ofdefined neuronal networks in functional magnetic resonance imaging [J]. Neuroimage, Elsevier Inc, 2012, 60 (4): 1982 -1991.

[141] LANSISALMI H, PEIRO J M, KIVIMAKI M. Collective stress and

coping in the context of organizational culture [J]. European Journal of Work and Organizational Psychology, 2000, 9 (4): 527-559.

[142] LAU P M, AKBAR A K, FIE D Y G. Service quality: A study of luxury hotels in malaysia [J]. The Journal of American Academy of Business, 2005, 7 (2): 46-56.

[143] LEE T S, ARIFF M S M, ZAKUAN N. Online sellers' website quality influencing online buyers' purchase intention [A] //4th International Conference on Manufacturing, Optimization, Industrial and Material Engineering [C]. MOIME, 2016.

[144] LEE G G, LIN H F. Customer perceptions of e-service quality in onlineshopping [J]. International Journal of Retail & Distribution Management, 2005, 33 (2): 161-176.

[145] LEHTINEN J R. Customer oriented service system [R]. Working Paper, Service Management Institute, Helsinki, Finland, 1983.

[146] LEWIS B R. Quality in service sector: A review [J]. International Journal of Bank Marketing, 1989, 7 (5): 4-12.

[147] LEWIS B R. Service quality: An international comparison of bank customers' expectations and perceptions [J]. Journal of Marketing Management, 1991, 7 (1): 47-62.

[148] LEWIS R C, BOOMS B H. The marketing aspects of service quality [A] // BERRY L, SHOSTACK G, UPAH G. Emerging perspectives on services marketing [M]. Chicago: American Marketing Association, 1983: 99-104.

[149] LEVESQUE T, MCDOUGALL G H G. Determinants of customer satisfaction in retail banking [J]. International Journal of Bank Marketing, 1996, 14 (7): 12-20.

[150] LIN H F. The impact of website quality dimensions on customer satisfaction in the B2C e-commerce context [J]. Total Quality Management, 2007,

18 (4): 363 -378.

[151] LIU C, ARNETT K P. Exploring the factors associated with web site success in the context of electronic commerce [J] . Information & Management, 2000 (38): 23 -33.

[152] LIU X, HE M, GAO F, XIE P. An empirical study of online shopping customer satisfaction in China: A holistic perspective [J] . Infernational Journal of Retail & Distribution Management, 2008, 36 (11): 919 -940.

[153] LOIACONO E T, WATSON R T, GOODHUE D . L. Webqual: A measure of website quality [C] . Chicago: AMA Winter Educators' Conference Proceedings, 2002.

[154] LONG M, MCMELLON C. Exploring the determinants of retail service quality on theinternet [J] . Journal of Services Marketing, 2004, 18 (1): 78 -90.

[155] LUSCH ROBERT E, VARGO S L, MALTER A J. Marketing as service - exchange: Taking a leadership role in global marketing management [J] . Organizational Dynamics, 2006, 35 (3): 264 -278.

[156] MADU C N, MADU A A. Dimensions of e - quality [J] . International Journal of Quality & Reliability Management, 2002, 19 (3): 246 -258.

[157] MALHOTRA N K. Marketing research: An applied orientation [M] . 5th ed. Delhi : Prentice - hall Of India Pvt Ltd, 2007.

[158] MALHOTRA N K, ULGADO F M, AGARWAL J, et al. Dimensions of service quality in developed and developing economies: Multi - country cross - culturalcomparisons [J] . International Marketing Review, 2005, 22 (3): 256 -278.

[159] MANGOLD G W, BABAKUS E. Service quality: The front - stage vs [J] . The Back - Stage Perspective, Journal of Services Marketing, 1991, 5 (4): 59 -70.

[160] MEUTER M L, OSTROM A, ROUNDTREE R I, et al. Self - service technologies: Understanding customer satisfaction with technoiogy - based service

encounters [J]. Journal of Marketing, 2000, 64 (3): 50 - 64.

[161] MIWA M. Use of human intermediation in information problem solving: A user's perspective [J]. Dissertation Abstracts International Section A: Humanities and Social Sciences, 2000, 61 (6): 2086.

[162] NADIRI H, HUSSAIN K. Perceptions of service quality in north cyprus hotels [J]. International Journal of Contemporary Hospitality Management, 2005, 17 (4): 469 - 480.

[163] NATALISA D, SUBROTO B. Effects of management commitment on service quality to increase customer satisfaction of domestic airlines in indonesia [J]. Singapore Management Review, 1998, 25 (1): 85 - 105.

[164] NUNNALLY J C. Psychometric theory [M]. 2nd ed. New York: McGraw - Hill Book Company, 1978.

[165] NUNNALLY J C, BERNSTEIN I H. Psychometric theory [M]. New York: McGraw - Hill, 1994.

[166] OAKLIEF C H. The critical incident technique: Research applications in the administration of adult and continuing education [C]. Adult Education Researchconference, Toronto, Ontario, Canada, 1976.

[167] O'DRISCOLL M P, COOPER C L. A critical incident analysis of stress - coping behaviours at work [J]. Stress Medicine, 1996, 12 (2): 123 - 128.

[168] OLIVER R L. Satisfaction: A behavioral perspective on the consumer [M]. New York: McGraw - Hill, 1997.

[169] OLSON J C, THOMAS J R. Understanding consumers' cognitive structures: Implications for advertising strategy [A] // PERCY L, WOODSIDE A. Advertising and consumer psychology [M]. MA: Lexington Books, 1983.

[170] OLSEN M J S, THOMASSON B. Studies in service quality with the aid of critical incidents and phenomenography [A] //EBERHARD E S, EDVARDSSON B, LASCELLES D, et al. Quality in services conference [C]. Jamaica,

NY: International Service Quality Association, 1992: 481 -505.

[171] OLSHAVSKY R W. Perceived quality in consumer decision making: An integrated theoretical perspective [A] // JACOBY J, OLSON J. Percieved quality [M] . MA: Lexington Books, 1985.

[172] PARASURAMAN A, BERRY L L, ZEITHAML V A. Perceived service quality as a customer - based performance measure: An empirical examination of organizational barriers using an extended service quality model [J] . Human Resource Management, 1991, 30 (3): 335 -364.

[173] PARASURAMAN A, MALHOTRA A. E - S - QUAL a multiple - item scale for assessing electronic service quality [J] . Journal of Service Research, 2005, 7 (3): 213 -233.

[174] PARASURAMAN A, ZEITHAML V A, BERRY L L. A conceptual model of service qualityand its implications for future research [J] . Journal of Marketing, 1985, 49 (4): 41 -50.

[175] PERREAULT W D, LAURENCE E L. Reliability of nominal data based on qualitative judgments [J] . Journal of Marketing Research, 1989, 26 (2): 135 -148.

[176] POLLACK B L. Linking the hierarchical service quality model to customer satisfaction andloyalty [J] . Journal of Services Marketing, 2009, 23 (1): 42 -50.

[177] PADMA P, RAJENDRAN C, SAI L P. A conceptual framework of service quality in healthcare: Perspectives of Indian patients and their attendants [J] . Benchmarking: An International Journal, 2009 , 16 (2): 157 -191.

[178] PARASURAMAN A, ZEITHAML V A, BERRY L L. SERVQUAL: A multiple - item scale for measuring consumer perception of service quality [J] . Journal of Retailing, 1988, 64 (1): 12 -40.

[179] PARASURAMAN A, ZEITHAML V A, Berry L L. A conceptual model

of service quality and its implications for future research [J]. Journal of Marketing, 2000, 49 (4): 41 - 50.

[180] POPE K S, VETTER V A. Ethical dilemmas encountered by members of theamerican psychological association [J]. American Psychologist, 1992, 47 (3): 397 - 411.

[181] RADOMIR L, PLĂIAS I, NISTOR V C. A review of the service quality concept - past, present and perspectives [C]. Marketing from information to decision, December, 2012 (5): 404 - 427.

[182] RANGANATHAN C, GANAPATHY S. Key dimensions of business to consumer websites [J]. Information and Management, 2002, 39 (1): 457 - 465.

[183] REVER - MORIYAMA S D. Do unto others: The role of psychological contract breach, violation, justice, and trust on retaliation behaviours [D]. Calgary, Alberta, Canada: University of Calgary, 1999.

[184] RIEL A C R, VAN L V, JURRIËNS P. Exploring consumer evaluations of eservices: A portal site [J]. International Journal of Service Industry Management, 2001, 12 (4): 359 - 377.

[185] ROHINI R, MAHADEVAPPA B. Service quality in bangalore hospitals - an empirical study [J]. Journal of Services Research, 2006, 6 (1): 59 - 84.

[186] RONAN W W, LATHAM G P. The reliability and validity of the critical incident technique: A closer look [J]. Studies in Personnel Psychology, 1974, 6 (1): 53 - 64.

[187] ROWLEY J. Quality measurement in the public sector: Some perspectives from the service quality literature [J]. Total Quality Management, 1998, 9 (2 - 3): 321 - 335.

[188] RUST R T, OLIVER R L. Service quality: Insights and manegerial implications from the frontier [A] //RUST R T, OLIVER R L. Service quality: New directions in theory and practice [M]. Thousand Oaks, CA: Sage Publication,

1994: 1 – 19.

[189] RUST R T, ZAHORIK A J, KEININGHAM T L. Return on quality (ROQ): Making service quality financially accountable [J]. Journal of Marketing, 1995, 59 (2): 58 – 70.

[190] RUYTER K D, MARTIN W, MIRELLA K. Customer adoption of e – service: An experimental study [J]. International Journal of Service Industry Management, 2001, 12 (2): 184 – 207.

[191] SALEH F, RYAN C. Analysing service quality in the hospitality industry using the SERVQUAL model [J]. Service Industries Journal, 1991, 11 (3): 324 – 345.

[192] SANTOURIDIS I, TRIVELLAS P, TSIMONIS G. Using E – S – QUAL to measure internet service quality of e – commerce web sites in Greece [J]. International Journal of Quality and Service Sciences, 2012, 4 (1): 86 – 398.

[193] SARJONO U, BUDI N. Factors affecting customer's perception of service quality: Comparing differences among countries [J]. The Asian Journal of Technology Management, 2010, 3 (2): 62 – 68.

[194] SCHEMBRI S, SANDBERG J. Service quality and the consumers' experience: Towards and interpretive approach [J]. Marketing Theory, 2002, 2 (2): 189 – 205.

[195] SEGARS A H, GROVER V. Re – examining perceived ease of use and usefulness: A confirmatory factor analysis [J]. Mis Quarterly, 1993, 17 (4): 517 – 525.

[196] SETH N, DESHMUKH S G, VRAT P. Service quality models: A review [J]. International Journal of Quality Reliability Management, 2005, 22 (9): 913 – 949.

[197] SHANKE R. Services marketing [M]. New Delhi: Excel Books, 2002.

[198] SINGH J, ROBERT E W. When consumers complain: A path analysis

of the key antecedents of consumer complaint response estimates [J]. Journal of the Academy of Marketing Science, 1996, 24 (Fall): 350 - 365.

[199] SRINIVASAN S S, ANDERSON R, PONNAVOLU K. Customer loyalty in e - commerce: An exploration of its antecedents and consequences [J]. Journal of Retailing, 2002, 78 (1): 41 - 50.

[200] STAUSS B. Using the critical incident technique in measuring and managing service quality [A] //EBERHARD E S, WILLIAM F C. The service quality handbook [M]. New York: American Management Association, 1993: 408 - 427.

[201] STAUSS B, BERNHARD W. Process - oriented measurementof service quality: Applying the sequential incident technique [J]. European Journal of Marketing, 1997, 31 (1): 33 - 55.

[202] STANO M. The critical incident technique: A description of the method [A] //Annual meeting of the Southern speech communication association [C]. Lincoln, Nebraska. April, 1983.

[203] STAUSS B, WEINLICH B. Process - oriented measurement of service quality: Applying the sequential incident technique [J]. European Journal of Marketing, 1997, 31 (1): 33 - 55.

[204] STEVENS J. Applied multivariate statistics for the social sciences [M]. Mahwah, NJ: Lawrence Erlbaum, 1996.

[205] STROP P J. A study of male - female intimate nonsexual friendships in the workplace [D]. Madison: University of Wisconsin, 1995.

[206] SWAID S I, WIGAND R T. Measuring the quality of e - service: Scale developmentand initial validation [J]. Journal of Electronic Commerce Research, 2009, 10 (1): 13 - 28.

[207] SZYMANSKI D M, HISE R T. E - satisfaction: An initial examination [J]. Journal of Retailing, 2000, 76 (3): 309 - 322.

[208] TABACNIK, FIDELL L S. Using multivariate statistics [M]. New

York: Harper Collins, 1996.

[209] TAMIMI H A, AMIRI A A. Analyzing service quality in the uae islamic banks [J]. Journal of Financial Services Marketing, 2003, 8 (2): 119 -132.

[210] TAVAKOL M, DENNICK R. Making sense of Cronbach's alpha [J]. International Journal of Medical Education, 2011 (2): 53 -55.

[211] THOUSAND J S, BURCHARAD S N, HASAZI J E. Field - based generation and social validation managers and staff competencies for small community residences [J]. Applied Research in Mental Retardation, 1986, 7 (3): 263 -283.

[212] THOMAS E J, BASTIEN J, STUEBE D R, et al. Assessing procedural descriptiveness: Rationale and illustrative study [J]. Behavioral Assessment, 1987, 9 (1): 43 -56.

[213] TROCCHIA P J, JANDA S. How do consumers evaluate internet retail servicequality? [J]. Journal of Services Marketing, 2003, 17 (3): 243 -253.

[214] TSOUKATOS E, RAND G K. Path analysis of perceived service quality, satisfaction and loyalty in Greek insurance [J]. Managing Service Quality: An International Journal, 2006, 16 (5): 501 -519.

[215] VAN DOLEN W, LEMMINK J, MATTSSON J, et al. Affective consumer responses in service encounters: The emotional content in narratives of critical incidents [J]. Journal of Economic Psychology, 2001, 22 (3): 359 -376.

[216] VANVOORHIS C R W, MORGAN B L. Understanding power and rules of thumb fordetermining sample sizes [J]. Tutorials in Quantitative Methods for Psychology, 2007, 3 (2): 43 -50.

[217] VISPOEL W P, AUSTIN J R. Children's attributions for personal success and failure experiences in english, math, general music, and physical education classes [C]. Annual Meeting of the American Educational Research Association. Chicago, Illinois. April, 1991.

[218] WALKER S, ELISE T. The critical incidents technique: Philosophical

foundations and methodological implications [A] //ALLEN C T, MADDEN T J. Winter educators' conference proceedings: Marketing theory and applications [C]. Chicago: American Marketing Association, 1992: 270 – 275.

[219] WEBER R P. Basic content analysis [A] //ZEITHAML V A, BITNER M J. 3rd ed. Services marketing: Integrating customer focus across the firm [M]. New York: McGraw – Hill, 2003.

[220] WEBB D. Understanding customer role and its importance in the formation of service quality expectations [J]. Service Industries Journal, 2000, 20 (1): 1 – 21.

[221] WOLFINBARGER M, GILLY M C. eTailQ dimensionalizing, measuring and predicting etail quality [J]. Journal of Retailing, 2003, 79 (3): 183 – 198.

[222] WEINER B, RUSSELL D, LERMAN D. The cognition – emotion process in achievement – related contexts [J]. Journal of Personality and Social Psychology, 1979, 37 (7): 1211 – 1120.

[223] WILSON A, ZEITHAML V A, BITNER M J, et al. Services marketing: Integrating customer focus across the firm [M]. London: The McGraw – Hill Companies, 2008.

[224] WOOLSEY L K. The critical incident technique: An innovative qualitative method of research [J]. Canadian Journal of Counselling, 1986, 20 (4): 242 – 254.

[225] WYCKOFF D D. New tools for achieving service quality [J]. Cornell Hotel and Restaurant Administration Quarterly, 1984, 25 (3): 78.

[226] YAYA L H P, MARIMON F, FA M C. Measuring e – service quality: Reviewing E – S – QUAL [J]. Economic Quality Control, 2012, 27 (1): 19 – 41.

[227] YANG Z, JUN M. Consumer perception of e – service quality: From

internetpurchaser and non - purchaser perspectives [J] . Journal of Business Strategies, 2002, 19 (1): 19 -41.

[228] YANG Z, JUN M. Consumer perception of e - service quality: From internet purchaser and non - purchaser perspectives [J] . Journal of Business Strategies, 2008, 25 (2): 60 -84.

[229] YANG Z, JUN M, PETERSON R T. Measuring customer perceived online servicequality: Scale development and managerial implications [J] . International Journal of Operations & Production Management, 2004, 24 (11): 1149 -1174.

[230] YANG Z, PETERSON R T, CAI S. Services quality dimensions of internet retailing: An exploratory analysis [J] . Journal of Services Marketing, 2003, 17 (7): 685 -700.

[231] YOO B, DONTHU N. Developing a scale to measure the perceived quality of aninternet shopping site (sitequal) [J] . Quarterly Journal of Electronic Commerce, 2001, 2 (1): 31 -47.

[232] YOUNG S, FEIGEN B. Using the benefit chain for improved strategy formulation [J] . Journal of Marketing, 1975, 39 (3): 72 -74.

[233] ZEHIR C, SEHITOGLU Y, NARCIKARA E, et al. E - s - quality, perceived value andloyalty intentions relationships in internet retailers [J] . Procedia - Social and Behavioralsciences, 2014, (150): 1071 -1079.

[234] ZEITHAML V A. Defining and relating prices [A] //Perceived Quality and Perceived Value [M] . MA: Marketing Science Institute, Cambridge, 1987.

[235] ZEITHAML V A. Consumer perceptions of price, quality and value: A means - end model and synthesis of evidence [J] . Journal of Marketing, 1988, 52 (3): 2 -22.

[236] ZEITHAML V A, BERRY L L, PARASURAMAN A. The nature and determinants of customer expectations of service [J] . Journal of the Academy of Marketing Science, 1993, 21 (1): 1 -12.

［237］ ZEITHAML V A, BERRY L L, PARASURAMAN A. The behavioral consequences of service quality ［J］. Journal of Marketing, 1996, 60 (2): 31 –46.

［238］ ZEITHAML V A, BITNER M J. Services marketing: Integrating customer focus across the firm ［M］. 3rd ed. New York: McGraw – Hill, 2003.

［239］ ZEITHAML V A, PARASURAMAN A, BERRY L L. Delivering Service Quality ［M］. New York : Free Press, 1990.

［240］ ZEITHAML V A, PARASURAMAN A, MALHOTRA A. A conceptual framework for understanding e – service quality: Implications for future research and managerial practice ［R］. Working Paper, 2000.

# 附录 A
# 关键事件法调查问卷

尊敬的先生/女士：

您好！这是一项关于网络购物体验的调查，希望能得到您的帮助。请按照您的真实想法作出具体详细的回答。为答谢您的支持和配合，特设置总额为1000元的微信红包，奖励前200名成功提交问卷并通过审核者，衷心感谢您的配合！

1. 近半年您在网上买过东西吗？[单选题]

○买过

○没买过（跳至问卷末尾，提交答卷）

2. 请回想并详细描述一次让您感到**特别满意**的网购经历，内容包括：[填空题]

（1）这是什么时候发生的事情？（2）在哪家网站？（3）当时您买了什么东西？（4）网购过程中什么事情让您感到特别满意？请具体描述。

_ _ _ _ _ _ _ _ _ _ _ _ _ _ _ _ _ _ _ _ _ _ _ _ _ _ _ _ _ _ _ _ _ _ _ _

3. 请回想并详细描述一次让您感到**特别不满意**的网购经历，内容包括：[填空题]

（1）这是什么时候发生的事情？（2）在哪家网站？（3）当时您买了什么东西？（4）网购过程中发生了什么事情？（5）是什么让您感到很不满意？（6）遇到这种情况您是怎么做的？结果如何？

_ _ _ _ _ _ _ _ _ _ _ _ _ _ _ _ _ _ _ _ _ _ _ _ _ _ _ _ _ _ _ _ _ _

4. 您的性别：[单选题]

○男　○女

5. 您的年龄：[单选题]

○18 岁以下　○18 ~ 25 岁　○26 ~ 30 岁

○31 ~ 40 岁　○41 ~ 50 岁　○51 ~ 60 岁

○60 岁以上

6. 您的学历：[单选题]

○研究生及以上　○大学本科　○大学专科

○高中/中专　○初中及以下

7. 您目前从事的职业：[单选题]

○学生（请跳至第 9 题）

○专业人士（教师/医护人员/律师/会计师等）

○事业单位/公务员/政府工作人员

○公司职员

○服务业人员（餐饮服务员/司机/售货员等）

○工人

○自由职业者

○家庭主妇

○其他 _ _ _ _ _ _ _ _ _ _ _ _ _ _ _ _ _ _ _ _

8. 您的收入水平（月薪）：[单选题]

○2000 元以下　○2000 ~ 3000 元　○3000 ~ 5000 元

○5000 ~ 8000 元　○8000 ~ 10000 元　○10000 ~ 20000 元

○20000 元及以上

9. 您的网购经验：[单选题]

○半年以下　○半年至 1 年　○1 ~ 3 年

○3 ~ 5 年　○5 ~ 10 年　○10 年及以上

10. 您的网购频率：[单选题]

○每月不到 1 次　○每月 1 ~ 4 次　○每月 5 ~ 8 次

○每月 9 ~ 15 次　○每月 16 ~ 20 次　○每月 21 ~ 30 次

○每月 30 次以上

11. 您一年的网购消费金额：[单选题]

○1000 元以下　○1000 ~ 3000 元　○3000 ~ 5000 元

○5000 ~ 10000 元　○10000 ~ 20000 元　○20000 ~ 50000 元

○50000 元以上

12. 您最常用的购物网站有哪些？[多选题]

□淘宝　□京东　□唯品会

□亚马逊　□当当　□网易考拉

□洋码头　□苏宁易购　□国美

□其他：_ _ _ _ _ _ _ _ _ _ _ _ _ _ _ _ _ _ _ _

# 附录B
# 购物网站调查问卷(一)

尊敬的先生/女士：

您好！这是一项关于购物网站的调查，希望能得到您的帮助。答案没有对错之分，请按照您的真实想法选择合适的选项。为答谢您的支持，特设置微信红包，前500名成功提交答卷者可获得红包奖励。问卷题项较多，请您耐心作答。衷心感谢您的配合！

1. 最近三个月您在淘宝/天猫、京东之外的购物网站买过东西吗？[单选题]

○买过　　○没买过（请跳至第81题）

2. 您使用最多的非淘宝/天猫、京东购物网站是：[单选题]

○唯品会　　○苏宁易购　　○拼多多

○微店　　○蘑菇街　　○小红书

○当当　　○亚马逊　　○考拉海购

○其他＿＿＿＿＿＿＿＿＿＿＿＿＿＿＿＿＿＿

**以下内容涉及您上题所选的购物网站，请根据您在该网站的购物体验选择合适的选项。**

3. 在这家网站购买的产品质量符合我的预期。[单选题]

○非常同意　　○同意　　○稍微同意　　○不确定

○稍微不同意　　○不同意　　○非常不同意

4. 在这家网站购买的产品质量和网站/商家承诺的一致。[单选题]

○非常同意　○同意　○稍微同意　○不确定

○稍微不同意　○不同意　○非常不同意

5. 在这家网站购买的产品质量好。[单选题]

○非常同意　○同意　○稍微同意　○不确定

○稍微不同意　○不同意　○非常不同意

6. 在这家网站购买的产品是正品。[单选题]

○非常同意　○同意　○稍微同意　○不确定

○稍微不同意　○不同意　○非常不同意

7. 在这家网站购买的产品质量和实体店的一样。[单选题]

○非常同意　○同意　○稍微同意　○不确定

○稍微不同意　○不同意　○非常不同意

8. 在这家网站购买的产品很好用。[单选题]

○非常同意　○同意　○稍微同意　○不确定

○稍微不同意　○不同意　○非常不同意

9. 网站/商家迅速回复您的咨询。[单选题]

○非常同意　○同意　○稍微同意　○不确定

○稍微不同意　○不同意　○非常不同意

10. 网站/商家为我提供有效的帮助。[单选题]

○非常同意　○同意　○稍微同意　○不确定

○稍微不同意　○不同意　○非常不同意

11. 网站/商家为我提供良好的售后服务。[单选题]

○非常同意　○同意　○稍微同意　○不确定

○稍微不同意　○不同意　○非常不同意

12. 网站/商家重视和我的交易。[单选题]

○非常同意　○同意　○稍微同意　○不确定

○稍微不同意　○不同意　○非常不同意

13. 网站/商家服务态度好。[单选题]

○非常同意　○同意　○稍微同意　○不确定
○稍微不同意　○不同意　○非常不同意

14. 出现问题时，网站/商家不推卸责任。[单选题]

○非常同意　○同意　○稍微同意　○不确定
○稍微不同意　○不同意　○非常不同意

15. 如果有问题，可以方便地向网站投诉。[单选题]

○非常同意　○同意　○稍微同意　○不确定
○稍微不同意　○不同意　○非常不同意

16. 网站迅速处理客户投诉。[单选题]

○非常同意　○同意　○稍微同意　○不确定
○稍微不同意　○不同意　○非常不同意

17. 在这家网站，买的东西比预期或计划的要早到。[单选题]

○非常同意　○同意　○稍微同意　○不确定
○稍微不同意　○不同意　○非常不同意

18. 在这家网站，买的东西很快就收到了。[单选题]

○非常同意　○同意　○稍微同意　○不确定
○稍微不同意　○不同意　○非常不同意

19. 在这家网站买了东西，快递延迟送货。[单选题]

○非常同意　○同意　○稍微同意　○不确定
○稍微不同意　○不同意　○非常不同意

20. 在这家网站买了东西，快递超出配送时效。[单选题]

○非常同意　○同意　○稍微同意　○不确定
○稍微不同意　○不同意　○非常不同意

21. 在这家网站，买的东西一直没收到。[单选题]

○非常同意　○同意　○稍微同意　○不确定
○稍微不同意　○不同意　○非常不同意

22. 在这家网站，买的东西比预期或计划的晚到。[单选题]

○非常同意　○同意　○稍微同意　○不确定
○稍微不同意　○不同意　○非常不同意

23. 在这家网站，收到的商品和网站展示的一致。[单选题]

○非常同意　○同意　○稍微同意　○不确定
○稍微不同意　○不同意　○非常不同意

24. 在这家网站，收到的商品尺寸和网站/商家描述的一致。[单选题]

○非常同意　○同意　○稍微同意　○不确定
○稍微不同意　○不同意　○非常不同意

25. 在这家网站，收到的商品就是我想要的。[单选题]

○非常同意　○同意　○稍微同意　○不确定
○稍微不同意　○不同意　○非常不同意

26. 在这家网站，收到的商品和网站/商家宣传的不一致。[单选题]

○非常同意　○同意　○稍微同意　○不确定
○稍微不同意　○不同意　○非常不同意

27. 在这家网站，网站/商家按订单正确地发送了商品。[单选题]

○非常同意　○同意　○稍微同意　○不确定
○稍微不同意　○不同意　○非常不同意

28. 这家网站的商品价格优惠。[单选题]

○非常同意　○同意　○稍微同意　○不确定
○稍微不同意　○不同意　○非常不同意

29. 在这家网站买东西有折扣。[单选题]

○非常同意　○同意　○稍微同意　○不确定
○稍微不同意　○不同意　○非常不同意

30. 网站/商家经常做促销。[单选题]

○非常同意　○同意　○稍微同意　○不确定
○稍微不同意　○不同意　○非常不同意

31. 在这家网站买东西免运费。[单选题]

○非常同意 ○同意 ○稍微同意 ○不确定
○稍微不同意 ○不同意 ○非常不同意

32. 这家网站的商品比实体店便宜。[单选题]

○非常同意 ○同意 ○稍微同意 ○不确定
○稍微不同意 ○不同意 ○非常不同意

33. 这家网站的商品比其他网站便宜。[单选题]

○非常同意 ○同意 ○稍微同意 ○不确定
○稍微不同意 ○不同意 ○非常不同意

34. 在这家网站买东西很划算。[单选题]

○非常同意 ○同意 ○稍微同意 ○不确定
○稍微不同意 ○不同意 ○非常不同意

35. 这家网站有明确的退换货政策。[单选题]

○非常同意 ○同意 ○稍微同意 ○不确定
○稍微不同意 ○不同意 ○非常不同意

36. 这家网站的退换货政策合理。[单选题]

○非常同意 ○同意 ○稍微同意 ○不确定
○稍微不同意 ○不同意 ○非常不同意

37. 网站/商家退换货处理快。[单选题]

○非常同意 ○同意 ○稍微同意 ○不确定
○稍微不同意 ○不同意 ○非常不同意

38. 网站/商家迅速响应顾客的退换货需求。[单选题]

○非常同意 ○同意 ○稍微同意 ○不确定
○稍微不同意 ○不同意 ○非常不同意

39. 在这家网站退换货很方便。[单选题]

○非常同意 ○同意 ○稍微同意 ○不确定
○稍微不同意 ○不同意 ○非常不同意

40. 网站/商家发货快。[单选题]

○非常同意　○同意　○稍微同意　○不确定
○稍微不同意　○不同意　○非常不同意

41. 网站/商家在承诺的时间内发货。[单选题]

○非常同意　○同意　○稍微同意　○不确定
○稍微不同意　○不同意　○非常不同意

42. 网站/商家虚假发货。[单选题]

○非常同意　○同意　○稍微同意　○不确定
○稍微不同意　○不同意　○非常不同意

43. 网站/商家延迟发货。[单选题]

○非常同意　○同意　○稍微同意　○不确定
○稍微不同意　○不同意　○非常不同意

44. 网站/商家故意不发货。[单选题]

○非常同意　○同意　○稍微同意　○不确定
○稍微不同意　○不同意　○非常不同意

45. 网站/商家对自身造成的问题给我提供补偿。[单选题]

○非常同意　○同意　○稍微同意　○不确定
○稍微不同意　○不同意　○非常不同意

46. 价格变动时，网站/商家在规定的期限内给我提供差价补偿。[单选题]

○非常同意　○同意　○稍微同意　○不确定
○稍微不同意　○不同意　○非常不同意

47. 收到的商品损坏，网站/商家给我提供补偿。[单选题]

○非常同意　○同意　○稍微同意　○不确定
○稍微不同意　○不同意　○非常不同意

48. 在这家网站买东西，快递送货上门。[单选题]

○非常同意　○同意　○稍微同意　○不确定
○稍微不同意　○不同意　○非常不同意

49. 在这家网站买东西，快递人员服务态度好。[单选题]

○非常同意 ○同意 ○稍微同意 ○不确定

○稍微不同意 ○不同意 ○非常不同意

50. 在这家网站买东西，偏远地区也送货。[单选题]

○非常同意 ○同意 ○稍微同意 ○不确定

○稍微不同意 ○不同意 ○非常不同意

51. 在这家网站买东西，快递人员送货时没有联系收货人。[单选题]

○非常同意 ○同意 ○稍微同意 ○不确定

○稍微不同意 ○不同意 ○非常不同意

52. 在这家网站买东西，快递自动签收。[单选题]

○非常同意 ○同意 ○稍微同意 ○不确定

○稍微不同意 ○不同意 ○非常不同意

53. 在这家网站购物，收到的商品完好。[单选题]

○非常同意 ○同意 ○稍微同意 ○不确定

○稍微不同意 ○不同意 ○非常不同意

54. 在这家网站购物，收到的商品包装很结实。[单选题]

○非常同意 ○同意 ○稍微同意 ○不确定

○稍微不同意 ○不同意 ○非常不同意

55. 在这家网站购物，收到的商品包装破损。[单选题]

○非常同意 ○同意 ○稍微同意 ○不确定

○稍微不同意 ○不同意 ○非常不同意

56. 这家网站有很多产品可供选择。[单选题]

○非常同意 ○同意 ○稍微同意 ○不确定

○稍微不同意 ○不同意 ○非常不同意

57. 这家网站有实体商店没有的产品。[单选题]

○非常同意 ○同意 ○稍微同意 ○不确定

○稍微不同意 ○不同意 ○非常不同意

58. 这家网站有很多我感兴趣的产品。[单选题]

○非常同意　○同意　○稍微同意　○不确定

○稍微不同意　○不同意　○非常不同意

59. 这家网站有很难找到的产品。[单选题]

○非常同意　○同意　○稍微同意　○不确定

○稍微不同意　○不同意　○非常不同意

60. 这家网站可以找到独特的产品。[单选题]

○非常同意　○同意　○稍微同意　○不确定

○稍微不同意　○不同意　○非常不同意

61. 这家网站购物很方便。[单选题]

○非常同意　○同意　○稍微同意　○不确定

○稍微不同意　○不同意　○非常不同意

62. 这家网站容易使用。[单选题]

○非常同意　○同意　○稍微同意　○不确定

○稍微不同意　○不同意　○非常不同意

63. 这家网站很容易找到我想要的东西。[单选题]

○非常同意　○同意　○稍微同意　○不确定

○稍微不同意　○不同意　○非常不同意

64. 在这家网站很快就完成交易。[单选题]

○非常同意　○同意　○稍微同意　○不确定

○稍微不同意　○不同意　○非常不同意

65. 网站/商家主动向我介绍商品性能。[单选题]

○非常同意　○同意　○稍微同意　○不确定

○稍微不同意　○不同意　○非常不同意

66. 网站/商家主动跟踪商品使用情况。[单选题]

○非常同意　○同意　○稍微同意　○不确定

○稍微不同意　○不同意　○非常不同意

67. 网站/商家提供细心、贴心的服务。[单选题]

○非常同意　○同意　○稍微同意　○不确定

○稍微不同意　○不同意　○非常不同意

68. 网站/商家主动提供商品运输保护措施。[单选题]

○非常同意　○同意　○稍微同意　○不确定

○稍微不同意　○不同意　○非常不同意

69. 网站/商家主动提示商品使用注意事项。[单选题]

○非常同意　○同意　○稍微同意　○不确定

○稍微不同意　○不同意　○非常不同意

70. 这家网站销售的商品都有货。[单选题]

○非常同意　○同意　○稍微同意　○不确定

○稍微不同意　○不同意　○非常不同意

71. 这家网站列出的商品已经缺货。[单选题]

○非常同意　○同意　○稍微同意　○不确定

○稍微不同意　○不同意　○非常不同意

72. 这家网站的库存没有及时更新。[单选题]

○非常同意　○同意　○稍微同意　○不确定

○稍微不同意　○不同意　○非常不同意

73. 这家网站的库存是真实的。[单选题]

○非常同意　○同意　○稍微同意　○不确定

○稍微不同意　○不同意　○非常不同意

74. 这家网站的商品信息正确。[单选题]

○非常同意　○同意　○稍微同意　○不确定

○稍微不同意　○不同意　○非常不同意

75. 这家网站提供了详细的商品信息。[单选题]

○非常同意　○同意　○稍微同意　○不确定

○稍微不同意　○不同意　○非常不同意

76. 这家网站提供了足够的信息，我可以像在商店里一样选购商品。[单选题]

○非常同意　○同意　○稍微同意　○不确定

○稍微不同意　○不同意　○非常不同意

77. 这家网站有足够的安全保障。[单选题]

○非常同意　○同意　○稍微同意　○不确定

○稍微不同意　○不同意　○非常不同意

78. 我觉得在这家网站提供银行卡信息是安全的。[单选题]

○非常同意　○同意　○稍微同意　○不确定

○稍微不同意　○不同意　○非常不同意

79. 我觉得在这家网站的交易是安全的。[单选题]

○非常同意　○同意　○稍微同意　○不确定

○稍微不同意　○不同意　○非常不同意

80. 我觉得可以信任这个网站。[单选题]

○非常同意（填写完该题，请跳至第 239 题）

○同意（填写完该题，请跳至第 239 题）

○稍微同意（填写完该题，请跳至第 239 题）

○不确定（填写完该题，请跳至第 239 题）

○稍微不同意（填写完该题，请跳至第 239 题）

○不同意（填写完该题，请跳至第 239 题）

○非常不同意（填写完该题，请跳至第 239 题）

81. 最近三个月您在京东、淘宝/天猫买过东西吗？[单选题]

○只在京东买过（请跳至第 83 题）

○只在淘宝/天猫买过（请跳至第 161 题）

○在京东和淘宝/天猫都买过

○都没买过（请跳至问卷末尾，提交答卷）

82. 相对而言，您更喜欢京东还是淘宝/天猫？[单选题]

○京东（请跳至第 83 题）

○淘宝/天猫（请跳至第 161 题）

○觉得都不错，没什么偏好（请跳至第 83 题）

○都不喜欢（请跳至第 239 题）

**以下内容涉及您在京东的购物体验，请根据您的真实感觉选择合适的选项。**

83. 在京东购买的产品的质量符合我的预期。[单选题]

○非常同意 ○同意 ○稍微同意 ○不确定

○稍微不同意 ○不同意 ○非常不同意

84. 在京东购买的产品的质量和网站/商家承诺的一致。[单选题]

○非常同意 ○同意 ○稍微同意 ○不确定

○稍微不同意 ○不同意 ○非常不同意

85. 在京东购买的产品质量好。[单选题]

○非常同意 ○同意 ○稍微同意 ○不确定

○稍微不同意 ○不同意 ○非常不同意

86. 在京东购买的产品是正品。[单选题]

○非常同意 ○同意 ○稍微同意 ○不确定

○稍微不同意 ○不同意 ○非常不同意

87. 在京东购买的产品质量和实体店的一样。[单选题]

○非常同意 ○同意 ○稍微同意 ○不确定

○稍微不同意 ○不同意 ○非常不同意

88. 在京东购买的产品好用。[单选题]

○非常同意 ○同意 ○稍微同意 ○不确定

○稍微不同意 ○不同意 ○非常不同意

89. 在京东，网站/商家迅速回复我的咨询。[单选题]

○非常同意 ○同意 ○稍微同意 ○不确定

○稍微不同意 ○不同意 ○非常不同意

90. 在京东，网站/商家为我提供了有效的帮助。[单选题]

○非常同意　○同意　○稍微同意　○不确定

○稍微不同意　○不同意　○非常不同意

91. 在京东，网站/商家为我提供了良好的售后服务。[单选题]

○非常同意　○同意　○稍微同意　○不确定

○稍微不同意　○不同意　○非常不同意

92. 在京东，网站/商家重视和我的交易。[单选题]

○非常同意　○同意　○稍微同意　○不确定

○稍微不同意　○不同意　○非常不同意

93. 在京东，网站/商家的服务态度好。[单选题]

○非常同意　○同意　○稍微同意　○不确定

○稍微不同意　○不同意　○非常不同意

94. 在京东，出现问题时，网站/商家不推卸责任。[单选题]

○非常同意　○同意　○稍微同意　○不确定

○稍微不同意　○不同意　○非常不同意

95. 在京东，如果有问题，可以方便地向网站投诉。[单选题]

○非常同意　○同意　○稍微同意　○不确定

○稍微不同意　○不同意　○非常不同意

96. 在京东，网站迅速处理客户投诉。[单选题]

○非常同意　○同意　○稍微同意　○不确定

○稍微不同意　○不同意　○非常不同意

97. 在京东，买的东西比预期或计划的早到。[单选题]

○非常同意　○同意　○稍微同意　○不确定

○稍微不同意　○不同意　○非常不同意

98. 在京东，买的东西很快就收到了。[单选题]

○非常同意　○同意　○稍微同意　○不确定

○稍微不同意　○不同意　○非常不同意

99. 在京东，快递延迟送货。[单选题]

○非常同意　○同意　○稍微同意　○不确定
○稍微不同意　○不同意　○非常不同意

100. 在京东，快递超出配送时效。[单选题]

○非常同意　○同意　○稍微同意　○不确定
○稍微不同意　○不同意　○非常不同意

101. 在京东，买的东西一直没有收到。[单选题]

○非常同意　○同意　○稍微同意　○不确定
○稍微不同意　○不同意　○非常不同意

102. 在京东，买的东西比预期或计划的晚到。[单选题]

○非常同意　○同意　○稍微同意　○不确定
○稍微不同意　○不同意　○非常不同意

103. 在京东，收到的商品和网站展示的一致。[单选题]

○非常同意　○同意　○稍微同意　○不确定
○稍微不同意　○不同意　○非常不同意

104. 在京东，收到的商品尺寸和网站/商家描述的一致。[单选题]

○非常同意　○同意　○稍微同意　○不确定
○稍微不同意　○不同意　○非常不同意

105. 在京东，收到的商品就是我想要的。[单选题]

○非常同意　○同意　○稍微同意　○不确定
○稍微不同意　○不同意　○非常不同意

106. 在京东，收到的商品和网站/商家宣传的不一样。[单选题]

○非常同意　○同意　○稍微同意　○不确定
○稍微不同意　○不同意　○非常不同意

107. 在京东，网站/商家按订单正确地发送了商品。[单选题]

○非常同意　○同意　○稍微同意　○不确定
○稍微不同意　○不同意　○非常不同意

108. 京东的商品价格很优惠。[单选题]

○非常同意　○同意　○稍微同意　○不确定

○稍微不同意　○不同意　○非常不同意

109. 在京东买东西有折扣。[单选题]

○非常同意　○同意　○稍微同意　○不确定

○稍微不同意　○不同意　○非常不同意

110. 京东经常做促销。[单选题]

○非常同意　○同意　○稍微同意　○不确定

○稍微不同意　○不同意　○非常不同意

111. 在京东买东西免运费。[单选题]

○非常同意　○同意　○稍微同意　○不确定

○稍微不同意　○不同意　○非常不同意

112. 京东的商品比实体店便宜。[单选题]

○非常同意　○同意　○稍微同意　○不确定

○稍微不同意　○不同意　○非常不同意

113. 京东的商品比其他网站便宜。[单选题]

○非常同意　○同意　○稍微同意　○不确定

○稍微不同意　○不同意　○非常不同意

114. 在京东买东西很划算。[单选题]

○非常同意　○同意　○稍微同意　○不确定

○稍微不同意　○不同意　○非常不同意

115. 京东有明确的退换货政策。[单选题]

○非常同意　○同意　○稍微同意　○不确定

○稍微不同意　○不同意　○非常不同意

116. 京东的退换货政策合理。[单选题]

○非常同意　○同意　○稍微同意　○不确定

○稍微不同意　○不同意　○非常不同意

117. 京东的退换货处理快。[单选题]

○非常同意 ○同意 ○稍微同意 ○不确定

○稍微不同意 ○不同意 ○非常不同意

118. 在京东，网站/商家迅速响应顾客的退换货需求。[单选题]

○非常同意 ○同意 ○稍微同意 ○不确定

○稍微不同意 ○不同意 ○非常不同意

119. 在京东退换货很方便。[单选题]

○非常同意 ○同意 ○稍微同意 ○不确定

○稍微不同意 ○不同意 ○非常不同意

120. 在京东，网站/商家发货快。[单选题]

○非常同意 ○同意 ○稍微同意 ○不确定

○稍微不同意 ○不同意 ○非常不同意

121. 在京东，网站/商家在承诺的时间内发货。[单选题]

○非常同意 ○同意 ○稍微同意 ○不确定

○稍微不同意 ○不同意 ○非常不同意

122. 在京东，网站/商家虚假发货。[单选题]

○非常同意 ○同意 ○稍微同意 ○不确定

○稍微不同意 ○不同意 ○非常不同意

123. 在京东，网站/商家延迟发货。[单选题]

○非常同意 ○同意 ○稍微同意 ○不确定

○稍微不同意 ○不同意 ○非常不同意

124. 在京东，网站/商家故意不发货。[单选题]

○非常同意 ○同意 ○稍微同意 ○不确定

○稍微不同意 ○不同意 ○非常不同意

125. 在京东，网站/商家对自身造成的问题给我提供补偿。[单选题]

○非常同意 ○同意 ○稍微同意 ○不确定

○稍微不同意 ○不同意 ○非常不同意

126. 在京东，价格变动时，网站/商家在规定的期限内给我提供差价补偿。[单选题]

○非常同意　○同意　○稍微同意　○不确定

○稍微不同意　○不同意　○非常不同意

127. 在京东，收到的商品损坏，网站/商家给我提供补偿。[单选题]

○非常同意　○同意　○稍微同意　○不确定

○稍微不同意　○不同意　○非常不同意

128. 在京东购物，快递送货上门。[单选题]

○非常同意　○同意　○稍微同意　○不确定

○稍微不同意　○不同意　○非常不同意

129. 在京东购物，快递人员服务态度好。[单选题]

○非常同意　○同意　○稍微同意　○不确定

○稍微不同意　○不同意　○非常不同意

130. 在京东购物，快递偏远地区也送货。[单选题]

○非常同意　○同意　○稍微同意　○不确定

○稍微不同意　○不同意　○非常不同意

131. 在京东购物，快递人员送货时没有联系收货人。[单选题]

○非常同意　○同意　○稍微同意　○不确定

○稍微不同意　○不同意　○非常不同意

132. 在京东购物，快递自动签收。[单选题]

○非常同意　○同意　○稍微同意　○不确定

○稍微不同意　○不同意　○非常不同意

133. 在京东购物，收到的东西完好。[单选题]

○非常同意　○同意　○稍微同意　○不确定

○稍微不同意　○不同意　○非常不同意

134. 在京东购物，收到的商品包装很结实。[单选题]

○非常同意　○同意　○稍微同意　○不确定

○稍微不同意　○不同意　○非常不同意

135. 在京东购物，收到的商品包装破损。[单选题]

○非常同意　○同意　○稍微同意　○不确定

○稍微不同意　○不同意　○非常不同意

136. 京东有很多产品可供选择。[单选题]

○非常同意　○同意　○稍微同意　○不确定

○稍微不同意　○不同意　○非常不同意

137. 京东有实体商店没有的产品。[单选题]

○非常同意　○同意　○稍微同意　○不确定

○稍微不同意　○不同意　○非常不同意

138. 京东有很多我感兴趣的产品。[单选题]

○非常同意　○同意　○稍微同意　○不确定

○稍微不同意　○不同意　○非常不同意

139. 京东有很难找到的产品。[单选题]

○非常同意　○同意　○稍微同意　○不确定

○稍微不同意　○不同意　○非常不同意

140. 在京东可以找到独特的产品。[单选题]

○非常同意　○同意　○稍微同意　○不确定

○稍微不同意　○不同意　○非常不同意

141. 在京东购物很方便。[单选题]

○非常同意　○同意　○稍微同意　○不确定

○稍微不同意　○不同意　○非常不同意

142. 京东网站容易使用。[单选题]

○非常同意　○同意　○稍微同意　○不确定

○稍微不同意　○不同意　○非常不同意

143. 在京东，很容易找到我想要的东西。[单选题]

○非常同意　○同意　○稍微同意　○不确定

○稍微不同意 ○不同意 ○非常不同意

144. 在京东，很快就可以完成交易。[单选题]

○非常同意 ○同意 ○稍微同意 ○不确定

○稍微不同意 ○不同意 ○非常不同意

145. 在京东，网站/商家主动向我介绍商品性能。[单选题]

○非常同意 ○同意 ○稍微同意 ○不确定

○稍微不同意 ○不同意 ○非常不同意

146. 在京东，网站/商家主动跟踪商品使用情况。[单选题]

○非常同意 ○同意 ○稍微同意 ○不确定

○稍微不同意 ○不同意 ○非常不同意

147. 在京东，网站/商家提供细心、贴心的服务。[单选题]

○非常同意 ○同意 ○稍微同意 ○不确定

○稍微不同意 ○不同意 ○非常不同意

148. 在京东，网站/商家主动提供商品运输保护措施。[单选题]

○非常同意 ○同意 ○稍微同意 ○不确定

○稍微不同意 ○不同意 ○非常不同意

149. 在京东，网站/商家主动提示商品使用注意事项。[单选题]

○非常同意 ○同意 ○稍微同意 ○不确定

○稍微不同意 ○不同意 ○非常不同意

150. 在京东，销售的商品都有货。[单选题]

○非常同意 ○同意 ○稍微同意 ○不确定

○稍微不同意 ○不同意 ○非常不同意

151. 在京东，列出的商品已经缺货。[单选题]

○非常同意 ○同意 ○稍微同意 ○不确定

○稍微不同意 ○不同意 ○非常不同意

152. 在京东，库存没有及时更新。[单选题]

○非常同意 ○同意 ○稍微同意 ○不确定

○稍微不同意　○不同意　○非常不同意

153. 在京东，库存是真实的。[单选题]

○非常同意　○同意　○稍微同意　○不确定

○稍微不同意　○不同意　○非常不同意

154. 京东的商品信息正确。[单选题]

○非常同意　○同意　○稍微同意　○不确定

○稍微不同意　○不同意　○非常不同意

155. 京东提供了详细的商品信息。[单选题]

○非常同意　○同意　○稍微同意　○不确定

○稍微不同意　○不同意　○非常不同意

156. 京东提供了足够的信息，这样我就可以像在商店里一样选购商品。[单选题]

○非常同意　○同意　○稍微同意　○不确定

○稍微不同意　○不同意　○非常不同意

157. 京东有足够的安全保障。[单选题]

○非常同意　○同意　○稍微同意　○不确定

○稍微不同意　○不同意　○非常不同意

158. 我觉得在京东提供银行卡信息是安全的。[单选题]

○非常同意　○同意　○稍微同意　○不确定

○稍微不同意　○不同意　○非常不同意

159. 我觉得在京东的交易是安全的。[单选题]

○非常同意　○同意　○稍微同意　○不确定

○稍微不同意　○不同意　○非常不同意

160. 我觉得可以信任京东。[单选题]

○非常同意（填写完该题，请跳至第 239 题）

○同意（填写完该题，请跳至第 239 题）

○稍微同意（填写完该题，请跳至第 239 题）

○不确定（填写完该题，请跳至第 239 题）

○稍微不同意（填写完该题，请跳至第 239 题）

○不同意（填写完该题，请跳至第 239 题）

○非常不同意（填写完该题，请跳至第 239 题）

**以下内容涉及您在淘宝/天猫的购物体验，请根据您的真实感觉选择合适的选项。**

161. 在淘宝/天猫购买的产品的质量符合我的预期。[单选题]

○非常同意　○同意　○稍微同意　○不确定

○稍微不同意　○不同意　○非常不同意

162. 在淘宝/天猫购买的产品的质量和商家承诺的一致。[单选题]

○非常同意　○同意　○稍微同意　○不确定

○稍微不同意　○不同意　○非常不同意

163. 在淘宝/天猫购买的产品质量好。[单选题]

○非常同意　○同意　○稍微同意　○不确定

○稍微不同意　○不同意　○非常不同意

164. 在淘宝/天猫购买的产品是正品。[单选题]

○非常同意　○同意　○稍微同意　○不确定

○稍微不同意　○不同意　○非常不同意

165. 在淘宝/天猫购买的产品质量和实体店的一样。[单选题]

○非常同意　○同意　○稍微同意　○不确定

○稍微不同意　○不同意　○非常不同意

166. 在淘宝/天猫购买的产品好用。[单选题]

○非常同意　○同意　○稍微同意　○不确定

○稍微不同意　○不同意　○非常不同意

167. 在淘宝/天猫，商家迅速回复我的咨询。[单选题]

○非常同意　○同意　○稍微同意　○不确定

○稍微不同意　○不同意　○非常不同意

168. 在淘宝/天猫，商家提供了有效的帮助。[单选题]

○非常同意　○同意　○稍微同意　○不确定

○稍微不同意　○不同意　○非常不同意

169. 在淘宝/天猫，商家提供了良好的售后服务。[单选题]

○非常同意　○同意　○稍微同意　○不确定

○稍微不同意　○不同意　○非常不同意

170. 在淘宝/天猫，商家重视和我的交易。[单选题]

○非常同意　○同意　○稍微同意　○不确定

○稍微不同意　○不同意　○非常不同意

171. 在淘宝/天猫，商家服务态度好。[单选题]

○非常同意　○同意　○稍微同意　○不确定

○稍微不同意　○不同意　○非常不同意

172. 在淘宝/天猫，出现问题时，商家不推卸责任。[单选题]

○非常同意　○同意　○稍微同意　○不确定

○稍微不同意　○不同意　○非常不同意

173. 在淘宝/天猫，如果有问题，可以方便地向网站投诉。[单选题]

○非常同意　○同意　○稍微同意　○不确定

○稍微不同意　○不同意　○非常不同意

174. 在淘宝/天猫，网站迅速处理客户投诉。[单选题]

○非常同意　○同意　○稍微同意　○不确定

○稍微不同意　○不同意　○非常不同意

175. 在淘宝/天猫，买的东西比预期或计划的早到。[单选题]

○非常同意　○同意　○稍微同意　○不确定

○稍微不同意　○不同意　○非常不同意

176. 在淘宝/天猫，买的东西很快就收到了。[单选题]

○非常同意　○同意　○稍微同意　○不确定

○稍微不同意　○不同意　○非常不同意

177. 在淘宝/天猫购物，快递延迟送货。[单选题]

○非常同意　○同意　○稍微同意　○不确定

○稍微不同意　○不同意　○非常不同意

178. 在淘宝/天猫购物，快递超出配送时效。[单选题]

○非常同意　○同意　○稍微同意　○不确定

○稍微不同意　○不同意　○非常不同意

179. 在淘宝/天猫，买的东西一直没有收到。[单选题]

○非常同意　○同意　○稍微同意　○不确定

○稍微不同意　○不同意　○非常不同意

180. 在淘宝/天猫，买的东西比预期或计划的晚到。[单选题]

○非常同意　○同意　○稍微同意　○不确定

○稍微不同意　○不同意　○非常不同意

181. 在淘宝/天猫，收到的商品和网站展示的一致。[单选题]

○非常同意　○同意　○稍微同意　○不确定

○稍微不同意　○不同意　○非常不同意

182. 在淘宝/天猫，收到商品的尺寸和网站/商家描述的一致。[单选题]

○非常同意　○同意　○稍微同意　○不确定

○稍微不同意　○不同意　○非常不同意

183. 在淘宝/天猫，收到的商品就是我想要的。[单选题]

○非常同意　○同意　○稍微同意　○不确定

○稍微不同意　○不同意　○非常不同意

184. 在淘宝/天猫，收到的商品和商家宣传的不一样。[单选题]

○非常同意　○同意　○稍微同意　○不确定

○稍微不同意　○不同意　○非常不同意

185. 在淘宝/天猫，商家按订单正确地发送了商品。[单选题]

○非常同意　○同意　○稍微同意　○不确定

○稍微不同意　○不同意　○非常不同意

186. 在淘宝/天猫的商品价格优惠。[单选题]

○非常同意 ○同意 ○稍微同意 ○不确定

○稍微不同意 ○不同意 ○非常不同意

187. 在淘宝/天猫买东西有折扣。[单选题]

○非常同意 ○同意 ○稍微同意 ○不确定

○稍微不同意 ○不同意 ○非常不同意

188. 在淘宝/天猫，网站/商家经常做促销。[单选题]

○非常同意 ○同意 ○稍微同意 ○不确定

○稍微不同意 ○不同意 ○非常不同意

189. 在淘宝/天猫买东西免运费。[单选题]

○非常同意 ○同意 ○稍微同意 ○不确定

○稍微不同意 ○不同意 ○非常不同意

190. 淘宝/天猫的商品比实体店便宜。[单选题]

○非常同意 ○同意 ○稍微同意 ○不确定

○稍微不同意 ○不同意 ○非常不同意

191. 淘宝/天猫的商品比其他网站便宜。[单选题]

○非常同意 ○同意 ○稍微同意 ○不确定

○稍微不同意 ○不同意 ○非常不同意

192. 在淘宝/天猫买东西很划算。[单选题]

○非常同意 ○同意 ○稍微同意 ○不确定

○稍微不同意 ○不同意 ○非常不同意

193. 淘宝/天猫有明确的退换货政策。[单选题]

○非常同意 ○同意 ○稍微同意 ○不确定

○稍微不同意 ○不同意 ○非常不同意

194. 淘宝/天猫的退换货政策合理。[单选题]

○非常同意 ○同意 ○稍微同意 ○不确定

○稍微不同意 ○不同意 ○非常不同意

195. 在淘宝/天猫，商家的退换货处理快。[单选题]

○非常同意　○同意　○稍微同意　○不确定
○稍微不同意　○不同意　○非常不同意

196. 在淘宝/天猫，商家迅速响应顾客的退换货需求。[单选题]

○非常同意　○同意　○稍微同意　○不确定
○稍微不同意　○不同意　○非常不同意

197. 在淘宝/天猫退换货很方便。[单选题]

○非常同意　○同意　○稍微同意　○不确定
○稍微不同意　○不同意　○非常不同意

198. 在淘宝/天猫，商家发货快。[单选题]

○非常同意　○同意　○稍微同意　○不确定
○稍微不同意　○不同意　○非常不同意

199. 在淘宝/天猫，商家在承诺的时间内发货。[单选题]

○非常同意　○同意　○稍微同意　○不确定
○稍微不同意　○不同意　○非常不同意

200. 在淘宝/天猫，商家虚假发货。[单选题]

○非常同意　○同意　○稍微同意　○不确定
○稍微不同意　○不同意　○非常不同意

201. 在淘宝/天猫，商家延迟发货。[单选题]

○非常同意　○同意　○稍微同意　○不确定
○稍微不同意　○不同意　○非常不同意

202. 在淘宝/天猫，商家故意不发货。[单选题]

○非常同意　○同意　○稍微同意　○不确定
○稍微不同意　○不同意　○非常不同意

203. 在淘宝/天猫，商家对自身造成的问题给我提供补偿。[单选题]

○非常同意　○同意　○稍微同意　○不确定
○稍微不同意　○不同意　○非常不同意

204. 在淘宝/天猫，价格变动时，商家在规定的期限内给我提供差价补偿。[单选题]

○非常同意　○同意　○稍微同意　○不确定

○稍微不同意　○不同意　○非常不同意

205. 在淘宝/天猫，收到的商品损坏，商家给我提供补偿。[单选题]

○非常同意　○同意　○稍微同意　○不确定

○稍微不同意　○不同意　○非常不同意

206. 在淘宝/天猫购物，快递送货上门。[单选题]

○非常同意　○同意　○稍微同意　○不确定

○稍微不同意　○不同意　○非常不同意

207. 在淘宝/天猫购物，快递人员服务态度好。[单选题]

○非常同意　○同意　○稍微同意　○不确定

○稍微不同意　○不同意　○非常不同意

208. 在淘宝/天猫购物，快递偏远地区也送货。[单选题]

○非常同意　○同意　○稍微同意　○不确定

○稍微不同意　○不同意　○非常不同意

209. 在淘宝/天猫购物，快递人员送货时没有联系收货人。[单选题]

○非常同意　○同意　○稍微同意　○不确定

○稍微不同意　○不同意　○非常不同意

210. 在淘宝/天猫购物，快递自动签收。[单选题]

○非常同意　○同意　○稍微同意　○不确定

○稍微不同意　○不同意　○非常不同意

211. 在淘宝/天猫购物，收到的东西完好。[单选题]

○非常同意　○同意　○稍微同意　○不确定

○稍微不同意　○不同意　○非常不同意

212. 在淘宝/天猫购物，收到的商品包装很结实。[单选题]

○非常同意　○同意　○稍微同意　○不确定

○稍微不同意　○不同意　○非常不同意

213. 在淘宝/天猫购物，收到的商品包装破损。[单选题]

○非常同意　○同意　○稍微同意　○不确定

○稍微不同意　○不同意　○非常不同意

214. 淘宝/天猫有很多产品可供选择。[单选题]

○非常同意　○同意　○稍微同意　○不确定

○稍微不同意　○不同意　○非常不同意

215. 淘宝/天猫有实体商店没有的产品。[单选题]

○非常同意　○同意　○稍微同意　○不确定

○稍微不同意　○不同意　○非常不同意

216. 淘宝/天猫有很多我感兴趣的产品。[单选题]

○非常同意　○同意　○稍微同意　○不确定

○稍微不同意　○不同意　○非常不同意

217. 淘宝/天猫有很难找到的产品。[单选题]

○非常同意　○同意　○稍微同意　○不确定

○稍微不同意　○不同意　○非常不同意

218. 在淘宝/天猫可以找到独特的产品。[单选题]

○非常同意　○同意　○稍微同意　○不确定

○稍微不同意　○不同意　○非常不同意

219. 在淘宝/天猫购物很方便。[单选题]

○非常同意　○同意　○稍微同意　○不确定

○稍微不同意　○不同意　○非常不同意

220. 淘宝/天猫容易使用。[单选题]

○非常同意　○同意　○稍微同意　○不确定

○稍微不同意　○不同意　○非常不同意

221. 在淘宝/天猫，很容易找到我想要的东西。[单选题]

○非常同意　○同意　○稍微同意　○不确定

○稍微不同意　○不同意　○非常不同意

222. 在淘宝/天猫，很快就可以完成交易。[单选题]

○非常同意　○同意　○稍微同意　○不确定

○稍微不同意　○不同意　○非常不同意

223. 在淘宝/天猫，商家主动向我介绍商品性能。[单选题]

○非常同意　○同意　○稍微同意　○不确定

○稍微不同意　○不同意　○非常不同意

224. 在淘宝/天猫，商家主动跟踪商品使用情况。[单选题]

○非常同意　○同意　○稍微同意　○不确定

○稍微不同意　○不同意　○非常不同意

225. 在淘宝/天猫，商家提供细心、贴心的服务。[单选题]

○非常同意　○同意　○稍微同意　○不确定

○稍微不同意　○不同意　○非常不同意

226. 在淘宝/天猫，商家主动提供商品运输保护措施。[单选题]

○非常同意　○同意　○稍微同意　○不确定

○稍微不同意　○不同意　○非常不同意

227. 在淘宝/天猫，商家主动提示商品使用注意事项。[单选题]

○非常同意　○同意　○稍微同意　○不确定

○稍微不同意　○不同意　○非常不同意

228. 在淘宝/天猫，销售的商品都有货。[单选题]

○非常同意　○同意　○稍微同意　○不确定

○稍微不同意　○不同意　○非常不同意

229. 在淘宝/天猫，列出的商品已经缺货。[单选题]

○非常同意　○同意　○稍微同意　○不确定

○稍微不同意　○不同意　○非常不同意

230. 在淘宝/天猫，库存没有及时更新。[单选题]

○非常同意　○同意　○稍微同意　○不确定

○稍微不同意　○不同意　○非常不同意

231. 在淘宝/天猫，库存是真实的。[单选题]

○非常同意　○同意　○稍微同意　○不确定

○稍微不同意　○不同意　○非常不同意

232. 淘宝/天猫的商品信息正确。[单选题]

○非常同意　○同意　○稍微同意　○不确定

○稍微不同意　○不同意　○非常不同意

233. 淘宝/天猫为我提供了详细的商品信息。[单选题]

○非常同意　○同意　○稍微同意　○不确定

○稍微不同意　○不同意　○非常不同意

234. 淘宝/天猫提供了足够的信息，这样我就可以像在商店里一样选购商品。[单选题]

○非常同意　○同意　○稍微同意　○不确定

○稍微不同意　○不同意　○非常不同意

235. 淘宝/天猫有足够的安全保障。[单选题]

○非常同意　○同意　○稍微同意　○不确定

○稍微不同意　○不同意　○非常不同意

236. 我觉得在淘宝/天猫提供银行卡信息是安全的。[单选题]

○非常同意　○同意　○稍微同意　○不确定

○稍微不同意　○不同意　○非常不同意

237. 我觉得在淘宝/天猫的交易是安全的。[单选题]

○非常同意　○同意　○稍微同意　○不确定

○稍微不同意　○不同意　○非常不同意

238. 我觉得可以信任淘宝/天猫。[单选题]

○非常同意　○同意　○稍微同意　○不确定

○稍微不同意　○不同意　○非常不同意

239. 您的性别：[单选题]

○男　○女

240. 您的年龄段：[单选题]

○18 岁以下　○18 ~25 岁　○26 ~30 岁

○31 ~40 岁　○41 ~50 岁　○51 ~60 岁

○60 岁以上

241. 您的学历：[单选题]

○研究生及以上　○大学本科　○大学专科

○高中/中专　○初中及以下

242. 您目前从事的职业：[单选题]

○全日制学生　○公司职员

○党政机关事业单位员工

○自由职业者

○其他＿＿＿＿＿＿＿＿＿＿＿＿＿＿＿＿＿＿

243. 您的月收入：[单选题]

○2000 元及以下　○2001 ~3000 元

○3001 ~5000 元　○5001 ~10000 元

○10001 ~20000 元　○20001 ~50000 元

○50000 元以上

244. 你的网购历史：[单选题]

○半年以下　○半年至 1 年　○2 ~5 年

○6 ~10 年　○10 ~15 年　○15 年以上

245. 您的网购频率：[单选题]

○每月不到 1 次　○每月 1 ~4 次　○每月 5 ~8 次

○每月 9 ~15 次　○每月 16 ~20 次　○每月 21 ~30 次

○每月 30 次以上

246. 请选择 3 个您最常用的购物网站。[多选题]

□淘宝/天猫　□京东　□唯品会

□苏宁易购　　□拼多多　　□微店

□亚马逊　　□当当　　□考拉海购

□小红书　　□蘑菇街

□其他 _____________________

# 附录 C　购物网站调查问卷(二)

尊敬的先生/女士：

您好！这是一项关于购物网站的调查，希望能得到您的帮助。答案没有对错之分，请按照您的真实想法选择合适的选项。为答谢您的支持，特设置微信红包，前 400 名成功提交问卷并通过审核者可获得红包奖励。衷心感谢您的配合！

1. 最近三个月您在京东或者淘宝/天猫买过东西吗？[单选题]

○只在京东买过（请跳至第 3 题）

○只在淘宝/天猫买过（请跳至第 42 题）

○在京东和淘宝/天猫都买过

○都没买过（请跳至问卷末尾，提交答卷）

2. 相对而言，您更喜欢京东还是淘宝/天猫？[单选题]

○京东（请跳至第 3 题）

○淘宝/天猫（请跳至第 42 题）

○觉得都不错，没什么偏好（请跳至第 3 题）

○都不喜欢（请跳至第 3 题）

**以下内容涉及您在京东的购物体验，请根据您的真实感觉选择合适的选项。**

3. 在京东购买的产品的质量符合我的预期。[单选题]

○非常同意　　○同意　　○稍微同意　　○不确定

○稍微不同意　○不同意　○非常不同意

4. 在京东购买的产品质量和网站/商家承诺的一致。[单选题]

○非常同意　○同意　○稍微同意　○不确定

○稍微不同意　○不同意　○非常不同意

5. 在京东购买的产品质量好。[单选题]

○非常同意　○同意　○稍微同意　○不确定

○稍微不同意　○不同意　○非常不同意

6. 在京东购买的产品是正品。[单选题]

○非常同意　○同意　○稍微同意　○不确定

○稍微不同意　○不同意　○非常不同意

7. 在京东购买的产品质量和实体店的一样。[单选题]

○非常同意　○同意　○稍微同意　○不确定

○稍微不同意　○不同意　○非常不同意

8. 在京东购买的产品很好用。[单选题]

○非常同意　○同意　○稍微同意　○不确定

○稍微不同意　○不同意　○非常不同意

9. 在京东，网站/商家迅速回复我的咨询。[单选题]

○非常同意　○同意　○稍微同意　○不确定

○稍微不同意　○不同意　○非常不同意

10. 在京东，网站/商家为我提供了有效的帮助。[单选题]

○非常同意　○同意　○稍微同意　○不确定

○稍微不同意　○不同意　○非常不同意

11. 在京东，网站/商家为我提供了良好的售后服务。[单选题]

○非常同意　○同意　○稍微同意　○不确定

○稍微不同意　○不同意　○非常不同意

12. 在京东，网站/商家重视和我的交易。[单选题]

○非常同意　○同意　○稍微同意　○不确定

○稍微不同意　　○不同意　　○非常不同意

13. 在京东，网站/商家的服务态度好。[单选题]

○非常同意　　○同意　　○稍微同意　　○不确定

○稍微不同意　　○不同意　　○非常不同意

14. 京东的商品价格很优惠。[单选题]

○非常同意　　○同意　　○稍微同意　　○不确定

○稍微不同意　　○不同意　　○非常不同意

15. 在京东买东西有折扣。[单选题]

○非常同意　　○同意　　○稍微同意　　○不确定

○稍微不同意　　○不同意　　○非常不同意

16. 京东经常做促销。[单选题]

○非常同意　　○同意　　○稍微同意　　○不确定

○稍微不同意　　○不同意　　○非常不同意

17. 京东的商品比实体店便宜。[单选题]

○非常同意　　○同意　　○稍微同意　　○不确定

○稍微不同意　　○不同意　　○非常不同意

18. 京东的商品比其他网站便宜。[单选题]

○非常同意　　○同意　　○稍微同意　　○不确定

○稍微不同意　　○不同意　　○非常不同意

19. 在京东买东西很划算。[单选题]

○非常同意　　○同意　　○稍微同意　　○不确定

○稍微不同意　　○不同意　　○非常不同意

20. 京东的退换货政策合理。[单选题]

○非常同意　　○同意　　○稍微同意　　○不确定

○稍微不同意　　○不同意　　○非常不同意

21. 京东的退换货处理快。[单选题]

○非常同意　　○同意　　○稍微同意　　○不确定

○稍微不同意　○不同意　○非常不同意

22. 在京东，网站/商家迅速响应顾客的退换货需求。[单选题]

○非常同意　○同意　○稍微同意　○不确定

○稍微不同意　○不同意　○非常不同意

23. 在京东退换货很方便。[单选题]

○非常同意　○同意　○稍微同意　○不确定

○稍微不同意　○不同意　○非常不同意

24. 在京东购物很方便。[单选题]

○非常同意　○同意　○稍微同意　○不确定

○稍微不同意　○不同意　○非常不同意

25. 京东网站容易使用。[单选题]

○非常同意　○同意　○稍微同意　○不确定

○稍微不同意　○不同意　○非常不同意

26. 在京东，很容易找到我想要的东西。[单选题]

○非常同意　○同意　○稍微同意　○不确定

○稍微不同意　○不同意　○非常不同意

27. 在京东，很快就可以完成交易。[单选题]

○非常同意　○同意　○稍微同意　○不确定

○稍微不同意　○不同意　○非常不同意

28. 在京东，网站/商家主动跟踪商品使用情况。[单选题]

○非常同意　○同意　○稍微同意　○不确定

○稍微不同意　○不同意　○非常不同意

29. 在京东，网站/商家为我提供细心、贴心的服务。[单选题]

○非常同意　○同意　○稍微同意　○不确定

○稍微不同意　○不同意　○非常不同意

30. 在京东，网站/商家主动为我提供商品运输保护措施。[单选题]

○非常同意　○同意　○稍微同意　○不确定

○稍微不同意　○不同意　○非常不同意

31. 在京东，网站/商家主动提示商品使用注意事项。[单选题]

○非常同意　○同意　○稍微同意　○不确定

○稍微不同意　○不同意　○非常不同意

32. 根据我的购买体验，我觉得京东的整体服务质量。[单选题]

○非常好　○很好　○比较好　○一般

○比较差　○很差　○非常差

33. 下次我还在京东买东西。[单选题]

○非常同意　○同意　○稍微同意　○不确定

○稍微不同意　○不同意　○非常不同意

34. 我非常喜欢在京东买东西。[单选题]

○非常同意　○同意　○稍微同意　○不确定

○稍微不同意　○不同意　○非常不同意

35. 我认为在京东购物是一个明智的选择。[单选题]

○非常同意　○同意　○稍微同意　○不确定

○稍微不同意　○不同意　○非常不同意

36. 我对京东总体感到满意。[单选题]

○非常同意　○同意　○稍微同意　○不确定

○稍微不同意　○不同意　○非常不同意

37. 我向别人推荐京东。[单选题]

○非常同意　○同意　○稍微同意　○不确定

○稍微不同意　○不同意　○非常不同意

38. 我鼓励亲戚朋友在京东买东西。[单选题]

○非常同意　○同意　○稍微同意　○不确定

○稍微不同意　○不同意　○非常不同意

39. 我对别人说京东好的方面。[单选题]

○非常同意　○同意　○稍微同意　○不确定

○稍微不同意　○不同意　○非常不同意

40. 京东是我网购的首选。[单选题]

○非常同意　○同意　○稍微同意　○不确定

○稍微不同意　○不同意　○非常不同意

41. 以后我还会在京东买更多的东西。[单选题]

○非常同意（填写完该题，请跳至第 81 题）

○同意（填写完该题，请跳至第 81 题）

○稍微同意（填写完该题，请跳至第 81 题）

○不确定（填写完该题，请跳至第 81 题）

○稍微不同意（填写完该题，请跳至第 81 题）

○不同意（填写完该题，请跳至第 81 题）

○非常不同意（填写完该题，请跳至第 81 题）

**以下内容涉及您在淘宝/天猫的购物体验，请根据您的真实感觉选择合适的选项。**

42. 在淘宝/天猫购买的产品的质量符合我的预期。[单选题]

○非常同意　○同意　○稍微同意　○不确定

○稍微不同意　○不同意　○非常不同意

43. 在淘宝/天猫购买的产品的质量和商家承诺的一致。[单选题]

○非常同意　○同意　○稍微同意　○不确定

○稍微不同意　○不同意　○非常不同意

44. 在淘宝/天猫购买的产品质量好。[单选题]

○非常同意　○同意　○稍微同意　○不确定

○稍微不同意　○不同意　○非常不同意

45. 在淘宝/天猫购买的产品是正品。[单选题]

○非常同意　○同意　○稍微同意　○不确定

○稍微不同意　○不同意　○非常不同意

46. 在淘宝/天猫购买的产品的质量和实体店的一样。[单选题]

○非常同意　○同意　○稍微同意　○不确定

○稍微不同意　○不同意　○非常不同意

47. 在淘宝/天猫购买的产品很好用。[单选题]

○非常同意　○同意　○稍微同意　○不确定

○稍微不同意　○不同意　○非常不同意

48. 在淘宝/天猫，商家迅速回复我的咨询。[单选题]

○非常同意　○同意　○稍微同意　○不确定

○稍微不同意　○不同意　○非常不同意

49. 在淘宝/天猫，商家为我提供了有效的帮助。[单选题]

○非常同意　○同意　○稍微同意　○不确定

○稍微不同意　○不同意　○非常不同意

50. 在淘宝/天猫，商家为我提供了良好的售后服务。[单选题]

○非常同意　○同意　○稍微同意　○不确定

○稍微不同意　○不同意　○非常不同意

51. 在淘宝/天猫，商家重视和我的交易。[单选题]

○非常同意　○同意　○稍微同意　○不确定

○稍微不同意　○不同意　○非常不同意

52. 在淘宝/天猫，商家服务态度很好。[单选题]

○非常同意　○同意　○稍微同意　○不确定

○稍微不同意　○不同意　○非常不同意

53. 淘宝/天猫的商品价格优惠。[单选题]

○非常同意　○同意　○稍微同意　○不确定

○稍微不同意　○不同意　○非常不同意

54. 在淘宝/天猫买东西有折扣。[单选题]

○非常同意　○同意　○稍微同意　○不确定

○稍微不同意　○不同意　○非常不同意

55. 在淘宝/天猫，网站/商家经常做促销。[单选题]

○非常同意 ○同意 ○稍微同意 ○不确定

○稍微不同意 ○不同意 ○非常不同意

56. 淘宝/天猫的商品比实体店便宜。[单选题]

○非常同意 ○同意 ○稍微同意 ○不确定

○稍微不同意 ○不同意 ○非常不同意

57. 淘宝/天猫的商品比其他网站便宜。[单选题]

○非常同意 ○同意 ○稍微同意 ○不确定

○稍微不同意 ○不同意 ○非常不同意

58. 在淘宝/天猫买东西很划算。[单选题]

○非常同意 ○同意 ○稍微同意 ○不确定

○稍微不同意 ○不同意 ○非常不同意

59. 淘宝/天猫的退换货政策合理。[单选题]

○非常同意 ○同意 ○稍微同意 ○不确定

○稍微不同意 ○不同意 ○非常不同意

60. 在淘宝/天猫，商家的退换货处理快。[单选题]

○非常同意 ○同意 ○稍微同意 ○不确定

○稍微不同意 ○不同意 ○非常不同意

61. 在淘宝/天猫，商家迅速响应顾客的退换货需求。[单选题]

○非常同意 ○同意 ○稍微同意 ○不确定

○稍微不同意 ○不同意 ○非常不同意

62. 在淘宝/天猫退换货很方便。[单选题]

○非常同意 ○同意 ○稍微同意 ○不确定

○稍微不同意 ○不同意 ○非常不同意

63. 在淘宝/天猫购物很方便。[单选题]

○非常同意 ○同意 ○稍微同意 ○不确定

○稍微不同意 ○不同意 ○非常不同意

64. 淘宝/天猫容易使用。[单选题]

○非常同意　○同意　○稍微同意　○不确定

○稍微不同意　○不同意　○非常不同意

65. 在淘宝/天猫，很容易找到我想要的东西。[单选题]

○非常同意　○同意　○稍微同意　○不确定

○稍微不同意　○不同意　○非常不同意

66. 在淘宝/天猫，很快就可以完成交易。[单选题]

○非常同意　○同意　○稍微同意　○不确定

○稍微不同意　○不同意　○非常不同意

67. 在淘宝/天猫，商家主动跟踪商品使用情况。[单选题]

○非常同意　○同意　○稍微同意　○不确定

○稍微不同意　○不同意　○非常不同意

68. 在淘宝/天猫，商家为我提供了细心、贴心的服务。[单选题]

○非常同意　○同意　○稍微同意　○不确定

○稍微不同意　○不同意　○非常不同意

69. 在淘宝/天猫，商家主动为我提供了商品运输保护措施。[单选题]

○非常同意　○同意　○稍微同意　○不确定

○稍微不同意　○不同意　○非常不同意

70. 在淘宝/天猫，商家主动提示商品使用注意事项。[单选题]

○非常同意　○同意　○稍微同意　○不确定

○稍微不同意　○不同意　○非常不同意

71. 根据我的购买体验，我觉得淘宝/天猫整体服务质量。[单选题]

○非常好　○很好　○比较好　○一般

○比较差　○很差　○非常差

72. 下次我还在淘宝/天猫买东西。[单选题]

○非常同意　○同意　○稍微同意　○不确定

○稍微不同意　○不同意　○非常不同意

73. 我非常喜欢在淘宝/天猫买东西。[单选题]

○非常同意　○同意　○稍微同意　○不确定

○稍微不同意　○不同意　○非常不同意

74. 我认为在淘宝/天猫购物是一个明智的选择。[单选题]

○非常同意　○同意　○稍微同意　○不确定

○稍微不同意　○不同意　○非常不同意

75. 我对淘宝/天猫总体感到满意。[单选题]

○非常同意　○同意　○稍微同意　○不确定

○稍微不同意　○不同意　○非常不同意

76. 我向别人推荐淘宝/天猫。[单选题]

○非常同意　○同意　○稍微同意　○不确定

○稍微不同意　○不同意　○非常不同意

77. 我鼓励亲戚朋友在淘宝/天猫买东西。[单选题]

○非常同意　○同意　○稍微同意　○不确定

○稍微不同意　○不同意　○非常不同意

78. 我对别人说淘宝/天猫好的方面。[单选题]

○非常同意　○同意　○稍微同意　○不确定

○稍微不同意　○不同意　○非常不同意

79. 淘宝/天猫是我网购的首选。[单选题]

○非常同意　○同意　○稍微同意　○不确定

○稍微不同意　○不同意　○非常不同意

80. 以后我还会在淘宝/天猫买更多的东西。[单选题]

○非常同意　○同意　○稍微同意　○不确定

○稍微不同意　○不同意　○非常不同意

81. 您的性别：[单选题]

○男　○女

82. 您的年龄段：[单选题]

○18 岁以下　○18～25 岁　○26～30 岁　○31～40 岁
○41～50 岁　○51～60 岁　○60 岁以上

83. 您的学历：[单选题]

○研究生及以上　○大学本科　○大学专科
○高中/中专　○初中及以下

84. 您目前从事的职业：[单选题]

○全日制学生　○公司职员　○党政机关事业单位员工
○自由职业者　○其他 _ _ _ _ _ _ _ _ _ _ _ _ _ _ _

85. 您的月收入：[单选题]

○2000 元及以下　○2001～3000 元
○3001～5000 元　○5001～10000 元
○10001～20000 元　○20001～50000 元
○50000 元以上

86. 你的网购历史：[单选题]

○半年以下　○半年至 1 年　○2～5 年
○6～10 年　○10～15 年　○15 年以上

87. 您的网购频率：[单选题]

○每月不到 1 次　○每月 1～4 次　○每月 5～8 次
○每月 9～15 次　○每月 16～20 次　○每月 21～30 次
○每月 30 次以上

88. 请选择您常用的购物网站：[多选题]

☐淘宝/天猫　☐京东　☐唯品会
☐苏宁易购　☐拼多多　☐微店
☐亚马逊　☐当当　☐考拉海购
☐小红书　☐蘑菇街　☐其他 _ _ _ _ _ _